안원하 교수 정년기념 논문집

현대 형법학의 이론과 실제

안원하 교수 정년기념 논문집 편집위원회

pnc
publishing and culture
피앤씨미디어

2025. 8. 30. 부산 해파랑길에서 안원하 교수

현대 형법학의 이론과 실제

발간사

안원하 교수님께서 2025년 2학기를 마지막으로 정년퇴임을 맞이하시게 되었습니다. 무엇이든 '마지막'이라고 생각하면 더욱 애틋하고 소중하게 다가오기 마련입니다. 그동안 바쁘다는 이유로 교수님과 연구실의 동료 선생님늘과 함께 더 많은 추억을 만들지 못한 아쉬움이 있었기에, 우리 여구실 식구들은 이 기념논문집을 준비하게 되었습니다. 이 논문집이 출판될 시기는 아직 학기가 끝나지 않은 시점이지만, 교수님의 종강을 축하하고 기념하기 위하여 미리 논문집을 준비하게 되었습니다.

이번 논문집은 단순히 한 권의 책을 완성하는 결과물에 그치지 않습니다. 오히려 기획 단계에서부터 중간 점검, 그리고 마무리에 이르기까지 함께한 모든 과정 하나하나가 우리에게 소중한 추억이 되기를 바라는 마음으로 시작되었습니다. 기획의 첫걸음을 내딛던 날은 흩날리는 벚꽃이 교정을 물들이던 계절이었고, 원고를 집필하던 시간은 삼복더위 속에서도 식지 않는 열정으로 가득 차 있었습니다. 그리고 지금, 결실의 계절인 가을에 이르러 마침내 책의 마지막 장을 함께 넘기게 되었습니다.

이 논문집의 모든 순간은 계절처럼 변하는 시간 속에서 교수님과 동료 선생님들이 나누었던 웃음과 대화, 고민과 토론으로 채워졌습니다. 원고의 한 문장을 고치기 위해 함께 머리를 맞댔던 순간, 바쁜 일정을 조율하며 서로를 격려했던 기억들은 이 책의 가장 값진 밑그림이 되었습니다. 따라서 이 논문집은 단지 종이 위에 인쇄된 학문적 성과를 넘어, 우리가 함께 만들어 낸 시간의 기록이자 마음의 울림이라 할 수 있습니다.

특별한 주제나 형식의 제한 없이 자유롭게 원고를 받았기에, 각자가 지닌 관심과 고민, 그리고 학문적 열정이 고스란히 담긴 글들이 모였습니다. 심사를 거쳐야 하는 학술지 논문이 아니었기에 오히려 집필의 과정에서 학문의 자유와 교수님의 정년을 기념하는 즐거움을 느낄 수 있었고, 그만큼 다채롭고 풍성한 성과가 담기게 되었습니다.

무엇보다도 각자의 연구와 활동으로 바쁜 와중에도 기꺼이 집필에 동참해 주신 동료 선생님들께 깊이 감사드립니다. 또한, 집필에는 참여하지 못하셨더라도 따뜻한 격려와 응원을 보내주신 연구실 모든 선생님께도 진심 어린 감사를 드립니다.

이번 기념논문집이 안원하 교수님의 지난 발자취를 기리고, 앞으로의 학문적 여정을 밝히는 또 하나의 의미 있는 이정표가 되기를 바랍니다.

2025년 11월

안원하 교수 정년기념논문집 편집위원장 류화진

축 사

안원하 교수님의 정년을 축하드리며

최성진 (동의대학교 법학과 교수)

올해가 시작된 지 얼마 되지 않아 형사법 연구실 모임을 하던 중, 교수님께서 정년을 맞이하시니 제자들이 힘을 모아 기념 논문집을 출간하자는 의견이 자연스럽게 나왔습니다. 뜻깊은 제안에 함께 동의하며 무엇을 쓸까 고민하다가 교수님의 박사학위 논문의 주제이기도 하고 최근 제가 관심을 두고 있던 위험범에 관한 글을 쓰기로 마음먹었습니다. 마감 시한을 꽤나 넘기고서야 겨우 졸고를 보내놓고 한숨을 돌리고 있는데, 간행을 맡고 계신 교수님으로부터 뜻밖의 연락을 받았습니다. 축하 서문을 써 달라는 부탁이었습니다. 훌륭한 제자들이 많음에도 불구하고 저에게까지 연락이 온 것은, 아마도 제자들 중 가장 연장자라는 이유 때문이었을 것이라 생각합니다. 그리하여 딱히 거절할 명분을 찾지 못하고 덜컥 수락하고 말았습니다.

뒤돌아보니 교수님을 처음 뵌 지도 어느덧 25년 가까운 세월이 흘렀습니다. 학부생 시절의 인연은 석사과정, 연구실 조교, 시간강사 시기를 거쳐 오늘까지 이어졌고, 학문을 평생의 길로 삼겠다고 다짐한 순간부터 지금까지 줄곧 교수님과 깊은 인연을 맺으며 지내왔음을 새삼 깨닫게 됩니다. 교수님과 함께한 지난 시간들이 제 학문적 성장의 기초를 이루었음을 다시금 느낍니다.

교수님과 함께한 세월이 길었던 만큼, 여러 기억들이 차례로 떠오릅니다. 그중에서도 몇 가지는 제 학문적 여정에 있어 오래도록 지표가 되었기에 이 자리를 빌려 회고하고자 합니다.

교수님은 부산대학교 법학과에서 처음으로 독일에서 법학박사 학위를 취득하신 분이셨습니다. 유학 생활 후 귀국하셔서 부산대학교에 근무하시면서 학문과 후학양성에 힘쓰셨습니다. 특히 바쁜 일정 속에서 별도의 시간을 내시어, 제자들을 위해 독일어 강독을 지도해 주셨습니다. 그것은 정규 강의도, 보수가 따르는 일도 아니었지만, 교수님은 일주일에 두 차례 저녁 시간을 기꺼이 내어 독일어로 된 법학 원전을 함께 읽어주셨습니다. 당시에는 그 뜻을 온전히 알지 못했으나, 교육자의 길을 걷게 된 지금에야 그것이 사명감 없이는 결코 할 수 없는 헌신이었음을 절감합니다.

교수님은 학문을 함에 있어 언제나 명료함과 간결함을 중시하셨습니다. 현학적 수사와 군더더기를 멀리하시며, 학술 발표에서는 반드시 결론을 먼저 제시하라고 강조하셨습니다. 이는 단순한 글쓰기의 기술이 아니라, 학문은 곧 진실을 명확히 드러내는 것이라는 학자의 태도 그 자체였습니다. 오늘날에도 많은 제자들이 학문 활동을 이어가며 이 원칙을 소중한 지표로 삼고 있습니다. 이처럼 교수님이 남겨주신 가르침은 저의 학문적 정체성을 형성한 가장 큰 원동력이었습니다.

더불어 교수님은 시대를 앞서가는 열린 학자이셨습니다. 이제는 흔히 볼 수 있는 연구실 홈페이지 운영을 교수님은 이미 20여 년 전에 직접 실천하셨습니다. 홈페이지 주소도 형법을 전공하는 사람이면 누구나 새겨야 할 nullumcrimen.net로 정하셨고 홈페이지에는 부산대 형사법 연구실의 연혁, 학위수여자 명단, 수업 자료와 과제, 시험 정보 등을 온라인으로 공유하시며, 학문 공동체의 소통과 투명성을 누구보다 앞서 이끌어 가셨습니다. 교수님의 선구적 시도는 지금도 제자들에게 혁신적 연구자 정신의 모범으로 남아 있습니다.

또한 교수님은 후학 양성에 평생의 열정을 바치셨습니다. 학계와 법조계를 막론하고 수많은 인재들이 교수님의 가르침 속에서 성장하였습니다. 특히 학문적 후계자를 길러내는

데 큰 힘을 쏟으셔서 박사와 석사를 여러 명 배출하셨고, 지금도 여러 제자들이 대학 강단에서 후학을 양성하며 교수님의 학문적 정신을 이어가고 있습니다. 이는 교수님께서 남기신 가장 값진 업적이라 하지 않을 수 없습니다. 교수님께서 키워내신 인재들은 각자의 자리에서 학문적 성취를 이루며 교수님의 정신을 계승하고 있습니다.

그리고 교수님은 정년을 앞두신 나이에도 결코 배움의 열정을 잃지 않으셨습니다. 늘 끊임없이 무언가를 배우시는 모습을 보여주셨습니다. 특히 최근에는 외국인을 위한 한국어 교원 자격증을 취득하시고, 다양한 외부 강연 활동에 나서시며, 학문은 곧 삶의 즐거움이자 풍요로움임을 몸소 보여주셨습니다. 이러한 모습은 제자들로 하여금 학자의 길이란 끊임없는 배움과 나눔의 길임을 다시금 깊이 새기게 합니다. 이러한 교수님의 꾸준한 자기계발은 제자들이 앞으로 나아갈 길을 비추는 등불과도 같습니다.

존경하는 안원하 교수님, 정년을 맞이하신 것을 다시 한 번 진심으로 축하드립니다. 앞으로도 늘 건강하시어 오랫동안 평안한 나날을 보내시기를 모든 제자들과 함께 기원드립니다. 여전히 왕성한 활동을 이어가실 교수님의 앞날이 더욱 빛나기를 기원합니다.

마지막으로 형사법 연구실 홈페이지에 새겨진 다음과 같은 문구를 마지막으로 글을 맺고자 합니다.

"우리 연구실은 이제 목적합리주의(Zweckrationalismus)를 근간으로 하는 형법학을 추구한다. 오늘날 주류 형법학은 목적적행위론과의 결별에서 출발했다고 하지만, 범죄론의 대부분의 영역에서 여전히 목적적행위론이 만들어 놓은 구조물을 사용하고 있다. 반면에, 목적합리주의는 사물논리구조에 대한 논쟁을 지양하고, 범죄성립의 각 요건을 형사정책적 기능이라는 관점에서 이해하고 체계화하려고 한다.

그러나, 우리 연구실은 특정한 의견을 도그마로 삼지 않고, 다양한 학문적 견해에 대해 개방적인 자세로 토론에 임할 준비가 되어있다."

차 례

안원하 교수 약력 및 주요 활동

1. 약력

울산에서 태어남
부산대학교 법학사
부산대학교 대학원 법학석사
독일 프라이부르크대학교 법학부 수학
독일 뮌헨대학교 법학박사 (Dr. jur.)
부산대학교, 동의대학교, 울산대학교, 경북대학교 강사
부산대학교 법과대학 법학과 조교수 · 부교수
부산대학교 법학전문대학원 법학과 부교수 · 교수

2. 학내 · 외 활동

부산대학교 학생부처장
부산대학교 법학도서관장
문창형사법학회 부회장
우리형사판례연구회 회장

부산법학회 회장
부산경실련 집행위원장
대검찰청 검찰수사심의위원회 위원

3. 저서

김봉태/안원하/이인규(공저), 형법강의 I 총론, 서울 유풍출판사, 1998.

4. 논문

공모공동정범에 관한 고찰, 부산법학 제3호, 1986.

과실범에 있어서 주의의무의 한계에 관한 연구, 부산대학교 석사학위논문, 1987.

추상적 위험범과 불능미수, 부산대학교 법학연구 제36권 제1호, 1995.

Zur Dogmatik abstrakter Gefährdungsdelikte, 독일 뮌헨대학교 박사학위논문, 1995.

원인에 있어서 자유로운 행위, 부산대학교 법학연구 제37권 제1호, 1998.

부진정부작위범과 보증인적 지위, 문창형사법학회 형사법논집 제2권 제1호, 1999.

환경형법과 환경보호의 효율성, 환경법연구 제22권, 2000.

불능미수의 위험, 문창형사법학회 형사법논집 제3권 제1호, 2003.

위험사회론의 함정, 문창형사법학회 형사법논집 제3권 제1호, 2003.

형법상의 위험 개념, 부산대학교 법학연구, 제48권 제1호, 2007.

부당이득죄(형법 제349조)와 명확성의 원칙 – 소위 "알박기" 사례를 중심으로 –, 부산대학교 법학연구, 제50권 제1호, 2009.

유죄협상과 형사절차를 통한 정의의 실현, 부산대학교 법학연구, 제52권 제1호, 2011.

성직자의 업무행위와 형법 제20조의 정당화사유, 부산대학교 법학연구, 제56권 제4호, 2015.

집합명칭에 의한 명예훼손과 피해자의 특정— 대법원 2014.10.27. 선고 2014모1107 결정 —, 전남대학교 법학논총, 제35권 제3호, 2015.

추상적 위험범의 제한적 해석, 전북대학교 법학연구, 제46권, 2015.

유기죄의 보호의무, 부산대학교 법학연구, 제62권 제3호, 2021

연명의료결정법의 한계와 개정 방향, 부산대학교 법학연구, 제63권 제1호, 2022

존속살해죄 – 높은 심리적 장벽을 넘은 사람에 대한 책임 비난, 부산대학교 법학연구, 제66권 제3호, 2025

사기죄와 신의성실의 원칙*

강미영**

Ⅰ. 들어가며

현재 우리나라에서 발생비가 가장 높은 형법 범죄는 재산범죄로, 그 발생 건수는 해마다 증가하고 있다.[1)] 그중 재산범죄의 절반 이상을 차지하고 있는 사기범죄[2)]는 지난 10년 동안 무려 45.1%가 증가하였다. 고전적인 재산범죄 중 하나인 절도죄가 같은 기간 동안 28.8% 감소한 것을 비교해 보았을 때,[3)]

* 이 논문은 가천법학 제18권 제3호(가천대학교 법학연구소, 2025.09)에 게재된 것입니다. 해당 연구는 안원하 교수님께 지도받은 박사학위 논문에서 간단히 언급되었고, 이에 대한 심도깊은 연구는 미뤄둔 상태였습니다. 안원하 교수님의 정년을 기념하면서 이 연구의 마무리를 하게 되어 영광입니다. 안원하 교수님의 정년을 진심으로 축하드리며, 부족한 제자에게 아낌없는 가르침과 신뢰를 베풀어 주셔서 감사합니다. 늘 건강하시길 기원합니다.

** 부산대학교 법학전문대학원 강사, 법학박사.

1) 우리나라 형법 범죄의 주요 범죄군 중에서 발생비가 가장 높은 범죄는 재산범죄로, 지난 10년간 8.5% 증가하였다. 「2024 범죄분석(개정판)」, 대검찰청, 2024, 7면 참조.

2) 2023년 기준, 우리나라 재산범죄 669,303건 중 사기범죄 건수는 354,055건에 달한다. 「2024 범죄분석(개정판)」, 대검찰청, 2024, 192면.

3) 「2024 범죄분석(개정판)」, 대검찰청, 2024, 9면 참조.

압도적인 증가율을 보인다.

사기죄는 자본주의 경제의 발달에 따라 새로이 나타난 범죄유형이다. 시장경제 원리에 따른 경제활동과 개인 거래가 다양화·대량화되면서 불특정 다수와의 거래가 늘어남에 따라 거래 상대방에 대한 신뢰를 개인적인 관계로만 책임 지우는 것이 어렵게 되었다. 그리하여 원활한 시장 거래를 위해 거래 상대방에 대한 신뢰를 형법적으로 확보하기 위해 만들어진 것이다.[4)]

그러나 사기죄는 거래의 안전이나 소비자 보호를 위해 늘 성립하는 것은 아니며, 기망에 해당하는 행위에 대해서만 보호하고 있다. 우리 대법원은 기망에 관하여 "널리 거래관계에서 서로 지켜야 할 신의와 성실의 의무를 저버리는 모든 적극적 또는 소극적 행위로서 사람으로 하여금 착오를 일으키게 하는 것"이라고 보고 있다.[5)] 즉, 사기죄의 요건으로서 기망은 재산상의 거래관계에서 상호 간 지켜야 할 신의성실의 의무를 저버려야 하는 것이며, 이것이 사기죄의 성립 여부로 직결된다.[6)] 또, 부작위에 의한 사기죄의 경우에도 "일반거래의 경험

4) 김현우, "사기죄의 '기망' 행위에 대한 고찰", 한양법학 제22권 제3집, 한양법학회, 2011, 427면 참조 ; 도중진, "사기죄와 경제범죄의 관계", 형사정책연구 제20권 제1호, 한국형사·법무정책연구원, 2009, 447면 참조.

5) 대법원 2024. 2. 29. 선고 2023도18024 판결 ; 대법원 2007.10.25. 선고 2005도1991 판결 ; 대법원 2006. 2. 23. 선고 2005도8645 판결 ; 대법원 2005. 2. 5. 선고 2001도5789 판결 ; 대법원 2004. 4. 9. 선고 2003도7828 판결 ; 대법원 1998. 12. 8. 선고 98도3263 ; 대법원 1998. 4. 24. 선고 97도3054 판결 ; 대법원 1988. 6. 28. 선고 88도740 판결 ; 대법원 1983. 6. 28. 선고 83도1013 판결.

6) 박상진, "사기죄에서의 기망개념과 처벌범위의 한계 – 한국과 일본의 주요 판례를 중심으로 –", 형사법의 신동향 통권 86호, 대검찰청, 2025, 226면 참조.

칙상 상대방이 그 사실을 알았더라면 당해 법률행위를 하지 않았을 것이 명백한 경우에는 신의칙에 비추어 그 사실을 고지할 법률상 의무가 인정된다."[7]라고 하여 신의성실의 원칙을 근거로 특정 사항을 고지해야 할 보증인 지위를 인정하고 있다. 어떠한 경우에 보증인 지위를 인정할 것인지는 행위의 가벌성 유무를 가르는 결정적인 표지가 되기에,[8] 보증인 지위의 근거가 되는 신의성실의 원칙은 여기에서도 사기죄 여부를 결정짓는 요인이 된다.

신의성실의 원칙은 사법상의 행위규범이다. 시장 거래에 있어서 당사자의 도덕성이 문제가 되는 경우도 있기에, 이 원칙은 거래상 보이든 보이지 않든 작동하고 있다. 그런데 사기죄를 검토할 때 우리 대법원은 신의성실의 원칙을 광범위하게 활용하고 있어, 사기죄의 가벌성 범위를 지나치게 넓히고 있는 것은 아닌지 의문이 들었다. 이는 횡령죄나 배임죄 등 다른 재산범죄와 관련해서는 전원합의체 판결[9]을 통하여 범죄 성

7) 대법원 2015. 10. 29. 선고 2014도5939 판결 ; 대법원 2014. 10. 15. 선고 2014도9099 판결 ; 대법원 2014. 1. 16. 선고 2013도9644 판결 ; 대법원 2007. 11. 30. 선고 2007도4812 판결 ; 대법원 2007. 4. 12. 선고 2007도1033 판결 ; 대법원 2007. 4. 12. 선고 2007도967 판결 ; 대법원 2006. 2. 23. 선고 2005도8645 판결 ; 대법원 2006. 1. 26. 선고 2005도1160 판결 ; 대법원 2005. 10. 28. 선고 2005도5774 판결 ; 대법원 2004. 6. 11. 선고 2004도1553 판결 ; 대법원 2004. 5. 27. 선고 2003도4531 판결 ; 대법원 2000. 1. 28. 선고 99도2884 판결 ; 대법원 1998. 12. 8. 선고 98도3263 판결 ; 대법원 1996. 7. 30. 선고 96도1081 판결.

8) 안원하, "부진정부작위범과 보증인적 지위 – 판례가 다룬 사례를 중심으로 –", 형사법논집 제2권 제1호, 문창형사법학회, 1999, 85–86면.

9) ① 횡령죄를 부정한 전원합의체 판결 : 대법원 2022. 6. 23. 선고 2017도3829 전원합의체 판결 ; 대법원 2021. 2. 18. 선고 2016도18761 전원합의체 판결 ; 대법원 2016. 5. 19. 선고 2014도6992 전원합의체 판결.
② 배임죄를 부정한 전원합의체 판결 : 대법원 2020. 10. 22. 선고 2020도6258 전원합의

립을 자제하고 있는 최근의 대법원 입장과도 다른 모습이다.

우리나라는 자유시장경제 체제에 따라 다양한 경제활동을 보장하고 있다. 당사자 사이의 거래관계를 최대한 존중하고, 국가 형벌권은 꼭 필요한 경우에 제한적으로 이루어지는 것이 원칙이다. 그러나 사기죄의 경우 특히 당사자 간의 채권 확보 수단으로 고소를 남발하는 경우가 많아,[10] 민사사건을 형사 사건화시키는 경우가 적지 않다. 민법상의 대원칙인 신의성실의 원칙이 사기죄에서 활용되는 점도 무시할 수 없는 부분이다.

본고에서는 이러한 문제의식을 가지고 사법상의 대원칙인 신의성실의 원칙에 대해 간단히 살펴보고, 사기죄에서 신의성실의 원칙의 역할과 기능이 무엇인지 검토해 보고자 한다. 이 과정에서 신의성실의 원칙이 사기죄에서 꼭 필요한 것인지에 대해 비판적으로 고찰해 볼 것이다.

Ⅱ. 사기죄에 있어서 신의성실의 원칙의 기능

1. 신의성실의 원칙

우리 「민법」 제2조 제1항은 "권리의 행사와 의무의 이행

체 판결 ; 대법원 2020. 8. 27. 선고 2019도14770 전원합의체 판결 ; 대법원 2020. 6. 18. 선고 2019도14340 전원합의체 판결 ; 대법원 2020. 2. 20. 선고 2019도9756 전원합의체 판결 ; 대법원 2014. 8. 21. 선고 2014도3363 전원합의체 판결 ; 대법원 2011. 1. 20. 선고 2008도10479 전원합의체 판결.

10) 2023년 기준, 고소로 인하여 수사를 진행한 재산범죄 142,945건 중 사기범죄가 116,840건으로 가장 압도적이다. ; 「2024 범죄분석(개정판)」, 대검찰청, 2024, 192면 참조. 이 중 기소(구약식 기소 포함)로 이어진 사건은 72,015건에 불과하여 실제 기소가 되지 못하는 고소 건수가 매우 많음을 알 수 있다. ; 「2024 범죄분석(개정판)」, 대검찰청, 2024, 226면.

은 신의에 좇아 성실히 하여야 한다."라고 하여 신의성실의 원칙을 명문으로 규정하고 있다.[11] 이는 민법 전반의 해석 원칙으로, 법률관계의 당사자는 상대방의 이익을 배려하여 형평에 어긋나거나 신뢰를 저버리는 내용 또는 방법으로 권리를 행사하거나 의무를 이행해서는 안 된다는 추상적 규범이다.[12]

신의성실의 원칙은 그 외 구체적인 요건이나 그에 따른 법적 효과를 명시하고 있지 않다. 일반적·추상적인 의미를 가지므로 구체적인 사안에 따라 다양하게 전개될 수 있다. 특히 사적 자치를 기본으로 하는 민법에서는 당사자 간 법률관계의 내용에 흠결이 있는 경우, 이를 보완하여 실현할 수 있는 기능을 한다. 또, 사회적 조정의 역할을 통해 일반인의 정의 관념에 부합하는 측면도 있어, 현행 법률로 해결하기 힘들거나 합리적인 결론을 도출하기 어려운 경우 이를 해결하기에 유용한 수단이 되기도 한다.[13]

이렇듯 민법의 대원칙인 신의성실의 원칙은 사안 해결의 구체적 타당성을 도모하는 데 도움이 될 수도 있지만, 쉽게 해결하기 위한 수단으로 전락하여 법관의 자의에 의한 판단과 법적 안정성을 해칠 우려도 있다.

11) 일본 민법도 제1조 2에서, '기본원칙'이라는 명제 아래 "권리의 행사 및 의무의 이행은 신의에 좇아 성실하게 하지 않으면 안된다."고 하여 신의성실의 원칙이 민법 영역에서의 법 원리로 인정되고 있다.

12) 대법원 2024. 3. 28. 선고 2019다253700 판결 ; 대법원 2018. 4. 26. 선고 2017다288757 판결 ; 대법원 2011. 2. 10. 선고 2009다68941 판결 ; 대법원 1991. 12. 10. 선고 91다3802 판결.

13) 황태정. "신의칙과 형사처벌 – 형사법 영역에서 신의칙의 기능과 한계 –", 형사법연구 제35권 제4호, 한국형사법학회, 2023, 182면.

2. 기망행위에서의 신의성실의 원칙

우리 대법원은 사기죄의 구성요건인 기망행위에 관하여, "널리 재산상의 거래관계에 있어 서로 지켜야 할 신의와 성실의 의무를 저버리는 모든 적극적 또는 소극적 행위로서 사람으로 하여금 착오를 일으키게 하는 것"으로 보고 있다.[14] 적극적 또는 소극적 행위, 즉 작위에 의한 기망이나 부작위에 의한 기망 여부에 상관없이, 사기죄가 되기 위한 '기망행위'가 성립하기 위한 요건으로서 신의성실의 의무가 적용된다. 재산상의 거래관계에서 서로 지켜야 할 신의성실의 의무를 저버리는 행위가 사기죄의 기망행위가 되며, 신의성실의 원칙에 반할 정도에 이르지 않는 행위의 경우에는 사기죄의 기망행위로 볼 수 없기에[15] 기망행위 판단의 기준으로 작용한다.

따라서 거래에 있어서 신의성실의 원칙은 기망행위의 성립 범위를 제한하는 기능을 한다. 타인을 속이는 모든 행위가 기망행위가 되는 것이 아니다. 적어도 거래관계에서 신의성실의 원칙에 반하는 정도에 이르러야 한다는 것이다.[16] 예를 들

14) 대법원 2024. 2. 29. 선고 2023도18024 판결 ; 대법원 2007.10.25. 선고 2005도1991 판결 ; 대법원 2006. 2. 23. 선고 2005도8645 판결 ; 대법원 2005. 2. 5. 선고 2001도5789 판결 ; 대법원 2004. 4. 9. 선고 2003도7828 판결 ; 1999. 2. 12. 선고 98도3549 판결 ; 대법원 1998. 12. 8. 선고 98도3263 판결 ; 대법원 1984. 2. 14. 선고 83도2995 판결.

15) 노태악(대표)/김정훈(집필), 주석 형법 [각칙(4)] (제6판), 한국사법행정학회, 2024, 927면 참조 ; 박상진, 앞의 논문, 232면 ; 신동운, 형법각론(제4판), 법문사, 2025, 1171면 ; 오영근/노수환, 형법각론(제9판), 박영사, 2025, 337면 ; 이재상/장영민/강동범, 형법각론(제14판), 박영사, 2025, 334면 ; 이정원/이석배/정배근, 형법각론, 박영사, 2023, 302면 ; 임웅/이현정/박성민, 형법각론(제14정판), 법문사, 2024, 416-417면.

16) 최정학, "사기죄에서 '신의칙'의 의미", 형사법연구 제24권 제4호, 한국형사법학회, 2012, 177면.

어 일반 거래상 발생하는 허위나 과장과 관련해서 판례는 "상품의 선전·광고에 있어 다소의 과장이나 허위가 수반되었다고 하더라도 일반 상거래의 관행과 신의칙에 비추어 시인될 수 있는 정도의 것이라면 이를 가리켜 기망하였다고는 할 수가 없고, 거래에 있어 중요한 사항에 관한 구체적 사실을 신의성실의 의무에 비추어 비난받을 정도의 방법으로 허위로 고지하여야만 비로소 과장, 허위광고의 한계를 넘어 사기죄의 기망행위에 해당한다고 할 것이다."[17]라고 하여, 신의성실의 의무를 판단기준으로 하여 사기죄의 기망행위 성립 여부를 구별하고 있다.

3. 보증인 지위에서의 신의성실의 원칙

위에서 살펴본 바와 같이 사기죄의 기망행위는 우선 신의성실의 원칙에 반하는 것이다. 그런데 부작위에 의한 사기죄를 검토할 때 신의성실의 원칙은 보증인 지위의 발생 근거로서 다시 나타난다. 다만 신의성실의 원칙이 보증인 지위의 발생 근거가 될 수 있는지와 관련해서는 견해가 나뉘는데 살펴보면 다음과 같다.

(1) 인정하는 견해

법률상의 고지의무의 유무는 거래 관념에 따라 신의성실의 원칙에 의하여 판단되는 것이므로, 법률상의 고지의무는

17) 대법원 2010. 9. 9. 선고 2010도7298 판결 ; 대법원 2002. 2. 5. 선고 2001도5789 판결.

법령, 계약뿐만 아니라 관습이나 조리에 의하여도 인정되고, 결국 당해 구체적인 사례에서 거래 실정과 신의성실의 원칙에 따라 결정하여야 한다고 보는 견해이다.[18)]

우리나라와 동일하게 부작위에 의한 사기죄를 인정하고 있는 일본의 경우에도, 법적인 작위의무(고지의무)의 근거로서 대체로 법령, 계약, 관습, 조리를 인정하고 있는 견해가 대부분이다. 특히「일본 민법」제1조 2에 따라, 거래상의 신의성실 의무에 의한 진실 고지의무를 작위의무의 발생 근거로 보아 부작위에 의한 사기죄를 원만히 성립시키고 있다.[19)]

반면에 조리나 신의성실의 원칙에 의해서 법적 작위의무를 인정할 수는 있지만, 사법상의 원리를 근거로 할 경우 고지의무의 인정범위가 지나치게 확대될 수 있으므로, 제한된 범위 내에서 인정해야 한다는 견해도 있다.[20)] 제한 방법으로 드는 대표적인 것이 ① 특별한 신뢰 관계에 의한 제한이다. 신의성

18) 김혜정/박미숙/안경옥/원혜욱/이인영, 형법각론(제3판), 정독, 2023, 349면 ; 노태악(대표)/김정훈(집필), 앞의 책, 936면 참조 ; 신동운, 형법총론(제14판), 법문사, 2022, 163면 ; 이인규/정현석, 형법각론강의 (2025 개정판), 도서출판 학연, 2025, 226면 ; 이재상/장영민/강동범, 형법각론, 339면 ; 임웅/이현정/박성민, 앞의 책, 418−419면,

19) 木村裕三/小林敬和, 現代の刑法各論(改訂第4版), 成文堂, 2014, 146頁 ; 西原春夫/新倉修/山口　厚/井田　良/松宮孝明(編者)/酒井安行(執筆), 刑法マテリアルズ, 柏書房, 2004, 143頁 ; 松原芳博, 刑法各論, 日本評論社, 2016, 265−266頁 參照 ; 吳　明植, 刑法各論(第3版), 弘文堂, 2017, 142頁 ; 前田雅英(代表), 条解 刑法(第2版), 弘文堂, 2007, 719頁 ; 斎藤信治, 刑法各論(第4版), 有斐閣, 2014, 138頁 ; 只木　誠, コンパクト刑法各論, 新世社, 2022, 182−183頁 ; 川崎一夫, 刑法各論(30講), 北樹出版, 2010, 174頁 ; 萩原　滋, 刑法概要 [各論](第4版), 成文堂, 2014, 91頁.

20) 배종대, 형법총론(제18판), 홍문사, 2024, 524면 ; 안경옥, “부작위에 의한 기망행위”, 영남법학 제8권 제1·2호, 영남대학교 법학연구소, 2002, 284면 ; 이재상/장영민/강동범, 형법총론(제12판), 박영사, 2024, 146면 ; 정혜욱, “부진정부작위범의 작위의무에 관한 연구”, 법학논문집 제37집 제3호, 중앙대학교 법학연구원, 2013, 191−192면.

실의 원칙을 근거로 인정되는 고지의무는 당사자의 특별한 신뢰 관계가 존재하는 경우에만 인정된다는 것이다.[21] 또, ② 손해요소·중요성·무경험요소로 제한하자는 견해도 있다. 상대방에게 고지하지 않아 현저한 손해가 발생하였는지, 그 요소가 상대방에게 특히 중요한 요소였는지, 상대방이 무경험 때문에 제공된 재물의 가치와 성질을 심사할 수 없었는지를 종합하여 신의성실의 원칙을 근거로 한 고지의무의 인정여부를 판단해야 한다는 것이다.[22] 마지막으로 ③ 신의성실의 원칙을 유형화시켜서 제한하자는 견해가 있다. 이는 3가지로 나누어 ㉮ 부동산 거래에 있어서 매도인은 대상 부동산의 등기되지 않은 상대에 대해서는 매수인에게 고지할 의무가 있고, ㉯ 위험 또는 하자가 있을 수 있는 물건에 대해서 거래를 하는 경우에는 그런 위험이나 하자에 대해 매수인에게 설명할 의무가 있으며, ㉰ 상품이나 계약의 내용이 복잡하여 일반인이 쉽게 알 수 없는 경우에는 매도인이나 청약자가 이를 매수인이나 계약 당사자에게 설명할 의무가 있다고 본다.[23]

21) 도중진, 앞의 논문, 459면 ; 안경옥, 앞의 논문, 285면. 한편, 조리나 관습 또는 신의칙을 처음부터 고지의무의 직접적 발생근거로 보는 것이 아니라, 계약 관계를 전제로 하였을 때 당사자들 사이에 특별한 신임관계나 특별히 고지해야 할 예외적 상황이 존재하는 경우에 한하여 고지의무를 인정하는 간접 근거로 인정하는 것이 타당하다는 견해도 있다. ; 김성돈, 형법각론(제9판), 박영사, 2024, 370면.

22) 이재상/장영민/강동범, 형법각론, 339면.

23) 최정학, 앞의 논문, 190－191면 참조.

(2) 부정하는 견해

신의성실의 원칙을 행위자가 상대방의 착오를 제거해야 할 보증인 지위의 발생근거로 보는 경우 이는 결국 조리에 의한 작위의무를 인정하는 것으로서 보증인 지위를 규율하기 위해 초법규적 근거를 끌어들여 그 범위가 확대되는 결과를 초래하므로 신의성실의 원칙에 의한 고지의무를 인정해서는 안 된다고 보는 견해이다.[24] 가벌성의 근거는 명확해야 한다는 죄형법정주의의 취지를 고려한다면 보증인 지위의 발생 근거는 법령, 계약, 선행행위로 국한되어야 하며, 이 외 조리나 신의성실의 원칙에 의한 작위의무는 인정되지 말아야 한다는 것이다.[25]

만약 신의성실을 근거로 고지의무를 인정한다면, 모든 거래의 당사자는 그 거래와 관련된 문제를 사소한 것까지 상대방에게 알려주어야 사기범이 되는 것을 면하게 될 수 있어 사기죄의 불법 영역이 지나치게 확대될 위험이 있다고 본다.[26] 자본주의 체제에서 거래 행위에 있어 잠자는 자를 형법이 무제한으로 보호해야 할 필요는 없으므로 신의성실만으로는 보

24) 강미영, "부작위에 의한 사기죄에서의 기망행위와 신의성실의 원칙", 아주법학 제9권 제3호, 아주대학교 법학연구소, 2015, 244-245면 참조 ; 도중진, 앞의 논문, 458면 ; 이승준, "원인관계 없이 착오로 송금된 금전의 임의인출과 횡령죄의 성부", 법학논고 제53집, 경북대학교 법학연구원, 2016, 150면 ; 이주원, 형법총론(제3판), 박영사, 2024, 145면.

25) 오영근/노수환, 형법총론(제7판), 박영사, 2024, 209면 ; 홍영기, 형법 총론과 각론(제2판), 박영사, 2024, 95-96면 참조.

26) 안원하, 앞의 논문, 112면.

증인 의무의 발생 근거가 부족하다고 한다.[27]

(3) 판례

우리 대법원에 따르면 부작위에 의한 기망행위는 "법률상 고지의무 있는 자가 일정한 사실에 관하여 상대방이 착오에 빠져 있음을 알면서도 이를 고지하지 않는 것"이다.[28] 즉, 상대방이 스스로 착오에 빠져 있는 경우에 그 착오를 제거해야 할 보증인 지위에 있는 자가 그 착오를 제거할 의무(고지의무)를 이행하지 않고 오히려 그것을 이용하는 경우에 부작위에 의한 기망행위가 되는 것이다. 여기서 보증인 지위에 있는 자, 즉 법률상 고지의무 있는 자와 관련해서는 "일반거래의 경험칙상 상대방이 그 사실을 알았더라면 당해 법률행위를 하지 않았을 것이 명백한 경우에는 신의칙에 비추어 그 사실을 고지할 법률상 의무가 인정된다."[29]라고 하여, 신의성실의 원칙을 근거로 하여 사기죄에서 보증인 지위에 있는 자가 이행해야 할 작위의무인 고지의무의 성립을 인정하고 있다.

일본 판례도 특히 거래에 있어서 신의성실의무를 중시하

27) 배종대, 형법각론(제15판), 홍문사, 2024, 349면.
28) 대법원 2017. 4. 26. 선고 2017도1405 판결 ; 2004. 5. 27. 선고 2003도4531 판결.
29) 대법원 2021. 9. 9. 선고 2021도8468 판결 ; 대법원 2015. 10. 29. 선고 2014도5939 판결 ; 대법원 2014. 10. 15. 선고 2014도9099 판결 ; 대법원 2014. 1. 16. 선고 2013도9644 판결 ; 대법원 2007. 11. 30. 선고 2007도4812 판결 ; 대법원 2007. 4. 12. 선고 2007도1033 판결 ; 대법원 2007. 4. 12. 선고 2007도967 판결 ; 대법원 2006. 2. 23. 선고 2005도8645 판결 ; 대법원 2006. 1. 26. 선고 2005도1160 판결 ; 대법원 2005. 10. 28. 선고 2005도5774 판결 ; 대법원 2004. 6. 11. 선고 2004도1553 판결 ; 대법원 2004. 5. 27. 선고 2003도4531 판결.

고, 이를 통해서 비교적 원만하게 법적 작위의무를 인정하는 경향이 있다.[30] 그에 따라 저당권설정등기가 있는 부동산인 것을 고지하지 않고 그 부동산을 매각한 사건에 대하여, "매수자가 저당권의 설정 및 그 등기를 알지 못한 때는 이를 구매하지 않을 수 있으며, ... 위 설정 및 등기의 사실을 알지 못하고 매수대금을 교부하는 경우에는 신의성실을 취지로 하는 거래의 필요에 비추어 매도인은 위 사실을 매수자에게 고지할 법률상의 의무가 있다고 할 수 있으며, ... 상대방의 부지에 편승하여 저당권의 설정 및 그 등기가 있음을 묵비하는 것은 법률상의 고지의무에 위배되는 것이며, 상대방에게 저당권의 부담이 없는 부동산이라 오인시킨 결과 매수 대금을 교부하게 한 경우에는 사기죄가 성립한다."[31]고 하여 신의성실을 근거로 한 법률상 고지의무에 위반하여 사기죄가 성립한다고 판단하였다.[32] 또, 은행과의 거래에서 제공한 담보물이 이전에 견본으로 보여준 물건과 다르다는 것을 고지하지 않고 거래한 가짜 담보 사건과 관련해서도, "신의성실을 취지로 하는 거래상의 필요에 비추어......피고인이 현실적으로 제공하는 담보물이 이전에 보여준 견본과 다른 경우에는 피고인은 이것을 고지할 의무가 있어.... 지점장...이 담보품이 견본과 동일할 것이

30) 川崎一夫, 前揭書, 174頁.

31) 大判 昭和 4. 3. 7. 刑集 8巻 107頁 ; 西田典之 · 山口 厚 · 佐伯仁志(저)/서거석 · 송문호 · 강경래(역), 일본 형법 대표판례 <각론>, fides, 2014, 194-195면 참조.

32) 高橋則夫, 刑法各論(第2版), 成文堂, 2014, 304-305頁 參照.

라 오신하여 거래를 한 것이므로 피고인은 고지의무에 위배하고 그 동일하지 않은 것을 비밀로 하여 (지점장)으로 하여금 그 거래를 하기에 이르게 한 것이라면 형법 제246조 제1항에 소위 기망행위가 있다고 말하지 않을 수 없다."[33]고 하여 신의성실의 원칙에 의한 보증인 지위를 인정하고 있다.

(4) 검토

부작위가 형사처벌 대상이 되기 위해서는 행위자에게 위험의 발생을 방지하여야 할 작위의무가 존재해야 하고, 그 의무는 법적 의무가 되어야 한다. 법적 의무로 제한하지 않으면 처벌의 범위가 부당하게 확장될 가능성이 있고, 이는 우리 형법의 보충성 원칙에 위배되기 때문이다. 여기서 법적 작위의무는 법적제재 수단에 의해서 그 의무 이행이 강제되거나 강제되어야 마땅한 의무라 할 수 있다.[34]

신의칙에 의한 보증인 지위를 인정하는 견해들은 주로 처벌의 흠결 가능성을 우려한다. 법령, 계약, 선행행위와 같은 보증인 지위의 발생근거로 해결하지 못하는 문제점들을 해결하기 위해 신의성실의 원칙을 보증인 지위의 발생 근거로 인정해야 한다는 것이다. 그러나 민법상의 일반조항을 어떻게 형법적 처벌 근거로 적용시키는지에 대해서는 아무런 답을 제

33) 大判 大正 13. 3. 18. 刑集 3巻 230頁 ; 西原春夫/新倉 修/山口 厚/井田 良/松宮孝明(編者)/酒井安行(執筆), 前揭書, 143-144頁 參照.
34) 정혜욱, 앞의 논문, 193면.

시하고 있지 않다. 최소한 타인의 재산을 보호하기 위한 신의와 성실이 어떠한 의미를 가져야 하는지에 대한 설명이라도 있어야 하는데, 이를 구체적으로 밝히고 있는 학설이나 판례도 없다.[35)]

그나마 신의성실의 원칙에 의한 보증인 지위의 성립을 제한 하기 위한 시도로, 특별한 신뢰 관계를 제시하고 있지만, '특별함'에 대한 기준조차도 모호하기 때문에 관념적으로 기존의 개념보다는 축소되었다는 느낌만 줄 뿐, 제한의 정도를 정확히 알 수는 없다.[36)] 또, 손해요소·중요성·무경험요소로 신의칙을 제한하려는 입장은 그 기준이 지나치게 유동적이다.[37)] 상대방에게 중요한 요소인지, 상대방이 경험이 없는지 여부 등은 당사자별로 달라질 수 있기 때문에 거래 상대방에 따라 형벌의 가벌성이 바뀔 수 있어 법적 안정성을 해칠 수 있다. 또, 상거래에 있어서 상대방의 손해를 방지할 의무는 없기에 손해요소도 제한 요소로 적합하지 않다. 마지막으로 신의성실의 원칙을 유형화시켜서 3가지 경우에 해당할 때에만 신의칙에 의한 고지의무를 인정하자는 견해에 대해, 나름 설득력이 있으나 이 또한 타당하다고 보기 어렵다. 우선 3가지 유형으로 나누는 이유나 객관적 기준이 없다. 또 이는 신의성실의 의무에 의한 고지의무를 부정하면서 3가지 유형인 경우에만 인

35) 박성민, "사기죄의 기망행위에 관한 연구", 성균관대학교 박사학위 논문, 2011, 109면.
36) 박성민, 앞의 논문, 112면.
37) 강미영, "부작위에 의한 사기죄와 조리", 부산대학교 박사학위논문, 2018, 113면.

정하자는 것으로, 기존 보증인 지위에 3유형을 추가한 것이지, 신의칙을 제한하는 방법이라고 볼 수 없다.

한편, 우리나라와 일본 판례에 의하면 "상대방이 그 사실을 알았더라면 당해 법률행위를 하지 않았을 것이 명백한 경우에는 신의칙에 비추어 그 사실을 고지할 법률상 의무가 있다"고 본다. 즉, 무엇인가를 알리지 않고 계약과 같은 어떠한 행위를 한 때에는 신의성실의 원칙에 의한 고지의무 위반으로 부작위에 의한 사기죄를 구성한다는 입장을 유지하고 있다.

그러나 판례와 같이 민법상의 일반조항을 통하여 고지의무를 확대시키게 되면, 형법적 제재를 피하기 위해 계약 시 거래목적물에 대한 모든 정보를 고지해야 하는 상황이 발생할 수도 있다. 거래는 양 당사자들 간의 정보 조사와 탐색 등 각자가 자신의 자리에서 성의와 노력을 통해 이루어지는 것이다. 즉, 스스로 자신들의 이익을 극대화하는 과정을 거쳐서 완성되는 것이다. 여기에 목적물에 대해 살펴보고 조사하여 거래에 응하는 매수인의 주의의무보다 매도인이 어떠한 사실을 고지해야 할 의무를 우선적으로 인정하고, 고지를 하지 않으면 계약취소를 넘어서서 형사처벌을 받게 한다는 것은 타당하지 않다.

사기죄의 보호법익은 거래의 진실성이 아니라 재산권이다.[38] 양 당사자가 함께 이루는 거래관계에서 한쪽의 지나친

38) 김성돈, 앞의 책, 363면 ; 김혜정/박미숙/안경옥/원혜욱/이인영, 앞의 책, 345면 ; 노태악(대표)/김정훈(집필), 앞의 책, 914면 ; 신동운, 형법각론, 1152면 ; 이재상/장영민/강동범, 형법각론, 329면 ; 이정원/이석배/정배근, 앞의 책, 294면 ; 木村裕三/小林敬和, 前揭書,

보호를 위해 다른 쪽에게 신의성실의 원칙을 들어 형사제재를 할 수 있는 고지의무를 부과하는 것은 부당하다. 민법상 인정될 수 있는 고지의무 위반이 언제나 형법상의 법적 작위의무 위반으로 평가되는 것은 아니기에, 부작위에 의한 사기죄에서 신의성실의 원칙에 의한 보증인 지위는 부정해야 한다.

4. 소결

기망행위는 재산상의 거래관계에서 서로 지켜야 할 신의와 성실의 의무를 저버리는 것을 그 본질로 한다. 즉 기망행위의 개념 속에는 이미 신의성실의 위반이라고 하는 성질이 포함되어 있다. 그런데 부작위에 의한 사기죄와 관련해서 판례는 법령이나 계약, 선행행위보다는 주로 신의성실의 원칙에 의한 고지의무로서 보증인 지위의 발생 근거를 인정하고 있다.[39] 기망행위 성립 여부를 위해 한번 검토하였던 신의성실의 원칙을 보증인 지위의 검토를 위해 다시 이용하고 있는 것이다. 결국 기망으로서의 고지의무 위반, 보증인 지위로서의 고지의무를 가지는 자 모두 신의칙에서 그 근거를 찾고 있으므로, 신의칙이 기망행위, 나아가 부작위에 의한 사기죄의 성

142頁 ; 松原芳博, 前掲書, 263頁 ; 吳　明植, 前掲書, 140頁 ; 前田雅英(代表), 前掲書, 715頁 ; 井田　良, 講義刑法學·各論, 有斐閣, 2016, 256頁 ; 只木　誠, 前掲書, 180頁 ; 川崎一夫, 前掲書, 172頁 ; 川端　博, レクチャー刑法各論(第4版), 法學書院, 2016, 105頁 ; 川端　博, 刑法各論講義(第2版), 成文堂, 2010, 355頁.

39) 류화진, "不作爲에 의한 詐欺罪 認定에 관한 批判的 考察", 법학연구 제44권 제1호, 부산대학교 법학연구소, 2003, 306면 ; 박상진, 앞의 논문, 235면 ; 안원하, 앞의 논문, 93면.

립을 제한하는 요소(보증인 지위)로 정당하게 기능할 수 있는가 의문이 든다.[40]

기망행위 자체가 신의칙에 위반되는 부작위였다면, 그런 신의칙에 위반되지 않게 행위할 의무를 가진 자가 보증인 지위에 있는 자이다.[41] 그런데 이 보증인 지위의 근거를 또다시 신의성실의 원칙에 두어 판단하는 것은 순환논법이 반복되는 것으로 타당하지 않다.

이와 관련하여 신의성실의 원칙은 기망행위 자체를 제한하는 구성요건요소와 보증인 지위를 인정하는 구성요건요소로서 이중적 지위를 가지고, 양자는 구성요건적 지위에서 차이가 있음에도 불구하고, 이를 내용상 같은 것으로 서술하는 판례의 태도가 문제를 초래한 것이라는 견해도 있다.[42] 그러나 양자가 어떠한 내용상의 차이가 있는지는 의문이다. 이들을 구분하는 다른 해석이나 기준이 제시되지 않는 이상, 결국 같은 내용으로 중복적인 검토를 하는 것은 아무런 의미가 없다.[43]

---

40) 이 결과 신의성실의 원칙을 혼동하여 사용함으로써, 작위에 의한 사기 문제임에도 부작위에 의한 사기죄로 판단하는 오류가 발생하고 있다. 판례는 무엇인가를 알리지 않고 계약 등 어떠한 행위를 한 때에는 신의성실의 원칙에 의한 고지의무 위반으로 부작위에 의한 사기죄를 인정하고 있다. (대법원 1991. 7. 23. 선고 91도458 판결, 대법원 2004. 6. 11. 선고 2004도1553 판결 등) 그러나 이는 명시적 기망행위로 보아야 한다.

41) 류화진, 앞의 논문, 324면 참조.

42) 최정학, 앞의 논문, 181면.

43) 이에 대해 기망행위 단계는 행위의 시간적 단계이며, 보증인 지위 단계는 행위자의 상태적 단계를 의미하는 것이므로, 양자는 별개의 성질을 가지고 있기에 이중 적용되는 것은 당연한 것으로 보는 견해도 있다. 양자의 성질이 다르다는 점은 공감한다. 그러나 별개의 성질이라 할지라도 그 내용이나 해석상의 차이가 없는 이상, 신의칙에 의한 보증인 지위는 부작위에 의한 사기죄의 성립을 제한하는 기능을 하지 못하므로 인정할 필요가 없다.

부작위범에 있어서 보증인 지위는 가벌성을 제한하기 위한 요소 중 하나이다. 작위로 인한 범죄행위와 부작위로 인한 범죄행위의 동일성을 인정하기 위하여 보증인 지위라는 요소를 추가로 요구하고 있는 것이다. 그러나 부작위에 의한 사기죄에 있어서 신의성실의 원칙에 의한 보증인 지위는 사기죄의 성립을 제한해 주는 기능을 하지 못한다. 사기죄에서 신의와 성실의 의무를 저버려서 부작위에 의한 기망행위가 인정되었을 때, 신의칙에 의한 작위의무 또한 이미 위반한 것이 되기 때문이다. 따라서 사기죄에서 신의성실의 원칙에 의한 보증인 지위의 검토는, 부작위범의 범위를 좁혀주는 보증인 지위로서의 역할을 하지 못하고 단지 형식적인 절차로 스쳐 지나갈 뿐이다.[44] 이는 부작위에 의한 사기죄를 쉽게 성립하게 함으로써, 사기죄의 가벌성의 범위를 확대시키게 된다. 보증인 지위에 위 민법상의 의무를 전용하여 오히려 범죄 성립에 유용하게 이용되고, 민법상 의무를 전용한다는 부담만 주고 있다.

결국, 사기죄에 있어서 신의성실의 원칙은 처벌되어야 할 기망행위와 불가벌적인 기망행위를 구별해야 하는 기준으로서, 기망행위를 제한하는 기능만 하고, 보증인 지위의 발생 근거로서는 아무런 기능을 하지 못하고 있다고 판단된다.

44) 강미영, "부작위에 의한 사기죄와 조리", 128면 참조.

Ⅲ. 사기죄에 있어서 신의성실의 원칙의 방향성

우리 형법에는 신의성실의 원칙에 대한 어떠한 명문 규정도 없다. 형사제재를 위해 신의성실이 적용되는 요건이나 그 효과에 대한 명확한 내용이 없음에도 사기죄에서는 신의성실의 원칙을 기망행위의 판단이나 보증인 지위의 근거로 이용하고 있다.

신의성실의 원칙은 현대 자본주의를 사적 자치에만 맡기고 방치하게 되면 자신만의 이익 추구를 무한정 허용하게 됨으로써, 그 결과 발생할 수 있는 문제점을 극복하기 위해 나온 법리이다. 그에 따라 민법에서는 신의성실의 원칙이 법률과 계약 해석에서 당사자 사이에 어떠한 내용의 권리, 의무가 발생하는지 결정하는 기준이 되기도 한다.[45] 그렇지만 이는 추상적·일반적 규범으로 그 내용이나 기준이 명확하게 정해져 있지 않아 문제의 소지가 없지 않다. 따라서 아래에서는 사기죄에서 신의성실의 원칙이 필요한지, 이용된다면 어떤 의미로 제한이 되어야 하는지 나누어 살펴보도록 하겠다.

1. 기망행위에 있어서의 신의성실의 원칙

형법은 특히 재산범죄와 관련해서, 침해되는 개인의 재산권 범위나 그 침해행위를 특정하기 위해 민법상의 개념이나

45) 김대휘, "횡령죄의 보관관계—형법과 신의칙", 형사판례연구 [27], 한국형사판례연구회, 2019, 336면.

논리를 불가피하게 차용할 필요가 발생한다. 재산범죄에 있어 거래관계의 안정성과 이를 뒷받침하는 사회적 신뢰가 필요한 것은 당연하므로, 이를 위해 신의성실과 같은 민법상의 원칙이 형사법의 영역에 등장할 수 있는 것이다.46) 이는 사기죄의 경우에도 마찬가지다. 따라서 사기죄의 성립 요건인 기망행위의 검토 과정에서 단순히 다른 사람을 속이는 것이 범죄행위가 되는 것이 아니라, 이것이 신의성실의 원칙에 어긋나는 정도의 행위에 해당해야 한다고 하는, 기망의 정도를 정하는 척도로 적용되는 것은 무방하다 할 것이다. 앞에서 언급한 바와 같이 기망행위에 신의성실의 원칙은 그 해석을 제한하는 역할을 하여 범죄의 성립과 가벌성을 좁히는 기능을 하므로, 이러한 경우에는 형사법 영역에서도 신의칙의 활용을 부정할 이유가 없다.

다만, 신의성실에 반하는 행위로 기망의 정도를 제한하였지만, 이 또한 신의칙이라는 추상적 어의에 따른 한계가 남게 된다.47) 그에 따라 신의칙에 반하는 기망행위에 대하여 다시 한번 제한할 필요가 있다.

우리 대법원은 '상대방이 그 사실을 알았더라면 당해 법률행위를 하지 않았을 것이 명백한 경우', 즉 '중요한 사실'을 속이는 경우를 신의성실에 반하는 기망행위로 제한한다.48) 일본

---

46) 황태정. 앞의 논문, 190면 참조.
47) 박상진, 앞의 논문, 226면.
48) 대법원 2010. 9. 9. 선고 2010도7298 판결 ; 대법원 2007. 1. 25. 선고 2004도45 판결 ; 대법원 2002. 2. 5. 선고 2001도5789 판결 ; 대법원 1992. 9. 14. 선고 91도2994 판결.

판례와 학설도 '거래 상대방이 그 사실을 알고 있었더라면 재산적 처분행위를 하지 않았을 듯한 중요한 사실을 속이는 것'으로 사기죄의 기망행위를 제한하고 있다.[49] 그러나 '상대방이 그 사실을 알았더라면 당해 법률행위나 재산적 처분행위를 하지 않았을 것'은 주로 민법상 계약의 취소나 무효의 사유를 인정할 때 이용되는 표현이다. 그것이 계약 당사자인 피해자에게 얼마나 본질적이고 중요한 부분인지를 판단하는 기준으로 작용하는 것이다.[50] 계약 당사자에게 중요한 사항은 그 사람의 의사에 따라 달라진다. 민법상 계약은 당사자들 간 거래의 성립과 권리·의무 이행을 내용으로 하므로 계약의 효력을 다툴 때는 계약 당사자의 내심의 의사가 중요하다. 따라서 상대방의 의사에 따라 계약이 취소되거나 무효가 될 수 있다. 그러나 형사처벌이 이루어질 수 있는 형법에서는 이러한 기준이 적합하지 않다. 상대방에게 있어 단순히 중요한 사실이라고 한다면, 이는 지극히 주관적이고 개인마다 달라질 수 있어, 상대방의 내심의 의사에 따라 가벌성이 좌우되는 경우가 발생할 수 있기 때문이다. 따라서 단순히 중요한 사실이 아니라, '재산적인 측면'에서 중요한 사항을 속인 경우에 한하여 신의성실에 반하는 기망행위가 되는 것으로 보아야 한다.[51] 사기죄가 재산

49) 高橋則夫, 前掲書, 303頁 ; 木村裕三/小林敬和, 前掲書, 145頁 ; 吳 明植, 前掲書, 142頁 ; 前田雅英, 刑法各論講義 (第6版), 平文社, 2015, 220頁 ; 前田雅英(代表), 前掲書, 719頁 ; 井田 良, 前掲書, 260頁 ; 斎藤信治, 前掲書, 137頁 ; 只木 誠, 前掲書, 182頁.
50) 류화진, 앞의 논문, 309면.
51) 박상진, 앞의 논문, 249면.

범죄인 것을 고려하였을 때, 일반적으로 재산적 처분행위를 결정하는데 있어 판단의 기초가 되는, '재산 관련적 의미에서 중요한 내용'을 속였을 경우에 한하여 신의성실의 원칙을 저버리는 기망행위로 보는 것이다. 예를 들어 일본 최고재판소는 제3자에게 양도할 목적을 숨기고 예금계좌를 개설하여 예금통장 및 현금카드를 교부받은 사안에 대하여 "은행이 제3자에게 양도할 목적을 알았더라면 예금계좌의 개설이나 예금통장 및 현금카드의 교부에 응하지 않았을 것이 인정된다"라고 하여 이는 '신청자 본인이 이용'한다고 하는, 은행에 있어서 중요한 사실을 속인 것으로 보아 사기죄에 해당한다고 판단하였다.[52] 그러나 이러한 경우에는 재산적인 측면에서 중요한 사항이라고 보기 어려우므로, 사기죄에 있어서 신의성실의 원칙을 저버리는 기망행위에 해당하지 않는다고 보아야 할 것이다.

2. 보증인 지위에서의 신의성실의 원칙

앞서 언급한 바와 같이 부작위에 의한 사기죄에서 신의성실의 원칙에 의한 보증인 지위는 가벌성을 제한해 주는 기능을 하지 못한다. 따라서 보증인 지위의 발생 근거로 신의성실의 원칙은 적용될 수 없다고 보아야 한다.

무엇보다 신의성실의 원칙은 일반조항으로서 구체적 판단을 법관에게 맡기는 것이다. 법관마다 도덕적 기준은 다를 수

52) 最裁 平成 19. 7. 17 刑集 第61巻 5号 521頁.

있으므로 이를 형법에서 가벌성 요건으로 이용하게 되면 법적 안정성을 해치게 되고, 나아가 사기죄의 불법 영역이 확대될 위험도 있다. 그럼에도 불구하고 처벌 근거가 불명확한 신의칙에 의한 고지의무를 인정하고 있는 판례의 입장은 부작위에 의한 사기죄를 보증인 지위로 제한하는 과정 없이 쉽게 인정하는 것이 되어 피고인에게 불리하게 작용될 수 있다.

상호 계약을 하는 데 있어서는 신의와 성실에 따라 어떤 계약 부분에 관하여 계약 상대방에게 내용을 밝힐 법적 의무가 발생할 수 있다. 이때 신의성실의 원칙은 상대방에게 계약체결 결정을 위해 중요한 내용을 설명할 의무를 근거지울 수 있을 것이다. 그러나 이는 계약체결상의 문제이며, 민법의 영역이다. 민법상 의무불이행 등 계약체결 내용을 어기는 것은 소위 배신적 행위이고 이는 널리 신의칙에 반한다고 볼 수 있다. 그러나 이를 형법적 가벌성의 요건인 보증인 지위로 인정하는 것은 타당하지 않다. 신의성실의 원칙을 보증인 지위로 인정하는 것은 거래 상대방의 손해를 방지할 고지의무를 지우는 것과 같기 때문이다. 사법상 거래는 이해관계가 대립되는 당사자 간의 거래인데, 어느 한쪽에만 형벌의 근거가 될 수 있는 고지의무를 일방적으로 지울 수는 없다.[53]

신의성실의 원칙을 대원칙으로 하고있는 민법 영역에서도 그 판결에 있어서는 신의칙에 의한 작위의무의 범위를 제한하

53) 류화진, 앞의 논문, 324면.

고, 사적 자치 원칙이나 법적 안정성에 반하지 않는 경우에 예외적으로 신의칙의 이용을 인정하고 있다.[54] 더욱이 형법은 국가 형벌권의 자의적 행사를 금지하고 죄형법정주의를 대원칙으로 하고 있으므로, 구성요건적 정형성을 갖추지 못한 신의성실의 원칙을 보증인 지위라고 하는 가벌성의 요건으로 적용할 수는 없다. 개인에게 귀속되는 불이익이나 의무는 반드시 법률로 규정되어야 하기 때문이다.

따라서 부작위에 의한 사기죄에 있어서 보증인 지위에서의 신의성실의 원칙은 부정되어야 한다. 계약체결 등 민사상 법률관계를 하였다는 이유만으로 형법상 보호해야 할 신의성실의 지위가 발생하였다고 볼 수는 없다. 법률이나 계약, 선행행위에 의한 작위의무가 존재하는 등 보증인 지위를 명백히 인정할 수 있는 경우 이외에 단지 처벌의 필요성이나 도덕적 비난성을 이유로 보증인 지위를 인정해서는 안 된다.[55] 물론 여기에서 보증인 지위가 인정되는 계약은 단순히 거래 계약을 체결한 것을 말하는 것이 아니라, 일정한 사유가 발생한 경우에 상대방에게 고지하는 등, 계약 내용에 고지의무가 규정되

54) 대법원 2024. 4. 4. 선고 2022다239131, 239148 판결 ; 대법원 2024. 3. 28. 선고 2019다253700 판결 ; 대법원 2023. 11. 16. 선고 2022다265994 판결; 대법원 2018. 4. 26. 선고 2017다288757 판결 ; 대법원 2012. 4. 26. 선고 2010다8709 판결 ; 대법원 1991. 12. 10. 선고 91다3802 판결.

55) 특히 판례는, 요부조자의 생명이나 신체의 안전을 보호하기 위한 유기죄에서 조차 형벌 확장과 죄형법정주의 위반을 우려하여 행위자에게 신의성실의 원칙에 의한 작위의무를 부정하고, 법률과 계약상의 작위의무만 인정하고 있다.(대법원 1977. 1. 11. 선고 76도3419 판결) 반면에 재산권을 보호하는 사기죄에서 별다른 근거 없이 이보다 더 넓은 신의칙에 의한 작위의무를 부여하는 것은 논리적이지 않다.

어 있는 경우가 되어야 할 것이다.

자본주의 경제 거래에서, 기본적으로 거래 당사자들은 각자의 주의의무를 부담하고 있다. 예전과 달리 각종 기술과 시스템 체계의 발달로, 매수인 또한 다양한 정보를 획득할 수 있게 되었고, 주의의무를 이행할 수 있는 여건을 갖추게 되었다. 따라서 상호 거래에 있어서 한쪽에만 일방적으로 형벌로 연결되는 신의칙에 의한 고지의무를 부여하는 것은 가혹하며, 형평성에도 맞지 않다.

범죄는 형사처벌이라는 수단을 동원해서라도 반드시 이를 예방하고 진압해야 할 정도로 사회적으로 유해한 행위가 되어야 한다.[56] 법적 · 계약적으로 아무런 고지의무가 없는 사람이 거래 상대방에게 손해라는 점을 고지하지 않은 행위가, 아무런 손해가 없는 계약이라고 상대방을 속이는 행위만큼 사회적으로 유해한 행위인지 생각해 볼 필요가 있다.

Ⅳ. 맺으며

우리나라 「민법」 제2조 제1항에 명문으로 규정되어 있는 신의성실의 원칙은 사적 자치를 기본으로 하는 민법 전반의 해석 원칙이다. 법률관계의 당사자는 상대방의 이익을 배려하여 형평에 어긋나거나 신뢰를 저버리는 내용 또는 방법으로

56) 정혜욱, 앞의 논문, 192면.

권리를 행사하거나 의무를 이행해서는 안 된다는 원리이다. 그런데 우리 대법원은 사기죄를 검토하는 데 있어서 이 신의성실의 원칙을 광범위하게 활용하고 있다.

형사법 영역에서, 특히 재산범죄와 관련해서는 신의성실의 원칙의 활용을 전적으로 배제할 수는 없다. 거래관계와 밀접한 관련이 있는 재산범죄에서는 민법상 기준이 불가피하게 이용될 수밖에 없으며, 사기죄의 경우도 마찬가지이기 때문이다.

사기죄의 성립 요건인 기망행위와 관련해서, 신의칙은 가벌적 기망과 비가벌적 기망을 구분하는 척도로 활용된다. 이것은 범죄행위의 성립을 제한하는 기능을 하므로, 형사법 영역이라 하더라도 신의성실의 원칙의 활용을 부정할 이유가 없다. 다만, 단순히 '중요한 사실'을 속이는 경우를 신의성실에 반하는 기망행위로 볼 것이 아니라, 재산적 처분행위를 결정하는 데 있어 판단의 기초가 되는, '재산적 측면에서 중요한 사실'을 속인 경우에 한하여 신의성실의 원칙을 저버리는 기망행위라고 보아 그 범위를 더 제한적으로 적용할 필요가 있다고 생각된다.

반대로 피고인에게 불리하게 작용하며, 가벌성의 범위를 확대시키는 보증인 지위를 인정하는 발생 근거로 신의성실의 원칙이 활용되는 것은 부정되어야 한다. 보증인 지위는 법적 작위의무를 가지는 것이다. 단순히 계약을 체결하였다는 사실만으로 상대방의 재산을 보호할 보증인이 되는 것은 아니다.

우리 형법은 엄격한 형식적인 요건에 의해 가벌성을 인정하고 있다. 그런데 처벌 필요성을 이유로 구성요건적 정형성을 갖추지도 못한 신의성실의 원칙이라는 일반규범을 처벌 근거로 내세우는 것은, 가벌성 요건을 갖추지 못한 사기죄의 성립을 확장시키는 것이 된다. 이는 죄형법정주의라는 우리 형법의 대원칙에 크게 어긋나는 것이다.

무엇보다 보증인 지위에서 신의성실의 원칙은 아무런 제한 기능을 하고 있지 않다. 부작위에 의한 기망행위는 애초에 신의칙에 비추어 고지의무를 이행하지 않은 것이다. 따라서 부작위에 의한 기망행위가 인정된다면, 그 행위자는 이미 신의성실의 의무를 위반한 것이다. 그런데 이러한 신의성실의 의무를 위반하지 않도록 고지의무를 이행해야할 근거가 되는 보증인 지위를 신의성실의 원칙으로 인정한다는 것은 납득하기 어렵다. 부진정부작위범은 보증인 지위라는 요건을 통해 범죄 성립을 제한해야 함에도 불구하고, 신의성실의 원칙은 부작위에 의한 사기죄의 성립 범위를 좁혀주는 기능을 하지 못하고 단지 형식적인 과정으로 지나갈 뿐이다. 그에 따라 부작위에 의한 사기죄를 쉽게 성립하도록 만들고 있다.

결국 민법적 요소인 신의성실의 원칙은 형법적 영역이라 하더라도 법적 해석을 위해, 범죄 성립을 제한 하기 위한 요소로는 적용이 가능하나, 가벌적 요건이 되는 보증인 지위에 있어서는 그 적용이 부정되어야 마땅하다.

사기죄의 보호법익은 거래상 신뢰가 아니라 재산권이며, 궁극적인 목적은 재산권의 질서를 보호하는 것이다. 단순한 계약위반이 형법상의 처벌 대상이 될 수 없다. 형법의 보충성 원칙에 어긋날 뿐만 아니라, 고소 사건의 남발로 국가의 형사사법기구가 개인의 채권 확보 수단으로 이용될 수도 있기 때문이다. 국가 형벌권이 부당하게 개입하게 되면 거래 질서 유지가 더욱 어려워질 수 있다. 형법은 최후의 수단으로서 개입해야 할 것이다.

■ 참고자료 ■

김성돈, 형법각론(제9판), 박영사, 2024.

김혜정/박미숙/안경옥/원혜욱/이인영, 형법각론(제3판), 정독, 2023.

노태악(대표)/김정훈(집필), 주석 형법 [각칙(4)] (제6판), 한국사법행정학회, 2024.

배종대, 형법각론(제15판), 홍문사, 2024.

______, 형법총론(제18판), 홍문사, 2024.

西田典之 · 山口 厚 · 佐伯仁志(저)/서거석 · 송문호 · 강경래(역), 일본 형법 대표판례 <각론>, fides, 2014

신동운, 형법각론(제4판), 법문사, 2025.

______, 형법총론(제14판), 법문사, 2022.

오영근/노수환, 형법각론(제9판), 박영사, 2025.

____________, 형법총론(제7판), 박영사, 2024.

이인규/정현석, 형법각론강의 (2025 개정판), 도서출판 학연, 2025.

이재상/장영민/강동범, 형법각론(제14판), 박영사, 2025.

__________________, 형법총론(제12판), 박영사, 2024.

이정원/이석배/정배근, 형법각론, 박영사, 2023.

이주원, 형법총론(제3판), 박영사, 2024.

임 웅/이현정/박성민, 형법각론(제14정판), 법문사, 2024.

홍영기, 형법 총론과 각론(제2판), 박영사, 2024.

2024 범죄분석(개정판), 대검찰청, 2024.

강미영, "부작위에 의한 사기죄에서의 기망행위와 신의성실의 원칙", 아주법학 제9권 제3호, 아주대학교 법학연구소, 2015, 233-249.

______, "부작위에 의한 사기죄와 조리", 부산대학교 박사학위논문, 2018.

김대휘, "횡령죄의 보관관계—형법과 신의칙", 형사판례연구 [27], 한국형사판례연구회, 2019, 329-345.

김현우, “사기죄의 ‘기망’ 행위에 대한 고찰”, 한양법학 제22권 제3집, 한양법학회, 2011, 427－447.

도중진, “사기죄와 경제범죄의 관계”, 형사정책연구 제20권 제1호, 한국형사·법무정책연구원, 2009, 445－470.

류화진, “不作爲에 의한 詐欺罪 認定에 관한 批判的 考察”, 법학연구 제44권 제1호, 부산대학교 법학연구소, 2003, 305－327.

박상진, “사기죄에서의 기망개념과 처벌범위의 한계 － 한국과 일본의 주요 판례를 중심으로 －”, 형사법의 신동향 통권 86호, 대검찰청, 2025, 223－256.

박성민, “사기죄의 기망행위에 관한 연구”, 성균관대학교 박사학위 논문, 2011.

안원하, “부진정부작위범과 보증인적 지위 - 판례가 다룬 사례를 중심으로 －”, 형사법논집 제2권 제1호, 문창형사법학회, 1999, 86－114.

안경옥, “부작위에 의한 기망행위”, 영남법학 제8권 제1 · 2호, 영남대학교 법학연구소, 2002, 273－286.

이승준, “원인관계 없이 착오로 송금된 금전의 임의인출과 횡령죄의 성부”, 법학논고 제53집, 경북대학교 법학연구원, 2016, 133－153.

정혜욱, “부진정부작위범의 작위의무에 관한 연구”, 법학논문집 제37집 제3호, 중앙대학교 법학연구원, 2013, 185－207.

최정학, “사기죄에서 ‘신의칙’의 의미”, 형사법연구 제24권 제4호, 한국형사법학회, 2012, 177－199.

황태정. “신의칙과 형사처벌 － 형사법 영역에서 신의칙의 기능과 한계 －”, 형사법연구 제35권 제4호, 한국형사법학회, 2023, 177－207.

高橋則夫, 刑法各論(第2版), 成文堂, 2014.

木村裕三/小林敬和, 現代の刑法各論(改訂第4版), 成文堂, 2014.

西原春夫/新倉　修/山口　厚/井田　良/松宮孝明(編者)/酒井安行(執筆), 刑法マテリアルズ, 柏書房, 2004.

松原芳博, 刑法各論, 日本評論社, 2016.

吳　明植, 刑法各論(第3版), 弘文堂, 2017.

前田雅英(代表), 条解 刑法(第2版), 弘文堂, 2007.

前田雅英, 刑法各論講義 (第6版), 平文社, 2015

井田　良, 講義刑法學·各論, 有斐閣, 2016.

斎藤信治, 刑法各論(第4版), 有斐閣, 2014.

只木　誠, コンパクト刑法各論, 新世社, 2022.

川崎一夫, 刑法各論(30講), 北樹出版, 2010.

川端　博, レクチャー刑法各論(第4版), 法學書院, 2016.

________, 刑法各論講義(第2版), 成文堂, 2010.

萩原　滋, 刑法概要 [各論](第4版), 成文堂, 2014.

■ 국문초록 ■

신의성실의 원칙은 민법 전반의 해석 원리로 인정되고 있는 것으로, 그 외 구체적인 요건이나 법적 효과가 명시되어 있지 않다. 이는 일반규범으로서 구체적인 사안에 따라 다양하게 해석이 전개될 수 있는데, 우리 대법원은 사기죄를 검토하는 데 있어 신의성실의 원칙을 광범위하게 활용하고 있다.

사기죄의 기망행위와 관련하여 작위·부작위 여부에 상관없이 기망행위가 성립하기 위한 요건으로 신의성실의 의무가 적용된다. 즉, 사기죄의 기망행위가 되기 위해서는 신의성실의 원칙에 반하는 정도의 기망행위가 있어야 하는 것으로, 여기서 신의칙은 기망행위의 성립 범위는 제한하는 기능을 한다.

반면에 부작위에 의한 사기죄의 경우, 보증인 지위의 발생 근거로서 신의성실의 원칙이 또 적용된다. 보증인 지위는 부진정부작위범에 있어서, 작위에 의한 행위와 부작위에 의한 행위의 상응성을 위해 요구하는 가벌성 요건으로, 부작위에 의한 사기죄의 성립을 제한해 주는 기능을 해야한다. 그러나 사기죄의 기망행위에서 이미 신의성실의 원칙에 위반한 것을 검토한 이후에, 보증인 지위의 근거를 다시 신의성실의 원칙에 두어 판단하는 것은 중복적인 검토로서 의미가 없다. 신의와 성실의 의무를 저버려서 부작위에 의한 기망행위가 인정되었을 때 신의칙에 의한 작위의무 또한 이미 위반한 것이 되기 때문이다.

결국 사기죄에 있어서 신의성실의 원칙은 기망행위를 제한하는 기능으로는 작용하지만, 보증인 지위의 발생 근거로서는 아무런 기능을 하지 못하고 있다. 게다가 신의성실의 원칙을 보증인 지위로 인정하는 것은 거래 상대방의 손해를 방지할 고지의무를 지우는 것이 된다. 당사자 간의 거래에서 어느 한쪽에만 형벌의 근거가 될 수 있는 고지의무를 일방적으로 지울 수는 없다.

따라서 사기죄에 있어서 보증인 지위를 발생시키기 위한 신의성실의 원칙은 부정되어야 한다. 또, 사기죄의 기망행위를 제한하는 기능으로 신의성실의 원칙을 적용하는 경우에는 재산범죄임을 고려하여 재산적 측면에서 중요한 사실을 속이는 경우에 한하여 신의성실에 반하는 기망행위로 보는 것으로 의미를 제한해야 한다.

주제어 : 사기죄, 신의성실의 원칙, 기망행위, 보증인 지위, 죄형법정주의

■ ABSTRACT ■

Fraud and the Principle of Good Faith

Kang, Mi Young *

The principle of good faith is recognized as a general principle of interpretation throughout civil law, and no specific requirements or legal effects are specified. This general norm can be interpreted in various ways depending on the specific case. However, our Supreme Court has extensively utilized the principle of good faith in reviewing fraud cases.

Regarding fraudulent acts, regardless of whether they involve an act or omission, the duty of good faith applies as a prerequisite for the establishment of fraud. In other words, for a fraudulent act to be considered fraudulent, the deceptive act must be so severe as to violate the principle of good faith. Here, the principle of good faith functions to limit the scope of fraudulent acts.

On the other hand, in cases of fraud by omission, the principle of good faith also applies as the basis for the establishment of guarantor status again. In the case of crimes of omission, the guarantor's duty is a requirement for punishability to ensure the proportionality between acts of commission and acts of omission.It

* Instructor, Law School, Pusan National University, Ph.D. in Law.

should function to limit the establishment of fraud by omission.

However, after examining the violation of the principle of good faith in the deceptive act of fraud, basing the guarantor's status on that principle again is redundant and meaningless. This is because when a deceptive act of omission is acknowledged due to a breach of the duty of good faith and good faith, the duty to act under the principle of good faith is also already violated.

Ultimately, the principle of good faith in fraud serves to limit deceptive acts, but it serves no purpose as a basis for the creation of guarantor status. Moreover, recognizing the principle of good faith as a guarantor would impose a duty of inform to prevent damage to the counterparty. In a transaction between parties, the duty to inform, which imposes criminal penalties, cannot be unilaterally imposed on one party. Above all, the duty to inform under the principle of good faith under civil law should not be interpreted as a legal duty of action under the criminal law for a guarantor, granting it enforceable power.

Therefore, the principle of good faith, which creates a guarantor status in fraud cases, should be rejected. In addition, when applying the principle of good faith as a function to limit deceptive acts in fraud, considering that it is a property crime, the meaning should be limited to deceiving only in cases where important facts in terms of property are deceived.

Key words : Fraud, Principle of Good Faith, Deceptive Acts, Guarantor Status, Principle of Legality

자유박탈적 보안처분에 대한 비판적 검토*

- 보안형벌과 보호수용제도 비판 -

강지현**

Ⅰ. 서 론

1953년 형법전이 제정될 당시의 입법자는 국가형벌권의 남용으로 인한 인권침해를 우려하여 중벌주의를 지양하는 것을 원칙으로 하여, 당시 형법기초요강에 포함되어 있었던 보안처분을 채택하지 않고, 형벌만을 규정하였다.[1] 이후 각종 특별법의 제·개정을 통하여 성폭력범죄, 강력범죄 등에 대한 형벌가중이

* 안원하 교수님의 정년을 진심으로 축하드립니다. 교수님께서 베풀어 주신 가르침과 따뜻한 격려는 저의 학문적 여정에 큰 길잡이가 되었습니다. 언제나 건강과 평안이 함께 하시기를 기원드립니다. 이 글은 '비교형사법연구' 제17권 제4호(한국비교형사법학회, 2015.12.)에 수록된 것입니다.

** 부산대학교 법학연구소 특별연구원, 법학박사

1) 김태명, 최근 우리나라의 중벌주의 입법경향에 대한 비판, 형사법연구, 제24권 제3호, 2012, 122면.

계속되어 왔다. 특히 최근에 들어 강력(흉악)범죄에 대한 경각심이 고조되면서, 지금 현재 우리나라 형사입법의 경향은 중벌화이다. 언론을 통한 흥미위주의 사건보도가 주를 이루면서, 사회가 불안해졌다는 두려움이 실제 강력범죄 발생건수의 상승추세보다 더 가파르게 확산되고 있다.[2] 자극적인 언론의 범죄보도는 특정 소수의 범죄자를 비정상적인 사람으로 규정하여 일반인과는 완전히 다른 세계의 사람으로 만들어버려, 일반인에게 공포와 혐오감을 초래하고 범죄자에 대해 비합리적이고 적대적인 반응을 보이도록 한다.[3] 이는 일반대중의 안전에 대한 과민반응을 야기하여 합리적이고 신중한 대책의 검토를 불가능하게 한다. 범죄자에 대한 더 가혹한 처벌을 요구하는 사회분위기 속에 강력한 형사제재를 포함한 입법조치가 계속되고 있는 것이다.

위험한 범죄자로부터 일반대중의 안전과 사회를 방위하기 위한 대책으로 형벌이 가중되었고, 보충적 수단으로 다양한 보안처분이 도입되었다. 이후 보안처분의 적용대상이 확대되고 처분의 강도는 강화되었다. 이에 더하여 자유박탈적 보안처분인 보호감호제도의 재도입이 추진되고 있다. 이런 형사입법의 중벌주의 경향은 형법의 법익보호적 기능에는 효과적일지 모르나, 인권의 보호라는 측면에서는 역기능을 초래한다.

---

2) 흉악범죄(강력범죄) 발생건수의 통계 분석에 대하여 김태명, 앞의 논문, 134면 이하; 한영수, 위험한 범죄자에 대한 실효성 확보방안, 형사정책연구, 제24권 제1호, 2013, 178면 이하 참조.

3) 한영수, 앞의 논문, 182면 참조.

과연 이러한 경향이 책임원칙, 보충성의 원칙 등과 같은 근대 형법의 기본원칙에 비추어 옳은 방향인가 하는 의문을 바탕으로 아래에서는 유기징역형 상한의 상향조정을 통한 보안형으로의 형법개정이 정당한지에 대해 그리고 장래의 범죄발생에 대한 위험을 방지하기 위한 예방목적의 자유박탈적 보안처분의 재도입이 타당한가에 대해 검토해 본다.

II. 보안형벌의 정당성 여부

1. 보안형벌의 도입

2000년대 이후 아동·청소년을 대상으로 한 성폭력범죄, 연쇄살인범죄 등 강력범죄가 급증하고 있다는 언론의 보도가 계속되면서, 범죄에 대한 강력한 대처를 요구하는 목소리가 커지자, 각종 특별법을 통해 형벌이 가중되었다.[4] 그리고 마침내 2010년에는 형법총칙의 개정을 통해 유기징역의 상한이 15년에서 30년(가중시 50년)으로 상향조정되었다(형법 제42조).[5] 이에 따라 법정형의 하한이 1년 이상인 범죄의 경우, 법정형의 폭은 종래 1년에서 15년이던 것이 1년에서 30년 사이가 되고, 상습범 등으로 가중될 경우 1년에서 45년 사이가 되며, 누범

4) 각종 특별법의 제·개정 내용에 대해서는 김태명, 앞의 논문, 130면 이하; 이재석, 형벌의 중벌화 입법경향에 관한 비판적 고찰, 법학연구, 제44권, 한국법학회, 2011, 201면 이하 참조.

5) 형법 일부개정, 2010.4.15. 법률 제10259호, 2010.10.16 시행.

가중되면 법정형의 폭은 1년에서 50년 사이가 된다.[6]

형법개정의 이유는 유기징역의 상한을 15년으로 제한하고 있어 무기징역과 유기징역 간 형벌효과가 지나치게 차이가 나고 중대한 범죄를 저지른 경우에 그에 따른 형벌을 선고하는데 제한이 있으므로, 유기징역의 상한을 상향조정하여 행위자의 책임에 따라 탄력적으로 형선고를 가능하게 한다는 것이었다.[7]

그러나 개정된 유기징역의 상한선은 지나치게 높아 형을 가중하는 경우, 사실상 무기징역과 차이가 없게 된다. 이는 무기징역형을 폐지한 다른 나라 유기형의 상한선(노르웨이 21년, 스페인 40년, 보스니아헤르체고비나 45년)과 비교해도 현저히 높은 수준이다. 또한 형의 범위가 넓어 실제 양형단계에서 행위자의 책임에 상응하는 정당한 형벌을 발견하기 어렵다. 이러한 유기징역 상한의 상향조정은 사실상 우리 형법에 보안형벌(Sicherungsstrafe)이 도입되는 결과를 가져왔다.

1995년 형법전에 자유제한적 보안처분이 도입되었고, 2005년 제정된 치료감호법을 통해 심신장애인 등에 대한 자유박탈적 보안처분을 실시하고 있다는 점에서, 우리 형법은 이원주의적 형사제재체계를 취하고 있다고 볼 수 있다. 이는 형벌의 본질을 과거의 범죄에 대한 응보라고 보면서, 그 범위 내에서 일반예방과 특별예방의 목적을 함께 고려하지만, 특별예방은

6) 김성돈, 책임형법의 위기와 예방형법의 한계, 형사법연구, 제22권 제3호, 2010, 5면.
7) 형법 (법률 제10259호) 개정이유 참조.

형벌의 목적 가운데 하나일 뿐이고, 특별예방적 목표는 보안처분을 통해서 이룬다는 것이다.

이러한 이원주의 형사제재체계에 따르면 위험한 범죄인으로부터 사회를 방위하는 예방목적은 보안처분이라는 수단을 통해 달성된다. 그러나 현행 형사제재의 방향은 각종 특별법과 형법개정을 통해 보안처분이 아니라 장기의 형벌로서 위험한 범죄인을 사회로부터 격리시키는 방법으로 사회를 방위하고자 한다. 이는 결국 형벌을 통해 사회방위라는 목적까지 달성하려는 것으로 일원주의 형사제재체계를 취하는 것과 다르지 않다고 보여진다.[8)]

2. 보안형벌의 정당성 여부

유기징역 상한의 상향조정에 의한 보안형벌은 과연 정당한가? 형벌은 그 범위가 범죄에 상응할 때만 정당화될 수 있다. 아무리 중대한 범죄라 하더라도 자유형을 50년까지 선고하는 것이 과연 책임원칙에 부합하는가?

책임은 행위자에 대한 비난가능성, 즉 불법을 저지른 범죄인의 의사형성에 대한 비난가능성이다. 책임은 발생한 결과에 대해 책임을 묻는 결과책임이나, 행위자의 내적 위험성만을 문제 삼는 위험책임이 아니다.[9)] 책임판단의 대상은 구체적

8) 김성돈, 앞의 논문, 14면에 의하면 책임무능력자인 행위자에 대해서는 치료시설에 수용하는 이원주의를 취하면서도, 책임능력자에 대해서는 철저하게 일원주의를 고수하는 입법형식이 우세하다고 한다.

인 행위로, 책임은 행위자의 구체적인 범죄행위에 대한 비난이다. 이러한 행위책임은 법치국가적 이념에서 행위에 상응하는 형벌을 과할 것을 요구하는 형벌의 척도로서의 책임, 즉 책임주의와 일치한다.[10] 형벌의 양은 책임의 정도를 넘지 않는 범위내에서만 정해져야 한다.

개정된 법정형의 광대한 폭은 실제 양형단계에서 무엇을 근거로 행위자의 책임에 상응하는 형벌을 발견할 수 있는지 가늠하기 어렵게 한다. 이는 책임이 형벌의 양을 제한하는 기능을 마비시키면서, 결국 책임이 무제한의 형벌을 가능케 하는 수단으로 쓰이게 되는 양상을 보이게 되는 것이다.[11]

가. 행위자책임의 인정

그렇다면 보안형벌의 근거는 행위책임이 아닌 행위자책임에서 찾을 수 밖에 없게 된다. 책임이 원칙적으로 행위책임이라고 전제하면서도, 범죄자의 행위가 그의 인격이나 성격과 분리되어 나타날 수 없으므로 행위자의 인격책임을 고려할 수 밖에 없다고 보는 것이다. 이는 결국 행위자의 특수한 범죄에너지나 법적대적 심정요소 등의 위험성이 형벌을 가중하는 근거로 작용하는 것이 되므로 책임주의원칙에 반한다고 하지 않을 수 없다.

9) 이재상·장영민·강동범, 형법총론, 제8판, 2015, 289－290면.
10) 이재상·장영민·강동범, 앞의 책, 298면.
11) 김성돈, 앞의 논문, 18면.

또한 형벌은 행위자의 구체적인 범죄행위에 대하여만 부과되어 형사책임을 한정하는 기능을 하여야 한다. 그런데 범죄자의 생활(영위 또는 결정)책임을 인정하게 되면, (행위자에게) 책임이 있으면 그 책임을 부담해야 한다는 식의 (책임구성) 논리가 되어, 실제로 범죄자를 반드시 (엄하게) 벌해야만 한다는 결론을 내릴 수도 있다. 이러한 경우 사회방위를 위한 예방적 목적의 실현을 전제로 하는 보안형벌의 본질에 따라 위험한 범죄자에 대한 장기간의 자유박탈이 허용되게 된다.

나. 예방적 책임론 – 일반예방주의

책임의 내용을 형벌의 예방적 목적으로부터 찾으려는 예방적(기능적) 책임론에서 보안형벌이 정당화되는 근거를 찾을 수도 있다. 예방적 책임론에서는 행위자가 행위시에 다르게 행위할 수 있었는데 범죄행위로 나아갔을 때, 이 행위자의 처벌을 통해 형법이 범인의 재사회화, 잠재적 범죄인에 대한 위하, 일반인의 규범의식 강화와 같은 예방적 형벌목적을 달성할 수 있다면, 행위자는 책임이 있는 것으로 평가되고 처벌이 필요하게 된다는 것이다.[12)]

예방적 책임론은 그 자체로 형법과 형사정책의 관계를 혼동함으로써 책임주의를 무의미하게 만든다는 비판을 받는

12) 이재상·장영민·강동범, 앞의 책, 295면; 배종대, 형법총론, 제11판, 2013, 432–433면 참조.

다.[13] 이 이론에 따르면 범죄자는 잠재적 범죄인에 대한 위하와 일반인의 규범의식 강화와 같은 정책목적을 위한 수단이 된다. 그러나 인간은 다른 목적을 위한 수단이 될 수 없고, 그것은 범죄자라 하여 달리 볼 수 있는 것이 아니므로, 예방의 목적을 위해 범죄인에게 무거운 책임을 인정하는 것은 타당하다고 할 수 없다.

다. 소결

형법개정 당시 형법개정연구회는 책임주의에 반한다는 비판을 받고 있는 누범·상습범 가중규정을 폐지하고 보호감호의 재도입을 유보한다는 전제에서 유기징역의 상한을 20년(가중시 30년)으로 조정할 것을 제안하였다. 이는 책임형법의 틀 속에서 형벌의 장기화를 가능하게 하여 자유형의 상한을 전체적으로 상향조정하려는 시도였으나, 현행과 같이 유기자유형의 상한을 2배 가중하였다는 것은 우리 형법이 기왕의 행위에 대한 행위자의 책임 뿐 아니라 그 장래의 위험성을 함께 제거하려는 것을 내용으로 하는 보안형벌을 도입한 것이다.

이러한 보안형벌이 과연 정당한가 하는 문제를 보호수용의 도입여부와 연관시키는 것은 타당하지 않다. 보안형벌은 형법의 대원칙인 책임주의에 부합할 경우에만 정당화될 수 있는 것이다.

13) 이재상·장영민·강동범, 앞의 책, 296면; 배종대, 앞의 책, 433면.

그러나 앞서 본 바와 같이 사회방위를 지향하는 예방형법의 일환인 보안형벌은 책임원칙과 부합하지 않는다. 보안형벌을 통해 실질적으로 일원주의 형사제재체계를 취하는 경우, 형벌이 재범의 위험성을 저지하는 기능까지 그 역할이 확대되게 되고,[14] 형벌과 보안처분을 구별하는 기존의 이원주의 형사제재체계와도 맞지 않게 된다. 또한 책임과 형벌은 서로 비례하여야 하는데, 예방의 관점에서 형벌가중의 현실적 필요성만을 강조하게 되면 형벌은 계속하여 상향조정될 수밖에 없다. 이는 우리 형법이 책임주의를 포기하고 행위형법이 아닌 행위자형법으로 전환되는 결과를 가져오게 될 것이다.

III. 자유박탈적 보안처분에 대한 비판

위험한 범죄자에 대한 대처방안으로 형벌가중정책과 함께 고려되는 대책은 보안처분의 확대·강화이다. 여전히 범죄자의 재범을 방지할 수 있는 부가적인 제재가 필요하다는 여론에 힘입어 신상정보 등록 및 공개제도, 위치추적 전자장치부착제도, 성충동 약물치료명령 등의 자유제한적 보안처분이 도입되었고, 적용대상이 성폭력범죄자 뿐 아니라 다른 위험한 범죄자에게까지 확대되고, 강화되고 있다. 또한 이러한 보안처분에 소급효를 인정함으로써 많은 비판을 받고 있다.

14) 김혜정, 보호수용법 제정시안에 대한 소고, 법조, 제697호, 2014, 53면.

이미 보안형벌의 도입을 통해 범죄자를 장기간 격리시킬 수 있게 되었음에도, 현행의 대처수단으로 늘어가는 흉악범죄에 대처하기엔 미흡하고 보다 강력한 제재의 도입이 불가피하다는 이유로 다시금 자유박탈적 보안처분, 즉 보호수용제도의 재도입 여부가 논의되고 있다.

1. 보호감호제도의 발전

보호감호제도를 채택하고 있는 유럽의 여러 나라 중 우리나라 보호수용제도의 모델[15]이라고 평가받는 독일의 보호감호제도의 변천과정과 현재의 논의상황, 특히 유럽인권재판소의 결정내용과 독일연방헌법재판소의 판결내용을 살펴보는 것이 우리나라 보호수용제도의 재도입 논의에 이정표가 될 수 있을 것이다. 이와 함께 우리나라에서 사회보호법의 제정과 폐지 그리고 재도입 논의까지의 과정 등을 살펴보도록 한다.

가. 독일의 보호감호

1) 보호감호규정의 변천[16]

독일에서 지금과 같은 보안처분제도는 1933년 11월 24일 상습범에 관한 법(Gesetz gegen gefährliche Gewohnheitsverbrecher und über die Maßregeln der Sicherung und Besserung)[17]을 통해

15) 김혜정, 앞의 논문, 57면.
16) 독일의 보호감호규정의 변천에 대한 보다 자세한 내용은 김성규, 독일의 보안감호에 관한 규정의 변화와 과제, 법과 정책연구, 제12권 제1호, 2012, 7면 이하 참조.

제국형법 제20a조와 연관하여 제42a조 이하에 도입되었다. 2차 대전 이후에도 나치시절의 보호감호규정은 변함없이 1953년 독일형법전에 편입되었다.

1975년 제2차 형법개정시 보호감호의 기간은 최고 10년으로 제한되었다(1975년 개정형법 제67d조 제1항 1문). 그러나 10년의 기간 제한은 세간의 주목을 끈 몇몇 아동 성폭행 사건에 대한 대책으로 제정된 1998년 성폭력 범죄 등 방지법(Gesetz zur Bekämpfung von Sexualdelikten und anderen gefährlichen Straftaten)[18]을 통해 삭제되었고, 다시 기한의 제한이 없는 보호감호명령이 가능하게 되었다(1998년 형법 제67d조 제3항 1문). 또한 이 법을 통해 이 법 시행 전에 죄를 범한 자에 대해서도 소급적으로 보호감호기간을 연장할 수 있도록 하였다(형법 제2조 제6항, 당시 형법시행법 제1a조 제3항).[19]

2002년에는 판결시 보호감호의 집행여부를 유보할 수 있게 되었다(유보적 보호감호, 2002년 형법 제66a조).[20] 이후 2004년에는 형집행 종료시 사후적으로 보호감호를 명할 수 있게 되었으며(2004년 형법 제66b조),[21] 마찬가지로 이 규정의 소급

17) GewVerbrG vom 24.11.1933, RGBl. I, S. 995.

18) SexBG vom 26.1.1998, BGBl. I, S. 160.

19) 연방헌법재판소는 보호감호를 독일헌법 제103조 제2항의 형벌로 볼 수 없으므로, 기한 제한을 폐지한 당시 독일형법 제67d조 제3항과 그 소급효를 인정한 형법시행법 제1a조 제3항을 헌법에 합치한다고 판시하였다. BVerfGE 109, 133 (167).

20) Gesetz zur Einführung der vorbehaltenen Sicherungsverwahrung(SichVEG) vom 21.08.2002, BGBl. I, S. 3344.

21) Gesetz zur Einführung der nachträglichen Sicherungsverwahrung(SichVNachtrEG) vom 23.07.2004, BGBl. I, S. 1838.

효를 인정하였다(형법 제2조 제6항, 당시 형법시행법 제1a조).

2) 2009년 유럽인권재판소의 판결

2009년 12월 17일 유럽인권재판소는 10년의 기간이 정해진 보호감호를 소급하여 사후적으로 연장하는 것(1998년 독일 형법 제67d조 제3항 1문)은 유럽인권협약 제7조(Keine Strafe ohne Gesetz)에 위반된다고 판시하였다.[22] 판결의 주요 근거는 보호감호의 구체적인 집행형식이 형벌과 유사하여, 보호감호를 유럽인권협약 제7조의 형벌로 볼 수 있다는 것이다. 즉 사후적인 보호감호의 연장은 범행 이후 시행된 법률에 의하여 사후에 추가로 피보호감호자에 대해 형벌을 부과하는 것과 같으므로, 이는 유럽인권협약 제7조 제1항의 소급효금지원칙에 반하게 된다.

이 판결에 따라 독일은 2011년 1월 1일부터 시행된 개정 법률에 보호감호명령의 요건을 새로이 규정하였다.[23] 형법 제66조의 개정을 통해 보호감호명령 대상범죄의 범위를 제한하는 반면, 유보적 보호감호의 적용범위는 넓혔다(형법 제66a조). 그러나 (2010년 12월 31일 이후 범죄행위에 대해서)[24] 사후적 보호감호는 폐지되었다(형법 제66b조). 이와 동시에 이른바 치료

22) EGMR, Urteil vom 17.12.2009 – 19359/04 = NJW 2010, 2495 = HRRS 2010 Nr. 65.

23) Gesetz zur Neuordnung des Rechts der Sicherungsverwahrung und zu begleitenden Regelungen(SichVNOG) vom 22.12.2010, BGBl. I, S. 2300.

24) 2010년 12월 31일 전의 범행에 대해서는 이전의 조항, 구 제66b조 제1항과 제2항이 적용된다(당시 형법시행법 제316e조 제1항).

수용법이 제정되었다.[25] 이 법률은 유럽인권재판소의 판결로 인하여 더 이상의 보호감호수용이 불가능한 피보호감호자를 계속 수용하기 위하여 도입되었다. 치료수용법 제1조에 의하면 정신적 장애("psychische Störung")로 인하여 중대한 범죄를 저지를 개연성이 높아 일반대중의 안전을 위하여 필요한 경우 보호감호를 명할 수 있다.[26]

3) 2011년 독일연방헌법재판소의 판결

2011년 1월 13일 유럽인권재판소는 2004년에 도입된 사후적 보호감호(당시 형법 제66b조)가 유럽인권협약 제5조 제1항(Recht auf Freiheit und Sicherheit)을 위반한다고 판시하였다.[27] 형기 만료 후 사후적으로 기간의 제한이 없는 예방적 보호감호를 명하는 것은 자유권에 위배된다는 것이다.

마침내 같은 해 5월 4일 독일연방헌법재판소는 보호감호제도에 관한 거의 모든 규정이 헌법에 위반된다고 판단하였다.[28] 연방헌법재판소는 형벌의 집행과 보호감호의 집행은 서로 분명하게 구별되어야 함에도 불구하고, 보호감호규정은 자유에 바탕을 두고 치료를 목적으로 하는 등의 보호감호를 위한 전체적인 구상없이, 헌법상의 이른바 구별의 원칙(또는 차

25) Therapieunterbringungsgesetz(ThUG), BGBl. I, 2010, S. 2300.

26) Pfister, Wolfgang, Die Maßregel der Sicherungsverwahrung – Gesetzliche Entwicklung und Stand der Rechtsprechung, in: Müller/Nedopil/Saimeh/Habermeyer/Falkai(Hrsg.), Sicherungsverwahrung – wissenschaftliche Basis und Positionsbestimmung, 2012, S. 6.

27) EGMR, Urteil vom 13.01.2011 – 6587/04 = NJW 2011, 3423.

28) BVerfGE 128, 326.

별명령, Abstandsgebot)을 따르지 않고 있다고 하였다.[29] 또한 사후적으로 보호감호를 명하는 것과 소급하여 사후에 보호감호 연장명령을 내리는 것은 법치국가적 신뢰보호의 원칙에도 반한다. 그러므로 보호감호의 실제적 집행에 관한 규정(구 형법 제67d조 제3항, 구 형법 제66b조 제 2항, 소년법원법 제7조 제2항)과 이와 관련한 모든 보호감호에 관한 규정은 헌법상 비례의 원칙을 충족하지 못하며, 헌법 제2조 제2항 2문(자유권)과 제104조 제1항 1문(신뢰보호의 원칙)에 반한다고 하였다.

2012년 7월 20일 연방헌법재판소는 형법 제66a조의 유보적 보호감호는 유럽인권협약에 반하지 않는다고 판시하였다.

이후 연방헌법재판소의 구별원칙 준수요구에 따라 법률이 개정되어, 2013년 6월 1일부터 시행되고 있다.[30] 형법 제66c조가 새로이 규정되었고, 그외 형법 제67a조, 제67c조, 제67d조, 제67e조 그리고 제68c조가 개정되었다. 신설된 형법 제66c조에서는 보호감호가 각 피보호감호자에게 적합하게 개별적으로 집행될 것, 피보호감호자의 일반대중에 대한 위험성을 집중적인 치료를 통하여 가능한 한 (빨리) 감소시킬 것 그리고 보호감호는 형벌집행시설과 구별되는 장소에서 집행되어야 한다고 정한다.

---

29) BVerfGE 128, 326 (382 f.); 박희영, 독일연방헌법재판소, 형법상 보호감호처분의 위헌결정, 법제, 2011년 8월, 22면.

30) Gesetz zur bundesrechtlichen Umsetzung des Abstandsgebots im Recht der Sicherungsverwahrung vom 5.12.2012, BGBl. I, S. 2425.

4) 소결

독일의 경우 유기자유형의 상한은 15년으로 우리의 30년과 비교하여 짧다. 또한 상습범과 누범에 대한 형벌가중규정은 각각 1969년과 1989년에 책임주의에 반한다는 이유로 삭제되었다. 그 후 상습누범 등 위험한 범죄자에 대해서 보호감호제도를 통해 통제하는 방식을 취하였다. 1990년대 후반 아동성폭행사건 등의 영향으로 보호감호의 적용요건이 계속적으로 완화되었으나,[31] 유럽인권재판소의 판결과 이에 따른 연방헌법재판소의 구별의 원칙 준수명령에 따라 독일의 보호감호제도는 새로이 재정비되고 있다. 그러나 잦은 법률의 개정으로 인하여 원인행위의 시점에 따라 적용되는 법률규정이 각기 달라 제도의 전체적인 내용을 파악하기 어려워졌고, 원인되는 범죄행위가 언제 발생했는지가 보호감호명령의 주요한 기준이 되어버렸다. 또한 사후적 보호감호제도가 폐지되면서 도입된 치료수용법 적용대상의 범위에 대하여 논란이 있고, 동법 제1조 "정신적 장애"의 개념과 장애정도 판단의 불명확성에 대한 문제 제기도 계속되고 있다.[32]

독일의 보호감호제도에 대한 변천과정을 볼 때 독일 역시 개선을 기대할 수 없다고 예측되는 범죄인을 사회로부터 격리

31) 김성규, 앞의 논문, 9면 이하 참조.

32) Renzikowski, Joachim, Abstand halten! – Die Neuregelung der Sicherungsverwahrung, NJW 2013, 1638 (1643).

하려는 경향이 나타나고 있어, 과연 우리나라 형사제재체계의 모델이 될 수 있을지는 의문이다.[33]

나. 우리나라의 보호감호

보호감호제도는 1980년 사회보호법에 의하여 도입되었다.[34] 당시 사회보호법에서 정하는 보호감호제도의 목적은 재범의 위험성이 있는 범죄자, 즉 특수한 교육, 개선, 치료가 필요하다고 인정되는 자를 보호수용시설에 수용하여 감호·교화하고 사회복귀에 필요한 직업훈련과 근로를 과하여 피보호감호자의 사회복귀를 촉진하고 이를 통해 사회를 보호하는 것이다(사회보호법 제1조, 제7조 제1항).

당시 사회보호법 제5조 제1항의 필요적 보호감호는 1989년 3월 25일 개정으로 폐지되었고,[35] 1989년 7월 14일 헌법재판소는 개정 전의 필요적 보호감호, 즉 전과나 감호처분을 선고받은 사실 등 법정의 요건에 해당되면 재범의 위험성 유무에 관계없이 그에 정한 보호감호를 반드시 선고해야 하는 의무를 법관에게 부과하고 있어 적법절차원칙(헌법 제12조 제1항 후문), 과잉금지원칙(헌법 제37조 제2항) 그리고 법관에 의한 정당한 재판을 받을 권리(헌법 제27조 제1항)를 침해하여 위헌이

33) 김유근, 독일의 형벌, 보안처분 그리고 행형체계의 현대적 발전과정에 대한 고찰, 교정연구, 제42호, 2009, 206면 이하.

34) 사회보호법 제정, 1980.12.18, 법률 제3286호.

35) 사회보호법 일부개정, 1989.3.25, 법률 제4089호.

라 판단하였다.[36] 반면 개정 전 사회보호법 제5조 제2항의 임의적 보호감호는 재범의 위험성을 보호감호의 요건으로 하고 있고, 감호기간에 관한 7년의 기한은 단순히 집행상의 상한으로 보아야 하므로 헌법상의 적법절차원칙에 반하지 않는다고 보았다.

1989년 개정된 사회보호법은 보호감호의 대상자와 대상이 되는 범죄를 축소하였고,[37] 요건으로 재범의 위험성을 명시하였다(제5조). 또한 보호감호기간을 미리 정하지 않되, 시설에의 수용은 7년을 초과할 수 없도록 하였다(제7조 제3항). 그리고 제23조의2를 신설하여 보호감호의 내용과 실태를 공개하도록 하였다.

사회보호법은 2005년 8월 폐지되었는데,[38] 주요 이유는 보호감호처분 등이 피보호감호자의 입장에서는 이중처벌적인 기능을 하고 있을 뿐만 아니라 그 집행실태도 구금위주의 형벌과 다름없이 시행되고 있어 국민의 기본권을 침해하고 있고, 사회보호법 자체도 지난 권위주의시대에 사회방위라는 목적으로 제정한 것으로 위험한 전과자를 사회로부터 격리하는 것을 위주로 하는 보안처분에 치중하고 있어 위헌적인 소지가

36) 헌재 1989.7.14, 88헌가5,8 89헌가44(병합).

37) 사회보호법 제2조 제2호(범죄를 목적으로 하는 단체 또는 집단의 수괴 및 간부인 자)를 삭제하고(동조 제3호를 제2호로 함), 제5조를 개정하여, 형법 제287조 내지 제289조 등의 죄, 폭력행위 등 처벌에 관한 법률 제2조제1항 등의 죄, 특정범죄 가중처벌 등에 관한 법률 제5조의2 등의 죄, 특정경제범죄 가중처벌 등에 관한 법률 제3조의 죄로 한정하였다.

38) 사회보호법 폐지, 2005.8.4, 법률 제7656호,

있기 때문이다.[39]

그러나 헌법재판소는 2009년 사회보호법폐지법률 부칙 제2조 위헌소원에서 "보호감호는 형벌과는 목적과 기능을 달리하는 사회보호적 처분이고 그 집행상의 문제점은 집행의 개선에 의하여 해소될 수 있다는 점을 고려할 때 폐지된 사회보호법이 규정하고 있던 보호감호제도가 위헌이라고 보기 어렵다"고 판시하였다.[40]

2011년 법무부가 국회에 제출한 형법일부개정법률안(이하 "개정안"이라 한다)에서는 형법전에 보안처분의 일종으로 "보호수용"을 규정하였다(개정안 제83조 이하). 개정안에서는 명칭을 (구)사회보호법상의 보호감호에서 보호수용으로 변경하였다. 또한 개정안 제83조의2에서는 보안처분의 근거 및 제한기능을 수행하는 비례성의 원칙을 명문으로 규정하였다. 보호수용 대상범죄의 범위를 축소하고 요건을 강화함으로써 (구)사회보호법의 보호감호와 차별화하였다(개정안 제83조의3). 그리고 개정안은 보호수용 집행전심사제도(이른바 중간심사제도)와 집행유예제도를 새로이 도입하였다(개정안 제83조의5－8).

39) 사회보호법 (법률 제7656호) 제·개정이유(폐지이유) 참조.

40) „ ... 입법자가 종전 사회보호법을 폐지하면서 적지 않은 수의 보호감호 대상자를 일시에 석방할 경우 초래될 사회적 혼란의 방지, 법원의 양형 실무 및 확정판결에 대한 존중 등을 고려하여 법률 폐지 이전에 이미 보호감호 판결이 확정된 자에 대하여는 보호감호를 집행하도록 한 것이므로 이중처벌에 해당하거나 비례원칙에 위반하여 신체의 자유를 과도하게 침해한다고 볼 수 없으며, 판결 미확정자와의 사이에 발생한 차별은 입법재량 범위 내로서 이를 정당화할 합리적 근거가 있으므로 헌법상 평등의 원칙에 반하지 아니한다." 헌재 2009.3.26, 2007헌바50.

2011년 형법개정안은 상습범과 누범규정의 삭제를 전제로 하였고, 필요적 심사, 집행유예 허용 등 자유박탈적 보안처분의 인권침해적 요소를 완화하기 위하여 노력하였다.[41] 그러나 개정안은 국회의 회기종료로 자동폐기 되었다.

이후 2014년 9월 3일 법무부는 아동 성폭력범 등 흉악범죄자에 대해 격리를 요구하는 국민여론의 대두, 사회내 보안처분(전자발찌, 성충동 약물치료 등)만으로는 흉악범죄를 대응하기에 한계가 있다는 등의 이유로 보다 강력한 재범방지 수단으로 보호수용법 제정안을 입법예고 하였다.[42] 2015년 3월 31일 보호수용법안은 국무회의를 통과하여 국회에 제출되었다.

2. 자유박탈적 보안처분의 문제점

보호수용법(안)에서는 이전의 (구)사회보호법의 보호감호와 달리 그 대상범죄를 상습 성폭력범 등 위험성이 높은 강력범죄로 한정하였고, 보호수용 청구의 요건이 되는 재범의 기간이나 상습성의 요건 등을 범죄별로 나누어 규정함으로써 보호수용의 적용범위를 최소화하려고 하였다. 그 밖에도 형집행 종료전 중간심사제도 및 집행유예제도를 도입하였다. 그럼에도 불구하고 보호수용제도는 폐지된 (구)사회보호법에서 제기

41) 박학모· 김유근· 허상구· 형법총칙개정안평가연구회· 괴팅엔대학교 형법학연구소, 형법총칙개정안에 관한 국제비교 평가연구, 형사정책과 사법제도에 관한 평가연구 VI, 2012, 604면 참조.

42) 법무부 보도자료, 국민안전을 위한 "보호수용제 도입"공청회 개최, 2014.7.31 참조.

되었던 문제점을 여전히 가지고 있다.

가. 재범의 위험성 판단의 불확실성

보호수용법(안) 제4조, 제7조에 의하면 행위자가 이미 범한 죄로 인하여 형벌을 받았음에도, 장래 다시 죄를 범할 위험성이 있다고 인정되면 행위자에 대해 자유박탈적 보호수용을 선고할 수 있다.

재범의 위험성이란 장래에 다시 죄를 범하여 법적 평온을 깨뜨릴 상당한 개연성이 있음을 의미한다.[43] 재범의 위험성에 대한 판단은 미래를 예측하는 문제에 속하는 것으로, 예측의 본질상 항상 불확실성을 내포할 수 밖에 없다.[44] 그렇다면 보호수용의 핵심적 요건인 재범의 위험성에 대해 신뢰할만한 판단 기준을 정하는 것은 가능한지, 즉 신뢰할만한 위험성의 판단이 가능한지가 문제된다.

이에 대하여 헌법재판소는 "재범의 위험성이 있는지 여부는 법관이 개개의 구체적 사건을 대상으로 사후에 예측 판단하는 것이므로 그 구체적 기준을 미리 망라하여 규정하는 것은 입법 기술상 불가능할 뿐 아니라, 이를 미리 규정하지 않는다고 하더라도 그 의미가 사회적으로 인식되어 있어서 법관에 의한 법의 해석과 적용이 일반에게 예측될 수 있다 할 것이므

43) 배종대, 앞의 책, 866면; 대법 2003.11.27, 2003도5592.
44) 김혜정, 앞의 논문, 55면; 배종대, 앞의 책, 866면.

로 이를 백지입법이라고 할 수 없"다고 판시하였다.[45)]

재범의 위험성을 판단하기 위한 구체적이고 명확한 기준은 아직 존재하지 않는다. 대법원은 "재범의 위험성의 유무는 피감호청구인의 직업과 환경, 당해 범행 이전의 행적, 그 범행의 동기, 수단, 범행 후의 정황, 개전의 정 등 제반 사정을 종합적으로 평가하여 객관적으로 판단하여야 할 것"[46)]이라고 하였다. 그러나 이러한 소위 직관적 예측방법은 판단자인 법관의 주관적인 경험과 지식을 근거로 행위자의 미래행동을 예측하기 때문에 정확하기 어렵다. 또한 결정적으로 판단자의 직관능력에 대한 합리적인 통제나 검토가 어렵다는 점에서 문제가 있다.[47)] 재범의 위험성의 판단이 판단자의 주관적 평가에 의할 경우, 판단이 자의적이고 부정확할 수 있어, 법적용의 통일성을 보장할 수 없어 예측가능성이 감소하고, 법적 안정성을 해치게 된다.[48)]

재범의 위험성 여부는 보호수용선고에서 중요한 요건이다. 그러나 실제 형사소송구조에서 검사의 청구에 의해 법원

---

45) 헌재 1996.11.28, 95헌바20.

46) 대법 2003.11.27, 2003도5592; 2012.5.10, 2012도2289, 2012감도5, 2012전도51. 실무와 학계에서 예측기준으로 사용되는 이 "행위자의 종합평가" 목록(범죄인의 전력, 교육정도, 가족관계, 직업, 정신적·육체적 건강, 전과 등)은 슈토스가 스위스 형법초안을 제시할 때의 목록과 별반 차이가 없으며, 법률적으로 세련되었다고 보기 어려운 통속적 기준이라고 비판 받는다. 송문호, 사회보호법상 보호감호에 대한 비판적 고찰, 형사법연구, 제13호, 2000, 296면.

47) 김선복, 사회보호법상 보호감호의 문제점, 비교형사법연구, 제5권 제2호, 2003, 802면.

48) 김선복, 앞의 논문, 803면; 한상훈, 보호수용제도의 법적, 형사정책적 문제점, 보호수용법(안)관련 토론회 자료집, 2014. 11, 53면.

에서 (형의 선고와 동시에) 보호수용을 선고하기 위해서 재범의 위험성을 판단할 때 과연 이것을 정확히 예측할 수 있을지는 미지수다. 보호수용의 청구는 검사에 달려 있으므로 그의 자의적 청구와 이로 인한 사실상의 유죄협상, 자백강요, 별건수사 등과 같은 악용가능성은 언제나 존재한다.[49] 또한 소송 진행 중 재범위험성 여부의 판단을 위해 충분한 시간과 인적, 경제적 자원을 활용할 수 있을지도 의문이다.

재범의 위험성이라는 장래에 대한 가정적 판단을 기준으로 장래에 범죄인에 대한 자유를 박탈하기 위해서는 재범의 위험성에 대한 법관의 확실한 인식이 있어야 한다. 만약 법관에게 장래의 재범의 위험성에 대해 합리적 의심이 남아 있는 경우에는 in dubio pro reo원칙(의심스러운 경우에는 피고인의 이익으로 한다)에 입각하여 결정해야 한다.[50]

나. 비례성의 원칙 위반

1) 보호수용법(안)의 비례성의 원칙

2011년 형법개정안 제83조의2와 같이 보호수용법(안) 제3조에서도 "비례성의 원칙"규정을 도입하고 있다. 법안 제3조는 "보호수용은 행위자가 범한 죄, 행위자가 범할 것으로 예상되는 죄의 중요성 및 행위자가 야기할 위험성의 정도에 비례

49) 한상훈, 앞의 글, 53면.
50) 김혜정, 앞의 논문, 55면; 김혜정, 보안처분에서 무죄추정원칙의 인정여부, 형사법연구, 제19호, 2003, 362면 참조.

하도록 부과하여야 한다"고 정한다. 일반조항으로서 비례성의 원칙이 법률에 명시적으로 규정되는 것이다.

보안처분제도에 존재하는 자유권적 기본권의 침해, 즉 신체의 자유에 대한 박탈은 법치국가원칙에 따라 그 근거가 되는 규정과 판결, 집행이 비례성원칙을 충족하는지 엄격하게 심사하여야 한다.[51] 이는 명문규정의 유무와 관계없이 헌법상 원칙으로서 보안처분의 전 과정에 항상 적용되어야 한다.[52]

보호수용법(안)에서 정하고 있는 비례성의 원칙은 보호수용제도를 운용하는 과정에서 지켜져야 할 원칙이다. 보호수용처분의 근거가 되는 재범의 위험성의 판단은 행위자가 범한 죄, 범할 것으로 예상되는 죄의 중요성 및 앞으로 행위자가 야기할 위험성의 정도와 비례해야 한다. 또한 보호수용의 기간을 정할 때 역시 과거의 행위와 장래에 야기될 위험성의 정도와 비례하여 정하여야 한다.

그러나 비례성의 원칙이 보호수용제도의 남용을 제한하는 정형화원칙으로 기능할 수 있을지는 의문이다. 왜냐하면 전문가나 법관 등 범죄자의 장래의 위험성을 예측하는 판단자가 대상자를 '위험하다'라고 판정하는 한, 그에 대한 자유의 박탈은 비례성의 원칙에 합치한다고 볼 수 있기 때문이다.[53]

51) BVerfGE 128, 326 (372).
52) 배종대, 앞의 책, 863면; 송문호, 앞의 논문, 300면.
53) Bung, Jochen, Zur Einführung in das Problem der Sicherungsverwahrung, ZIS 2013, 359 (360) 참조.

2) 헌법상 비례성의 원칙

행위자의 책임있는 범죄행위에 대해 국가는 (형)법률을 근거로 형벌을 부과한다. 반면, 보호수용의 선고는 행위자의 책임이 아니라 위험성을 근거로 보호수용법률(안)을 통해 자유를 박탈한다. 따라서 보호수용에 내재된 자유권적 기본권의 침해는 명백히 중대한 침해이다. 자유박탈적 보안처분에 내재하는 신체의 자유권 침해가 정당화되기 위해서는 보호수용법(안)의 내용과 판결 그리고 그 집행이 헌법 제37조 제2항에서 정하고 있는 과잉금지원칙과 합치해야 한다.[54]

먼저 보호수용이 정당화되기 위해서는 정당한 목적이 있어야 한다. 자유박탈적 보안처분을 통해 국가가 추구하는 목적은 장래의 범죄로부터 일반인을 보호하고 사회를 방위하기 위한 것과 범죄인의 사회복귀를 촉진시키는 것이다.[55] 보호수용법(안)이 인간존중 중심의 친사회적 처우를 통하여 재범의 위험성을 감소시켜 사회구성원의 일원으로서의 자격을 부여하는 것을 목적으로 한다는 점을 명확히 하고 있다고 보기도 한다.[56]

범죄인의 재사회화와 사회방위의 목적을 위하여 보호수용

54) 비례성 원칙을 통한 형법에 대한 헌법적 통제에 대한 자세한 내용은 이용식, 비례성원칙을 통해 본 형법과 헌법의 관계, 형사법연구, 제25호, 2006, 43면 이하 참조.

55) 보호수용법안 제1조 참조.

56) 승재현, 보호수용법(안) 도입배경과 내용, 보호수용법(안)관련 토론회 자료집, 2014.11, 20면.

제도는 재범의 위험성이 있다고 판단되는 범죄인의 자유를 박탈하여 장기간 수용시설에 수용하는 수단을 사용한다. 보호수용이 비례의 원칙에 부합하기 위해서는 두 번째로 목적실현에 그 수단이 적합하여야 한다. 그러나 예방적 목적만을 위하여 피보호수용자가 새로이 범죄를 저지른 사실 없이, 이미 범한 죄에서 드러난 위험성을 원인으로 그의 자유권을 침해하는 것은 마치 피보호수용자에게 일반공중의 이익을 위하여 특별한 희생자가 되기를 강요하는 것과 같다.[57)]

또한 형법개정을 통해 형벌의 법정형이 상향조정되었고, 위험한 범죄인에 대해서 행위책임을 넘어서는 장기의 형벌부과가 가능해진 지금에, 징역형 종료 후 미리 짐작된 위험성을 근거로 보호수용시설에 수용하는 것이 과연 범죄인의 재사회화라는 목적에 적절한 수단인지도 의문이다. 장기의 형벌기간에도 불구하고 범죄인이 개선·교화되지 않았다면 교도소의 형집행시스템 내지 교정프로그램이 범죄인을 교정·교화하는 목적을 실현하는 데에 적합하지 않았을 가능성을 배제할 수 없다. 이것은 국가가 형벌권을 제대로 운용하지 못한 잘못을 범죄자 개인에게 떠 넘기는 것이 된다. 그리고 범죄인이 사회와 단절되어 장기간 격리되어 있을수록 그들이 다시 사회의 구성원으로 편입하는 것은 더욱 더 힘들어진다.

세번째로 보호수용을 통한 자유권의 침해가 필요 최소한

57) BVerfGE 128, 326 (374).

이어야 한다. 보호수용제도의 내용을 정할 때 제도에 내재된 침해의 특수성을 고려해야 하며, 꼭 필요한 정도를 넘는 기본권의 제한을 피해야만이 보호수용은 정당화될 수 있다.[58] 그러나 보호수용법(안)이 예정하고 있는 보호수용은 (구)사회보호법의 보호감호와 그 집행방식에 큰 차이가 없을 것으로 보인다. 그렇다면 보호수용제도는 최소침해의 원칙을 충족하지 못하게 된다.

(구)사회보호법상의 보호감호는 그 집행실태가 형벌과 다름없이 시행되었고, 위험한 전과자를 사회로부터 격리하는 것을 위주로 하는 행태의 보안처분에 치중하여 위헌적인 소지가 있다 하여 폐지되었다. 당시 사회보호법은 제7조 제1항에 보호감호의 내용을 규정하고 있었으나, 피감호자를 어떻게 교화·개선할 것인지에 관하여 구체적이고 상세한 실천원칙은 제시하지 않았다. 즉 사회보호법에 보호감호의 특별한 목적을 실현하기 위한 집행방법에 관한 구체적 규정이 없었던 것이다.[59] 이는 행형법(형의 집행 및 수용자의 처우에 관한 법률)을 준용하는 결과를 가져왔고((구)사회보호법 제42조), 보호감호의 집행은 실제로 형벌과 구별되지 못했다.[60]

58) BVerfGE 128, 326 (374).

59) 김선복, 앞의 논문, 794면.

60) 행형법은 제1조에서 법의 목적을 „수형자를 격리보호하여 교정교화하며 ...사회에 복귀케 함“이라고 정하고 있으나, 보호감호를 행형법에 의해 집행하는 것은 보호감호제도의 근본적인 취지를 무색하게 하는 것이다. 실제 피감호자는 교도소와 같은 중구금시설인 보호감호소에 구금되고, 교화개선프로그램이나 직업교육도 수형자를 위한 것과 다르지 않았다. (구)사회보호법 부칙에 의해 피감호자 119명(2013년(법무연수원, 범죄백서, 통

보호수용법(안)의 보호수용 역시 (구)사회보호법 상의 보호감호와 마찬가지로 시설 내 처우가 불가피하여, 기본적으로 형벌과 같은 구조를 가지게 된다. 구법과 달리 보호수용법(안)에서 피보호수용자의 처우와 권리에 대해서 규정하고 있지만(법안 제23조 이하), 구체적인 교정프로그램이나 사회복귀 지원계획은 아직 정해지지 않았다. 교도소에서 행형의 일환으로 실시되는 교정·교화프로그램과 실질적으로 어떻게 차별화 될 것인지는 의문이다.

독일연방헌법재판소가 2011년 판결에서 밝혔듯이 보호감호의 집행과 형벌의 집행은 질적으로 구별되어야 한다. 보호감호의 집행에서 수용소 내의 생활이 피감호자의 재범위험성을 줄이는데 필요한 최소의 제한이 되어야 한다.[61] 수용소 내의 생활은 수용소의 안전과 관련없는 한 일반적인 일상생활관계와 다르지 않아야 한다. 반드시 교도소와 (공간적으로) 분리된 시설을 요하는 것은 아니지만, 시설내에서 처우가 치료적 요청에 적합하고 가족 등 외부와의 접촉이 용이해야 한다. 더 나아가 수용자의 자유보장과 치료의 실질적인 실현을 위한 인적자원을 충분히 활용할 수 있어야 한다.[62] 이는 피해의 최소

권 제31호, 2015, 385면))이 감호 중인 청송제3교도소는 교도소와 같은 중구금시설로 시설이 노후한데다 지리적으로 고립되어 있어 사회와의 접촉이 어렵다. 그리고 피감호자들은 수형자보다도 오히려 사회복귀를 위한 교육기회나 직업훈련의 기회가 현실적으로 미흡하다. 더 자세한 내용은 이훈동, 보호감호제도에 대한 비판적 고찰, 교정연구, 제49호, 2010, 21면 참조.

61) BVerfGE 128, 326 (377).

62) BVerfGE 128, 326 (381).

성에 대한 요구를 충족하기 위한 요건이다.

보호수용의 선고와 집행은 일반대중의 안전을 도모하고자 하는 공익이 각 개별 사안에서 피보호수용자의 자유권보다 중대한 경우에 한해서 정당화될 수 있다(법익균형성).[63] 장래에 발생할지 모르는 불확실한 위험을 방지하여 얻어지는 사회안전이라는 공익은 신체의 자유를 전면적으로 박탈당함으로써 제한되는 피보호수용자의 사익보다 현저히 우월하여야 한다. 그래서 국가는 장래 사회안전에 대한 보다 우월한 이익이 존재하는지 반복적으로 검증하고 확인해야 하는 의무를 진다. 일반대중의 이익이 피보호수용자의 자유권보다 더 이상 우월하지 않을 경우에는 즉시 집행은 종료되어야 한다. 그러므로 집행이 시작될 때부터 국가는 피보호수용자의 위험성을 제거하기 위하여 적절한 집행계획을 수립하여야 하고, 이를 통해 피보호수용자의 위험성이 소멸되었을 때 석방될 수 있도록 자유획득의 가능성을 현실화시켜야 한다.[64]

3) 소결

인간의 자유권에 대한 예방적 차원의 침해는 보다 높은 가치에 대한 보호가 필요한 경우에 한하여 그리고 헌법상 비례성의 원칙을 엄격히 준수한 경우에 한해서만 가능하다.[65]

63) BVerfGE 109, 133 (159); 128, 326 (376 f.).
64) BVerfGE 128, 326 (377 ff.).
65) BVerfGE 128, 326 (372 f.).

일반대중의 안전에 대한 필요성이라는 보호수용제도의 목적이 정당하다 하더라도, 수단이 적절하여야 한다. 그 수단은 피보호수용자가 더 이상 범죄를 저지르는 것을 저지하기 위해 반드시 필요한 최소한의 것이어야 한다.66) 그리고 일반대중의 안전에 대한 요구와 피보호수용자의 자유권을 비교형량하여, 개별사안에서 보호하고자 하는 공익이 월등하여야 한다.

국민을 특정위험범죄자로부터 보호하겠다는 보호수용법(안)의 입법목적은 (구)사회보호법과 다르지 않다. (구)사회보호법상의 보호감호는 그 실태가 형벌과 같아 위헌 소지가 있어 폐지되었다. 보호수용은 그 집행이 형벌과 실질적으로 구별될 때 비로소 정당화의 가능성을 찾을 수 있다. 그러나 지금까지의 행위를 근거로 고도의 위험이 있는 것으로 추정된다는 이유로 행위자의 자유를 박탈하는 것은 입법목적의 실현을 위한 적절한 수단이 될 수 없다.

다. 보호수용의 최후수단성

보호수용은 피보호수용자의 자유권에 대한 중대한 침해를 야기하므로 사회방위의 목적을 위해 필요한 경우에 한하여 최후수단으로서 필요한 만큼의 제재를 하여야 한다.67) 최후수단성의 원칙은 보호수용을 선고할 때 뿐만 아니라 집행시에도

66) BVerfGE 128, 326 (376).
67) 이용식, 앞의 논문, 47면 참조.

지켜져야 하는데, 이를 준수하기 위해서는 먼저 형벌 집행동안 범죄자의 위험성을 감소시키기 위한 모든 가능한 방법이 동원되어야 할 것이다.[68] 보호수용은 일반대중의 안전의 이익을 위한 최후의 수단으로서 다른 수단이 없을 때만 집행될 수 있는 것이다.

그러므로 범죄자의 재범위험성을 제거하기 위한 수단으로 자유박탈적 보호수용처분이 아닌, 자유제한적 보안처분인 약물치료명령 및 전자감시명령, 보호관찰명령 등을 먼저 고려하고,[69] 그 집행의 효과를 극대화하기 위해 실제적인 노력을 하여야 한다. 예방적 관점에서 상대적으로 경한 자유제한적 제재에 비해 중한 자유박탈적 제재가 더 효과적이라고 할 수는 없다.[70]

라. 이중처벌의 문제

보호수용은 실질적으로 전면적인 자유의 박탈을 그 내용으로 하여, 형벌과 내용이 구별되지 않는다. 목적 또한 (위험한 또는 위험할 것으로 짐작되는) 범죄자를 격리하여 교정·교화하고, 교육을 실시하여 사회에 복귀하게 하는 것으로 서로 중첩된다.

---

68) BVerfGE 128, 326 (379) 참조.

69) 그러나 과연 자유제한적 보안처분이 보호수용처분보다 경한 제재라고 할 수 있을지는 의문이다. 예를 들어 전자감독제도는 처음 특정 성폭력범죄자에 국한하여 도입한 후, 그 적용대상을 최근 강도범에게까지 확대하였고, 적용기간도 연장하였다(최장 30년). 박학모, 보안처분제도의 재구성을 위한 성찰과 제언, 보호관찰, 제14권 제1호, 2014, 32면 이하 참조.

70) 박학모, 앞의 논문, 10면 참조.

보호수용은 수용자의 신체의 자유를 박탈하는 것을 제도의 본질로 하고 있는 점에서 형벌과 다를 바가 없어 동일한 범죄에 대해 형벌과 함께 중복된 처벌이므로 헌법 제13조 제1항의 이중처벌금지원칙에 반한다.[71] 피보호수용자를 위한 특별한 조치, 제도, 시설 등이 없이 형집행시설에서 집행된다는 점에서, 피보호수용자에게 형벌의 집행보다 생활상의 혜택을 조금 더 부여하는 것만으로는 그 동일성이 부정될 수 없다.[72]

마. 소결

보호수용을 부과하기 위한 중요한 요건인 재범의 위험성의 판단은 위험성이라는 개념자체가 불확실하고, 위험성 예측의 위험성이 항상 존재하여 예측판단의 오류가 적지 않다는 점을 간과할 수 없다.[73] 판단자가 위험하다라고 평가하는 한, 범죄자에 대한 자유박탈은 비례성원칙에 부합하게 되어 버린다. 또한 재범의 위험성이라는 장래의 개연성을 기준으로 판결시에 피고인에 대해 불이익이 확실한 보호수용처분을 하는 것은 그 자체의 정당성이 문제될 수도 있다.[74] 사회안전을 도모하겠다는 목적을 달성하기 위하여 장래의 불확실성에 대한 부담이 범죄자 개인에게 돌아가서는 안된다.[75]

71) 김선복, 앞의 논문, 784면 참조; 이훈동, 앞의 논문, 17면 참조; 헌재 1996.11.28, 95헌바20; 2001.3.21, 99헌바7 참조.
72) 이호중, 보호수용 도입, 편법적인 징역형의 연장일 뿐이다, 서울신문 31면, 2014.9.19.
73) 박학모, 앞의 논문, 25면 이하 참조.
74) 오영근, 2011년 형법개정법률안의 보호수용처분의 문제점, 교정연구, 제59호, 2013, 29면.

비례성의 원칙은 보호수용 전 과정에서 지켜져야 할 헌법상의 원칙이고, 비례성 원칙이 준수되지 않는 보호수용처분은 위헌이다. 그러나 헌법재판소는 보호감호처분이 그 본질과 목적, 기능에 있어서 형벌과 다른 독자적 의의가 있는 사회보호적 처분이기 때문에, 형벌과 보안처분을 병과하여도 헌법 제13조 제1항 후단 일사부재리의 원칙에 위배되지 않는다고 판시하였다.[76] 이에 비추어 헌법재판소가 앞으로 보호수용제도의 위헌여부에 대하여 과잉금지원칙에 따른 심사를 하게 된다면, 일반예방이라는 '정당한' 목적을 근거로, 보호수용을 통해 실현하려는 사회안전 도모라는 공익이 위험한 범죄자의 자유권이라는 사익과 비교형량하여 우위에 있다고 소극적으로 판단할 가능성이 농후하다.

그러나 보호수용은 시설에 수용하여 자유를 박탈한다는 점에서 형벌과 본질적으로 동일하다. 그러므로 비례성의 원칙에 따른 심사시 최소침해의 원칙은 엄격하게 검토되어야 한다.[77] 제도의 본질로 말미암아 보호수용과 형벌의 병과는 이중처벌이다.

자유박탈적 보안처분은 보통 형사정책의 최후수단이라고 일컬어진다. 형벌 기타 보안처분제도로 그 목적을 달성할 수 없을 때 그 제도적 가치가 나타난다고 할 수 있다.[78] 이미 다

75) 배종대, 앞의 책, 866면 참조.
76) 헌재 1996.11.28, 95헌바20.
77) 이호중, 앞의 논문, 298면 이하 참조.

양한 자유제한적 보안처분제도가 도입되었고, 부분적으로 효과를 나타내고 있다.[79]

그럼에도 법적으로, 교정현실적으로 많은 문제점을 내포하고 있는 보호수용제도를 도입하는 것은 무리가 있다.

IV. 결 론

상습범과 누범에 관한 규정이 여전히 존재하고, 유기징역형의 상한이 상향되어 보다 중한 처벌이 가능해진 지금도 과연 보호수용제도 (재)도입의 필요성이 존재하는가?

이원주의 형사제재체계에 의하면, 피보호수용자의 자유박탈은 법익침해에 소급하는 응보가 아니라, 장래의 범죄의 저지에 기여하는 것이다. 이원주의는 학계의 통설로 받아들여지고 있으며, 과거의 행위책임을 기반으로 하는 형벌이 충분히 수행하지 못하는 개별적이고 특별한 기능을 보호수용이 충족시킬 수 있다고 한다.[80]

보호수용제도의 재도입에 찬성하는 입장에서는 형벌의 효과를 기대할 수 없거나 재범의 위험성으로 그에 대한 제재를 포기할 수 없는 경우에는 형벌보다 개별예방적 고려에 기초한

78) 이훈동, 앞의 논문, 22면.
79) 실효성에 대한 연구로는 한영수, 앞의 논문, 191면 이하 참조.
80) 김혜정, 보호수용법 제정시안에 대한 소고, 법조 제697호, 2014, 53면 참조; 송광섭, 최근 형사제재입법의 동향과 그 효용성 그리고 형벌의 본질, 동아법학, 제49호, 2010, 238면 참조; 송문호, 보안처분과 형벌포퓰리즘, 형사법연구, 제26권 제3호, 2014, 122면 참조.

보안처분을 통해서 통제하는 것이 합리적, 합목적적인 형사정책이라고 한다.[81)]

그러나 문제는 우리 형사법이 법정형 상한을 조정하여 중벌주의로 나아가면서, 이미 형벌에 장래의 범죄를 저지하기 위한 예방의 목적도 포함되어 있다는 것이다. 엄격한 응보론을 전제로 하지 않는 이상, 형벌과 보안처분은 그 목적에서 본질적인 차이가 있다고 하기 어렵다.[82)] 보안처분 뿐 아니라 형벌 역시 특별예방을 목적으로 하므로, 형벌적용의 단계(양형의 단계)에서 범죄자의 (재범의) 위험성 또한 고려되는 것이다. 이러한 상황에서 형벌과 유사한 자유박탈적 보안처분을 도입하는 것은 불필요하다. 형벌과 보안처분은 결국 신체의 자유를 박탈 내지 제한하는 동질의 형사제재인 것이다.

이러한 점에서 볼 때, 형벌과 보안처분이 엄격히 구별되는 별개의 제도라 하면서, 보호감호나 신상공개, 전자감독, 보호관찰 등의 보안처분을 형벌과 함께 병과하는 것이 이중처벌금지원칙에 반하지 않는다는 헌법재판소의 태도는 다시 한번 생각해 볼 필요가 있다.[83)] 보안처분은 선행 내지 병행된 형사소송절차를 그 실체적 구성요건으로 하고 있고, 신체의 자유를 박탈 내지 제한하는 것이 제도의 본질로서 형벌과 다르지 않아, 실질적으로 동일한 범죄에 대한 형사처벌과 중복된 처

81) 김혜정, 앞의 논문, 54면; 송광섭, 앞의 논문, 238면; 송문호, 앞의 논문, 137면 이하 참조.
82) 이호중, 앞의 논문, 301면 이하.
83) 헌재 2012.12.27, 2010헌가82; 이호중, 앞의 논문, 301면.

벌이므로 헌법 제13조 제1항의 후단의 일사부재리원칙에 위배될 수 있다.[84]

물론 보호수용과 형벌이 개념적, 이론적으로 구별될 수 없는 것은 아니다. 형벌은 책임에 기초한 것인 반면, 보안처분은 재범의 위험성에 기초한 것이라는 식의 법형식론이 일반적으로 받아들여지고 있는 상황에서 위험한 범죄자에 대한 격리(사회적 배제)와 감시의 필요성에 대한 요구가 수그러들지 않는 한 결국 보안처분의 확대는 계속될 수 밖에 없을 것이다.[85]

보호수용제도의 재도입을 주장하는 입장에서 제시하는 근거 중 하나는 높은 재범률이다.[86] 그러나 달리 보면 재범률이 높다는 것은 형벌집행기간 동안 형벌에 의해 범죄자가 충분히 개선·교화되지 못했다는 것을 의미하며, 이는 제대로 집행하지 못한 국가형벌권 운영상의 문제를 개인에게 떠넘기는 형국이 된다.

형벌의 주된 목적은 범죄인의 자유를 박탈하여 개선·교화하고, 이를 통한 범죄인의 사회복귀이다.[87] 지나치게 높은 유기징역의 상한 도입은 사실상 무기의 격리를 가능하게 한다. 사회의 안전을 위하여 위험한 범죄인에 대한 무기의 격리를 가능하게 하는 것은 사회보호라는 목적 아래 범죄인을 위

84) 김선복, 앞의 논문, 784면 참조.
85) 이호중, 앞의 논문, 297면.
86) 김혜정, 앞의 논문, 51면 이하.
87) 이재상·장영민·강동범, 앞의 책, 564-565면.

험원으로 간주하고, 목적을 위한 하나의 수단으로 삼는 것과 같다. 이에 더해 보호수용제도를 재도입하려는 시도는 결국 범죄인의 재사회화를 포기하는 것이 아닌가 하는 의심을 품게 한다.

자칫 상징입법이 될 수 있는 유기징역 상한을 다시 조정하여 보안형벌을 지양하고, 형벌의 부과에 책임주의를 관철하여야 한다. 형사처벌의 강도를 높이는 것보다는 경미한 범죄부터 형사처벌의 확실성을 높여 일반예방의 효과를 높이는 것이 사회방위를 위한 보다 적합한 방법이 될 것이다.

■ 참고자료 ■

배종대, 형법총론, 제11판, 홍문사, 2013.
이재상 · 장영민 · 강동범, 형법총론, 제8판, 박영사, 2015.
김선복, 사회보호법상 보호감호의 문제점, 비교형사법연구, 제5권 제2호, 2003.
김성규, 독일의 보안감호에 관한 규정의 변화와 과제, 법과 정책연구, 제12권 제1호, 한국법정책학회, 2012.
김성돈, 책임형법의 위기와 예방형법의 한계, 형사법연구, 제22권 제3호, 2010.
김유근, 독일의 형벌, 보안처분 그리고 행형체계의 현대적 발전과정에 대한 고찰, 교정연구, 제42호, 2009.
김태명, 최근 우리나라의 중벌주의 입법경향에 대한 비판, 형사법연구, 제24권 제3호, 2012.
김혜정, 보안처분에서 무죄추정원칙의 인정여부, 형사법연구, 제19호, 2003.
______, 보호수용법 제정시안에 대한 소고, 법조, 제697호, 2014.10.
박학모, 보안처분제도의 재구성을 위한 성찰과 제언, 보호관찰, 제14권 제1호, 2014.
박희영, 독일연방헌법재판소, 형법상 보호감호처분의 위헌결정, 법제, 2011.8.
송광섭, 최근 형사제재입법의 동향과 그 효용성 그리고 형벌의 본질, 동아법학, 제49호, 2010.11.
송문호, 사회보호법상 보호감호에 대한 비판적 고찰, 형사법연구, 제13호, 2000.
______, 보안처분과 형벌포퓰리즘, 형사법연구, 제26권 제3호, 2014.

승재현, 보호수용법(안) 도입배경과 내용, 보호수용법안 관련 토론회 자료집, 2014.

이용식, 비례성 원칙을 통해 본 형법과 헌법의 관계, 형사법연구, 제25호, 2006.

이정념, 보호감호제도의 도입을 위한 형사법적 제언, 보호관찰, 제10권 제1호, 2010.

이재석, 형법의 중벌화 입법경향에 관한 비판적 고찰, 법학연구, 제44권, 한국법학회, 2011.11.

이호중, 사회안전과 형사실체법의 변화, 과제와 전망, 형사법연구, 제25권 제3호, 2013.

이훈동, 보호감호제도에 대한 비판적 고찰, 교정연구, 제49호, 2010.

오영근, 2011년 형법개정법률안의 보호수용처분의 문제점, 교정연구, 제59호, 2013.

최정학, 엄벌주의와 범죄예방-아동성범죄의 사례-, 민주법학, 제54호, 2014.3.

한상훈, 보호수용제도의 법적, 형사정책적 문제점, 보호수용법안 관련 토론회 자료집, 국가인권위원회, 2014.11.

한영수, 위험한 범죄자에 대한 실효성 확보방안, 형사정책연구, 제24권 제1호, 2013.

박학모 · 김유근 · 허상구 · 형법총칙개정안평가연구회 · 괴팅엔대학교 형법학연구소, 형법총칙개정안에 관한 국제비교 평가연구, 형사정책과 사법제도에 관한 평가연구 VI, 한국형사정책연구원, 2012.

법무연수원, 범죄백서, 통권 제31호, 2015.

Gütt, Arthur/Rüdin, Ernst/Ruttke, Falk, Gesetz zur Verhütung erbkranken Nachwuchses vom 14. Juli. 1933 , München 1934.

Mushoff, Tobias, Strafe – Maßregel – Sicherungsverwahrung, Eine kritische Untersuchung über das Verhältnis von Schuld und Prävention, Frankfurt a.M. 2008.

Bung, Jochen, Zur Einführung in das Problem der Sicherungsverwahrung, ZIS 2013, 359.

Pfister, Wolfgang, Die Maßregel der Sicherungsverwahrung – Gesetzliche Entwicklung und Stand der Rechtsprechung, in:Müller/Nedopil/Saimeh/Habermeyer/Falkai(Hrsg.), Sicherungsverwahrung – wissenschaftliche Basis und Positionsbestimmung, 2012.

Renzikowski, Joachim, Abstand halten! – Die Neuregelung der Sicherungsverwahrung, NJW 2013, 1638.

■ 국문초록 ■

최근 우리 사회에서 발생하는 각종 강력범죄로 인하여 일반시민의 범죄의 위험성과 심각성에 대한 불안감이 커지고 있다. 이로 인하여 위험한 범죄자에 대해 보다 강력한 처벌을 통해 일반대중의 안전과 사회를 방위해야 한다는 목소리가 높아졌다. 이러한 사회적 분위기 속에 각종 특별형법이 제정되어 왔으며, 2011년 형법개정을 통해 유기징역의 상한선이 30년으로 상향 조정되었고, 공소시효의 기간이 연장되었다. 이 외에도 10여년 전 이미 폐지된 보호감호제도의 재도입 논의가 이어지고 있다.

개정된 유기징역의 상한선은 지나치게 높아 형을 가중하는 경우, 사실상 무기징역과 차이가 없게 된다. 또한 법정형의 범위가 넓어 형의 양정에 법관의 재량이 지나치게 넓게 인정된다. 사회의 안전을 위하여 위험한 범죄인에 대한 무기의 격리를 가능하게 하는 것은 사회보호라는 목적 아래 범죄인을 위험원으로 간주하고, 목적을 위한 하나의 수단으로 삼는 것과 같다.

우리 형법에 상습누범규정이 삭제되지 않았고, 이미 형법개정을 통해 보안형벌이 도입된 지금, 다시 말해 이미 형벌에 장래의 범죄를 저지하기 위한 예방의 목적도 포함되어 있으므로 이와 더불어 형벌과 유사한 자유박탈적 보안처분을 도입하는 것은 불필요하다. 보호수용제도는 선고의 중요한 요건인 재범의 위험성 판단의 불확실성으로 인하여 판단오류의 위험성이 있다. 보호수용제도에 내재하는 신체의 자유에 대한 침해는 보호수용의 근거가 되는 규정과 판결, 집행이 모두 비례성 원칙에 부합하여야 하는데, 이미 형집행을 종료한 수용자의 자유권을 완전히 박탈하는 방법을 취하는 것은 그 수단이 적당하지 못하고, 일반대중의 안전이라는 공익을 위하여 위험하다고 짐작되는 수용자의 자유권을 완전히 박탈하는 것은 최소침해의 원칙과 법익의 균형에서 문제가 있다고 생각된다. 또한 보호수용의 본질이 형벌의 본질과 다르지 않아 이중처벌의 문제가 있다.

상징적인 형벌 가중이나 계속되는 보안처분 강화가 과연 위험한 범죄자의 재범의 위험을 방지하는데 얼마나 효과적인지 알 수 없다. 보호수용제도를 포함한 각종 보안처분제도가 과연 수용자의 재사회화를 위해 적합한 제도인지는 의문이다.

주제어 : 보안처분, 보안형벌, 중벌주의, 형사제재체계

■ ABSTRACT ■

Sicherheit durch Sicherungsverwahrung?

Kang, Jihyun *

Seit dem Jahr 2000 waren es immer wieder einzelne spektakuläre Fälle, die von den Medien berichtet wurden und zu einer großen Angst in der Bevölkerung führten. Die Sicherheitsgedanke wurde sehr betont. Das Strafsystem wurde selbst sehr an der gezielt präventiven Einwirkung ausgerichtet.

Die Sicherungsstrafe in das Strafrecht wurde in der Strafrechtsreform im Jahr 2010 geschaffen. Gemäß § 42 koreanischen StGB ist das Höchstmaß der zeitigen Freiheitsstrafe dreißig Jahre, ihr Mindestmaß ein Monat. Bei der Strafschärfung könnte das Höchstmaß der zeitigen Freiheitsstrafe fünfzig Jahre sein. Durch die Sicherungsstrafe könnte die gefährliche Straftäter lebenslang in Haft sitzen.

Darüber hinaus wollte der Gesetzgeber auch die freiheitsentzie-hende Maßregel noch mal einführen, die sog. Sicherungsverwahrung. Die alte Regelung zur Sicherungsverwahrung war im Jahr 2005 ab-geschafft, weil das Freiheitsgrundrecht der Sicherungsverwahrten schwer verletzt werden könnte. Jetzt kommt der zweite Anlauf des Gesetzgebers zur Neuordnung der Sicherungsverwahrung in einer

* Dr. iur., Research Fellow, Institute of Law Studies, Pusan National University

menschenrechts- und Verfassungskonformen Weise. Aber die Probleme verbleiben noch im vorhabenden Gesetz, beispielsweise Unbestimmtheit des Begriffs„ Rückfallgefahr“ des Straftäters , Vernachlässigung des ulti-ma- ratio-Prinzip oder Eingriffsmöglichkeit des Freiheitsgrundrechts von Sicherungsverwahrten. Es ist noch fraglich, ob die neue frei-heitsentziehende Maßregel zum Schutz der Allgemeinheit wirklich braucht.

Es gibt immer Lücke bei der Suche nach dem perfekten Schutz vor Straftaten. Durch die ständigen Verschärfungen, durch die zahlreichen Reformen vergrößert die Zufriedenheit mit dem strafrechtlichen System von Bürgern nicht. „In einer menschlichen Gesellschaft gibt es keine vollkommene Sicherheit.“

Schlagwort : Sicherungsverwahrung, Sicherungsstrafe, Zweispuriges Sanktionssystem, Präventives Strafrecht.

'집합명칭에 의한 명예훼손과 피해자의 특정'에 관한 단상

김미라 *

Ⅰ. 들어가는 말

송구스럽게도 안원하 교수님을 처음 뵈었던 시점이 정확히 언제인지는 기억나지 않는다. 아마 1990년대 말 고시공부를 위해 학봉정1)에서 생활할 때쯤이었던 것 같다. 모교 선배님이 독일 유학을 마치고 교수로 오셨다는 소식을 소문으로 듣던 중, 민방위 훈련이었던 것 같은데 법대 건물 내에 있던 전원이 법학관 앞마당에 모였던 날이었다. 당시 교수님은 빨간 모자를 쓰신 채 당당한 풍채로 학생들을 인솔하고 계셨는데, 젊은 교수 특유의 반듯함과 풋풋함을 풍기고 계셨다. 이미

* 부산대학교 법학전문대학원 교수, 변호사

1) 부산대학교 법과 대학의 고시반.

대학을 졸업한 상태였던 나는 학부생들과는 다른 듯 여유를 부리며 신임 교수님과 몇 마디 농을 주고받았던 것 같다. 그것이 교수님에 대한 나의 첫 기억이다.

이후 사법시험에 합격하고 검사로 일하던 중, 석사과정에 들어가면서 본격적으로 교수님과의 인연이 시작되었다. 교수님은 흔쾌히 지도교수가 되어 주셨고, 논문 주제를 선정하고 작성하는 데 엄청난 도움을 주셨다. 비록 석사학위지만 논문을 쓴다는 것은 여간 어렵지 않았다. 주로 사건 과정을 요약하고 간략한 보고서를 쓰던 습관이 긴 호흡의 글 앞에서는 여지없이 밑천이 드러났다. 앞에서 썼던 취지가 뒤로 가면서 바뀌고, 앞에서 다루기로 했던 내용이 본문에서는 빠져 버리는 등 일관성을 상실한 총체적 난국이 펼쳐졌다. 교수님은 나를 앉혀 두시고 빨간 펜을 그어 가며 일일이 수정해 주시면서 논문의 전체적인 틀을 잡아 주셨다. 그런 허드렛일을 몇 번이나 반복하셨다.

청년이었던 신임 교수가 어느덧 백발의 노교수가 되셨다. 그동안 교수님의 제자들은 전임교수로, 연구원으로, 시간강사로 자리를 잡았다. 나도 교수님의 덕으로 모교의 교수가 될 수 있었다. 부산대 형사법 교수 중 유난히 제자 복이 많으셨던 것은 교육자로의 업적뿐만 아니라 담백한 인품도 이유였으리라. 제자들에게 늘 존칭을 쓰시고, 불필요한 요구는 하시는 법이 없으며, 밥을 사주시려고 애쓰신다.

교수님은 글을 잘 쓰신다. 교수님의 글은 전달하고자 하는 주제가 명확하게 보이고, 잘 읽힌다. 그래서 교수님의 논문을 읽는 것은 즐거운 일이다. 그런데, 정작 쓰신 논문은 많지 않다. 다작보다는 제대로 된 글을 쓰시려는 완벽주의가 작동한 것 아닌가 혼자 넘겨짚어 볼 뿐이다.

교수님의 정년을 맞이하여 존경의 마음을 담아 교수님의 논문 중에서 하나를 골라 의의를 밝히고 의견을 보태고자 한다. 전남대학교 법학연구소가 2015년에 발간한 법학논총을 통해 발표하신 "집합명칭에 의한 명예훼손과 피해자의 특정"이라는 논문이다. 위 논문은 대법원 2014. 10. 17.자 2014모1107 결정을 다루었는데, 판결이 아니라 결정을 대상으로 하였다는 점과 검사의 불기소처분에 대한 불복과정을 다루었다는 점에서 다른 논문과 차별점이 있다(이하 '대상 결정' 및 '대상 논문'이라 한다).

교수님은 몇 년 전부터 주한 외국인에게 한국어와 한글을 가르치는 일을 하고 계신다. 지금껏 가르치는 일을 하셨으니 다른 일을 찾아봄 직도 하건만 대상과 내용을 달리한 채 결국 또 가르치는 일을 하신다. 아마 정년 이후에도 누워계시지는 않을 듯하다. 언젠가는 우즈베키스탄에서 한국어를 가르치는 일을 하고 싶다던 당신의 꿈이 반드시 이루어지길 기원하며 교수님께 이 글을 바친다.

Ⅱ. 대상 논문의 내용

1. 대상 결정의 사실관계

갑은 단과대학의 학장, 을은 같은 단과대학의 부학장이다. 총장이 갑을 학장으로 임명하는 과정에 이 단과대학 소속 교수들 사이에 분란이 생겼고, 그래서 단과대학 소속 전임 교수 중 갑의 학장 취임에 반대하는 28명이 이른바 비상대책회의(이하 '비대위'라 한다)를 만들었다. 이후 비대위 소속 교수들은 두 차례 이 단과대학이 속한 대학교의 내부통신망 자유게시판에 갑과 갑을 학장으로 임명한 총장을 비판하는 글을 올렸는데, 두 차례 모두 글의 말미에 비대위 소속 교수들의 성명을 명기했기 때문에, 자유게시판에 접근할 수 있는 이 대학교 교직원들 사이에서는 해당 단과대학 교수 중 누가 비대위 소속인지 잘 알려져 있었다.

비대위가 만들어진 약 3개월 후 갑·을 등 집행부와 비대위가 교육과정 개정 문제를 놓고 다시 충돌하게 되었는데, 이때 비대위 소속의 병이 자유게시판에 갑을 비판하는 글을 올렸다. 병의 글이 게시된 이튿날 이번에는 을이 자유게시판에 "병 교수의 글과 관련하여"라는 제목으로 반박문을 올렸다. 다시 그 이튿날 을의 위 글 내용 중 일부가 수정되었는데, 작성자가 갑과 을의 연명으로 바뀌고, 원래의 글에는 없었던 아래와 같은 문단이 첨가되었다.

"심지어 자칭 '비대위' 소속 일부 교수는 집행부에 협조하는 교수에게는 2년 뒤에 학장이 바뀌면 불이익을 주겠다고 동료 교수를 협박하고, 심지어 학생들에게까지 학장이 물러나지 않으면 학생들에게 큰 피해가 가도록 할 테니 학생들도 학장 퇴진을 요구하라는 등 도저히 교육자로서는 상상할 수 없는 행위를 자행해 왔습니다."

이에 병은 갑과 을을 명예훼손으로 고소하였다. 병은 비대위라는 단체 자체의 명예가 훼손되었다거나 비대위 소속 교수 28명 모두가 명예를 훼손당했다고 주장하는 대신, "병 자신의 명예가 훼손되었다."고 주장하였다. 비대위 소속 교수 중 아무도 동료 교수를 협박하거나 학생들에게 학장 퇴진을 요구하라고 말한 적이 없다면 비대위 소속 교수 28명 모두가 각각 허위 사실의 적시에 의한 명예를 훼손당한 것이고, 비대위 소속 교수 중 일부가 실제로 위와 같은 행위를 하였다고 하더라도 그런 언동을 한 적이 없는 병 자신은 허위 사실의 적시에 의해 명예를 훼손당한 것이라는 주장이었다. 이 사건 비대위는 구성원이 28명으로 작은 규모일 뿐만 아니라, 그 28명이 누구인가는 자유게시판을 열어보는 교직원들 사이에서는 잘 알려져 있고, 갑과 을이 쓴 글은 병의 글에 대한 반박문으로 쓴 것이고 그 제목에 이미 병의 이름이 등장하기 때문에, 동료 교수를 협박하거나 학생들에게 학장 퇴진을 요구하라고 말한 '비대위 소속 일부 교수'에 병이 포함된다는 의심을 할 가능성이 크다는 것이 병의 주장이었다.

2. 대상 결정 사건의 경과

검사는 갑과 을에 대하여 「정보통신망 이용촉진 및 정보보호 등에 관한 법률」(이하 '정보통신망법'이라고 한다) 제70조 해당 여부를 검토하면서 "병은 그러지 않았지만 비대위 소속 일부 교수들은 학장에 동조하는 교수들에게 불이익을 주겠다고 언급하는가 하면, 강의시간 중에 학생들에게 '학장이 퇴진하지 않을 경우 학생들이 불이익을 받을 수 있다'는 취지의 발언을 하였다."는 사실관계를 확정한 후, "갑과 을이 '비대위 소속 일부 교수들'의 언동을 적시하면서 언급한 일부 교수에 병이 포함된다고 볼만한 표현이 발견되지 않고 그들이 지목한 당사자는 병이 아닌 다른 교수들이었으므로 이 사건 게시물을 접하는 사람들이 병으로 오인할 우려가 없어 피해자가 병으로 특정되었다고 보기 어렵다."며 혐의없음 처분을 하였다.[2)]

병은 위 처분에 대해 검찰항고를 제기하였으나 기각되었고, 재정신청도 하였으나 받아들여지지 않았다. 대법원은 병이 제기한 재항고에서 별도의 이유를 설시하는 대신 "원심 결정을 기록에 비추어 살펴보아도 원심의 판단에 영향을 미친 헌

2) 검사는 피해자가 병으로 특정되지 않았다고 판단한 다음, 사실을 적시한 것으로 학사행정 및 학생교육의 정상화라는 공공의 이익에 관한 것으로 비방의 목적이 있다고 보기 어렵다고 판단하였다. 「정보통신망 이용촉진 및 정보보호 등에 관한 법률」 제70조는 기본적으로 형법상 명예훼손죄와 법리를 같이 하므로 명예훼손죄에 입각하여 검토한다.

법 · 법률 · 명령 또는 규칙 위반의 위법이 없다."고만 하였다(대법원 2014. 10. 17.자 2014모1107 결정).

3. 대상 논문의 요지

피해자가 특정되지 않으면 구성요건이 요구하는 보호법익의 위태화가 있을 수 없으므로 모든 범죄는 피해자의 특정이 전제되어야 한다. 명예훼손죄 또는 모욕죄는 외적 명예, 즉 한 인간의 가치와 삶에 대해 사회가 내린 평가가 보호법익이므로 결국 명예가 위태로워진 사람이 특정되어야 한다.

자연인이나 법인은 당연히 명예의 주체가 되므로 명예훼손죄나 모욕죄의 피해자가 될 수 있다. 법인격 없는 단체도 법이 인정하는 사회적 기능을 수행하고 단체로서 독자적이고 통일적인 의사를 형성할 수 있으면 법인과 마찬가지로 명예의 주체가 되고 명예훼손죄나 모욕죄의 피해자가 될 수 있다. 법인격 없는 단체 중에서 명예의 주체가 되지 못하는 단체를 지목해서 명예훼손죄나 모욕죄의 구성요건에 해당하는 행위를 하는 행위자가 있을 경우, 그 단체는 명예훼손죄나 모욕죄의 보호를 받지 못하지만 그 구성원은 일정한 요건 하에 자연인으로서 명예훼손죄나 모욕죄의 보호를 받는다. 그것이 바로 집합명칭에 의한 명예훼손죄와 집합명칭에 의한 모욕죄이다.

집합명칭에 의한 명예훼손 또는 모욕의 사례로 문헌에서 소개하는 것은 두 가지 유형이 있다. (1) 행위자가 명예를 훼손하거나 경멸의 의사를 나타내는 표현을 할 때 그 집단의 구성원 모두를 지적하는 내용을 적시하고 예외를 인정하지 않을 때, (2) 그 집단의 구성원 중 한 사람 또는 몇 사람을 지적했지만 그것이 누구인지를 명백히 하지 않아 그 집단의 구성원 모두가 의심을 받을 때이다. 두 사례 모두 그 집단의 구성원이 다른 사람과 쉽게 구별될 수 있어야 하고, 그러자면 해당 집단은 자연히 소규모라야 할 것이다.

이에 대해 판례는 (1) 사례에 대해서는 범죄가 성립할 가능성을 인정하고 있다. 행위자가 "3.19 동지회 소속 교사들이 학생들을 선동하여 무단하교하게 하였다"고 적시한 보도자료를 배포한 사안에서 해당 학교의 교사 66명 중 37명이 3.19 동지회 소속 교사들이어서 학생이나 학부모, 교육청 관계자들까지 그들이 누구인지 알고 있었던 점, 해당 동지회는 집단의 규모가 비교적 작고 그 구성원이 특정되어 있으므로 행위자의 행위로 3.19 동지회 소속 교사들 모두에 대한 명예가 훼손되었다고 봐야 한다고 판시하였다(대법원 2000. 10. 10. 선고 99도5407 판결). 그러나 국회의원의 여성 아나운서 비하 발언 사건에서는 여성 아나운서라는 집단 자체의 경계가 불분명하여 집단표시에 의한 비난이 개별구성원에 이르러서는 비난의 정도가 희석되어 구성원 개개인의 사회적 평가에 영향을 미칠 정도에 이르지 아니한다고 판단하였다(대법원 2014. 3. 27. 선고 2011도15631 판결).

반면 (2) 사례, 즉 집단의 구성원 일부를 지적했지만 명예훼손 또는 모욕의 대상이 누구인지 명백하지 않아 구성원 모두가 의심을 받고 있는 경우에 대해서는 범죄 인정과 관련하여 명시한 입장이 없다. 그나마 민사사건(대전 법조비리 사건 후 검사들이 방송국과 기자를 상대로 제기한 손해배상청구사건)에서 견해를 밝힐 기회가 있었지만 대법원은 명확한 입장을 밝히지 않았다.

대상 결정에서 유지된 검사의 불기소처분은 다음과 같은 논리적 추론의 과정을 거쳐서 나온 것이다.

① 비대위 소속 교수 병은 동료 교수를 협박하는 등의 언동을 한 적이 없다.
② 따라서 갑과 을이 쓴 글은 병을 지목해서 쓴 글이 아니다.
③ 비대위 소속 교수 중 일부(예컨대 정)가 동료 교수를 협박하는 등의 언동을 했다.
④ 따라서 갑과 을의 글은 정을 지목해서 쓴 글이다.

병이 피해자로 특정되었는가를 판단할 때 먼저 확정해야 할 것은 병이 그런 언동을 한 사람이라고 특정 혹은 지목되었는지 여부를 행위자의 의사를 기준으로 판단해서는 안 된다는 것이다. 병이 문제의 언동을 한 사람으로 특정 혹은 지목되었는지는 갑과 을의 해당 발언을 법적 공동체의 입장에서 어떻게 해석할 것인지와 관련된 문제이고 따라서 규범적인 문제이다.

어떤 집단 소속의 사람들이 무슨 일을 저질렀다는 사실을 적시한 경우, 피해자의 이름을 직접 적시하지 않더라도 그 집단의 규모가 비교적 작고 그 구성원이 특정되어 있다면 그 집단 구성원들 개개인에 대해 사실을 적시했다고 보아야 한다. 이 사건 비대위는 참여 교수가 28명에 불과한 소규모 집단이고, 자유게시판에 비대위 명의로 글을 올릴 때마다 스스로 명단을 밝혔으므로 교직원들은 비대위 소속 교수가 누구인지 잘 알고 있었다. 갑과 을이 게시문에 '일부'라는 단어를 사용하였다고 해서 사정이 달라지지 않는다. 일부 교수라고 하면서 그 일부 교수가 누구인지 밝히지 않음으로써 비대위 참여 교수 모두가 혐의를 받게 되었기 때문이다. 더구나 갑과 을이 쓴 게시문은 제목에서부터 "병 교수의 글과 관련하여"라고 하고 있으므로 병의 실명을 밝힘은 물론 병의 글을 반박하는 것이 주된 내용이므로 명예를 훼손하는 사실의 적시가 있을 당시의 주의 정황 등을 보아 집단 대 개별구성원을 지칭하는 것으로 여겨질 수 있는 때에는 집단 내 개별구성원이 피해자로서 특정된다고 보아야 할 것이다. 이런 점에서 대상 결정의 판단은 아쉽다.

Ⅲ. 대상 논문의 의의 및 검토

1. 명예의 주체와 피해자의 특정

사람의 명예를 훼손하거나 사람을 모욕하면 명예훼손죄 내지 모욕죄가 성립한다(형법 제307조, 제311조). 사람에는 자연인과 법인이 포함되고, 법인격 없는 단체의 경우는 견해가 대립되나 법에 의하여 인정된 사회적 기능을 담당하고 통일된 의사를 가지고 대외적으로 활동하는 단체라면 사람에 포함된다고 봄이 타당하다.[3] 판례도 법인격 없는 단체인 종친회[4]에 대하여 명예의 주체가 된다고 보고 있다. 반면 국가나 지방자치단체에 대해서는 기본권의 수범자일 뿐 기본권의 주체가 아니라는 이유로 명예의 주체가 될 수 없다고 본다.[5] 명예의 주체가 되는 단체는 통일된 의사를 가지고 대외적으로 활동하는 단체여야 하므로 취미생활을 위한 사교단체 등은 명예의 주체가 될 수 없다.

3) 신동운, 형법각론(제3판), 법문사, 2023, 832면 ; 이재상/장영민/강동범, 형법각론(제13판), 박영사, 2023, 188면. 반면 사람에 법인과 같은 단체를 포함시키는 것은 유추해석에 해당되고 명예의 주체가 될 수 있는 단체가 될 수 없는 단체의 구별이 모호한 점을 이유로 자연인으로 한정해야 한다는 견해로는 오영근, 형법각론(제8판), 박영사, 2023, 169면.

4) 방송사를 상대로 '은진송씨 송자각하 종친회'가 제기한 반론보도청구사건에서 "'방송에 공표된 사실적 주장에 의하여 피해를 받은 자'라 함은 그 보도내용에서 지명되거나 그 보도내용과 개별적 연관성이 있음이 명백히 인정되는 자로서 자기의 인격적 법익이 침해되었음을 이유로 그 보도내용에 대한 반론 내지 반박을 제기할 이익이 있는 자를 가리키며, 그 보도내용이 진실한지의 여부는 피해의 유무를 판단하는 데 고려할 사항이 아니다."며 명예의 주체성을 인정하였음(대법원 2000. 2. 25. 선고 99다12840 판결).

5) 대법원 2016. 12. 27. 선고 2014도15290 판결.

명예훼손죄가 성립하려면 적시된 사실과 관련된 피해자가 특정되어야 한다. 그런데 자연인의 이름이나 단체의 명칭을 정확하게 지목하지 않고 이름이나 명칭의 두문자 내지 이니셜, 직업 또는 업종, 지역 등으로 다소 불명확하게 표현하는 경우라고 하더라도 표현의 내용을 주위사정과 종합적으로 판단하여 누구를 특정한 것인지 알 수 있는 경우에는 그 특정인에 대한 명예훼손죄를 구성한다고 할 수 있다.

예컨대 신문기사에 피해자의 성명 등을 명시하지 않고 '교육감 출마예상자', '모 상업계 교장' 등의 표현을 사용하였더라도 그 지역 교육계에 종사하는 많은 사람들이 기사내용의 당사자가 누구인지 알 수 있는 경우라거나,[6] "26세의 중견 모델 진모양이 호텔과 여관을 돌아다니며 접대행위를 하였다"고 보도한 경우에도 같은 업계에 종사하는 사람들로서는 그 기재만으로도 피해자를 지칭하는 것임을 알 수 있어 피해자가 특정되었다고 본다.[7] 이런 사례들은 직업이나 상태로 대상자를 지칭하였지만 결과적으로는 특정한 피해자를 대상으로 한 것이다.

위에서 명예의 주체가 되는 단체는 통일된 의사를 가지고 대외적으로 활동하는 단체여야 하므로 취미생활을 위한 사교단체 등은 명예의 주체가 될 수 없다고 하였다. 그런데 이렇게

6) 대법원 2005. 6. 10. 선고 2005도2316 판결.
7) 대법원 1998. 5. 8. 선고 96다36395 판결.

독자적으로는 명예의 주체가 될 수 없는 집단도 그 집단의 명칭에 의하여 구성원의 명예가 훼손될 수 있다. 즉, 집단이 아닌 구성원인 자연인이 명예의 주체가 될 수 있다. 그리고 이때에도 그 구성원이 특정되어야 피해자가 되는 것이다. 즉 집합명칭을 쓴 경우에도 그 범위에 속하는 구성인, 즉 특정인을 가리키는 것이 명백하다면 그 행위는 각 개인의 명예를 훼손하는 행위일 뿐이다.[8)]

2. (1) 유형의 사례 검토

이에 대하여 교수님은 (1) 행위자가 명예를 훼손하거나 경멸의 의사를 나타내는 표현을 할 때 그 집단의 구성원 모두를 지적하는 내용을 적시하고 예외를 인정하지 않을 때, (2) 그 집단의 구성원 중 한 사람 또는 몇 사람을 지적했지만 그것이 누구인지를 명백히 하지 않아 그 집단의 구성원 모두가 의심을 받을 때라는 두 가지 유형을 제시하셨다. 그리고 두 사례 모두 그 집단의 구성원이 다른 사람과 쉽게 구별될 수 있어야 하고, 그러자면 해당 집단은 자연히 소규모여야 한다는 조건까지 부가하셨다.

(1) 사례의 예로 제시하신 3.19 동지회 사건에서 대법원은 "명예훼손죄는 어떤 특정한 사람 또는 인격을 보유하는 단체에 대하여 그 명예를 훼손함으로써 성립하는 것이므로 그 피

8) 신동운, 앞의 책, 833면.

해자는 특정한 것임을 요하고, 다만 서울시민 또는 경기도민이라 함과 같은 막연한 표시에 의해서는 명예훼손죄를 구성하지 아니한다 할 것이지만, 집합적 명사를 쓴 경우에도 그것에 의하여 그 범위에 속하는 특정인을 가리키는 것이 명백하면, 이를 각자의 명예를 훼손하는 행위라고 볼 수 있다."고 전제한 다음 "3.19 동지회는 그 집단의 규모가 비교적 작고 그 구성원이 특정되어 있으므로 피고인이 3.19 동지회 소속 교사들에 대한 허위의 사실을 적시함으로써 3.19 동지회 소속 교사들 모두에 대한 명예가 훼손되었다고 할 것이고, 따라서 3.19 동지회 소속 교사인 피해자의 명예 역시 훼손되었다"라고 판시하였는바,[9] 결국 이 부분이 위 부가조건에 해당한다고 할 수 있다.

이를 요건화하자면 ① 집단이 특정되어야 하고, ② 특정된 집단의 구성원 수가 어느 정도 제한되어야 하며, ③ 구성원 전원에 대한 것이어야 하지 예외를 인정하는 일반적인 평균판단으로는 족하지 아니한다고 표현할 수도 있겠다.[10]

3. (2) 유형의 사례 검토

문제는 (2) 유형이다. 교수님의 지적처럼 우리 판례가 다룬 사례는 거의 없다. 대부분의 문헌에서는 1950－60년대의

9) 대법원 2000. 10. 10. 선고 99도5407 판결.
10) 오영근, 앞의 책, 169면 ; 이재상/장영민/강동범, 앞의 책, 189면.

독일 판례 사례["모당 소속 W. 지방의회 의원 중 2명이 간첩이다(BGHSt 14, 48)", "장관 가운데 1명이 콜걸의 고객이다(BGHSt 19, 235)"]만이 각색되어 제시되고 있을 뿐이다.

교수님은 집단의 구성원 중 일부만을 지칭한 경우에도 그 집단의 구성원이 다른 사람과 쉽게 구별될 수 있어야 하고, 그러자면 해당 집단은 자연히 소규모여야 한다는 조건을 부가하셨다.[11] 위 독일 판례 사례에서 문제된 지방의회 의원의 총 숫자는 19명이었고, 장관의 숫자는 7명이었으니 이 조건은 모두 만족한다.

대법원은 "이른바 집단표시에 의한 명예훼손은 그러한 방송 등이 그 집단에 속한 특정인에 대한 것이라고는 해석되기 힘들고 집단표시에 의한 비난이 개별구성원에 이르러서는 비난의 정도가 희석되어 구성원의 사회적 평가에 영향을 미칠 정도에 이르지 않으므로 구성원 개개인에 대한 명예훼손은 성립되지 않는다고 봄이 원칙이지만, 다만 예외적으로 구성원 개개인에 대하여 방송하는 것으로 여겨질 정도로 구성원 수가 적거나 방송 등 당시의 주위 정황 등으로 보아 집단 내 개별구성원을 지칭하는 것으로 여겨질 수 있는 때에는 집단 내 개별구성원이 피해자로서 특정된다고 보아야 하고, 그 구체적

11) 일정한 요건, 즉 대상 집단의 크기나 규모가 비교적 작고 구성원이 쉽게 특정될 수 있는 경우에 구성원 전체에 대한 명예훼손이 된다는 견해도 같은 취지라고 할 수 있다. 변종필, "집합명칭에 의한 모욕에서 피해자의 특정", 형사법연구 제24권 제3호, 한국형사법학회, 2012, 347면.

기준으로는 집단의 크기, 집단의 성격과 집단 내에서의 피해자의 지위 등을 들 수 있다."며 기준을 제시하였다.[12)]

이렇게 집단의 구성원 중 일부를 언급하였으나 그것이 누구인지 명백히 하지 않아 구성원 모두의 명예가 훼손되려면 ① 집단이 특정되어야 하고 ② 특정된 집단의 규모가 작고 구성원이 쉽게 특정될 것을 요한다.[13)]

대전 법조비리 사건과 관련하여 검사들이 방송국과 기자를 상대로 제기한 손해배상청구사건에서 대법원은 "세칭 '대전 모 변호사 수임비리 사건' 보도와 관련하여 '대전 지역 검사들'이라는 표시에 의한 명예훼손은 그 구성원 개개인에 대하여 방송하는 것으로 여겨질 정도로 구성원 수가 적고, 한 달여에 걸친 집중적인 관련 방송 보도 등 당시의 주의 정황 등으로 보아 집단 내 개별구성원을 지칭하는 것으로 여겨질 수 있으므로 방송 당시 대전지방검찰청에 근무하고 있던 검사인 원고 3, 4와 모 변호사가 문제된 수임장부를 작성한 시기에 대전지방검찰청에 근무하였던 검사인 원고 1, 2는 명예훼손의 피해자로 특정되었다."고 판단하였다.[14)] 방송 무렵 대전지방검찰청 검사 인원은 25명, 대전고등검찰청 검사 인원은 6명이었으므로 집합명칭에 의해 지칭되는 집단이 소규모인 점도 기준이 되었던 것으로 보인다. 다만 문제된 보도 중 상당 부분이

12) 대법원 2003. 9. 2. 선고 2002다63558 판결.
13) 홍은표 집필, 주석 형법 각칙 4(제6판), 한국사법행정학회, 2024, 97면.
14) 대법원 2003. 9. 2. 선고 2002다63558 판결.

공공적·사회적인 의미를 가진 사안으로서 위법성이 조각된다고 보았다.

대법원은 위 사례가 (1) 유형인지 (2) 유형인지 명시적으로 밝히지는 않았으나, 전체적인 보도의 맥락은 "모 변호사에게 사건을 소개한 검사들 중에는 그 사건을 수사했던 경우가 있다" 이고, 원고들은 문제된 시기 대전지방검찰청에 근무하던 검사들로서 자신들이 비리에 연루된 것으로 오해받도록 보도되어 명예를 훼손당하였다고 주장하고 있으므로 집단의 구성원 중 일부를 지적하였으나 그것이 누구인지 명백히 하지 않아 그 집단의 구성원 모두가 의심받게 되는 (2) 유형으로 볼 수 있다고 하신 교수님의 의견에 동의한다.

하급심 판단이기는 하나 (2) 유형으로 볼 수 있는 사례로 국내 잡지사의 '호스티스 출신 여대생의 충격 고백' 사건이 있다. 해당 잡지 기사의 내용은 "서울대 사회대 86학번 여학생이 운동권 선배와 연애 끝에 배신당한 뒤 호스티스 생활을 하고 재벌회장과 동거한 경험담을 고백한다."는 것이었고, 해당 학번 여학생 49명 중 15명이 원고가 되어 잡지사와 기자를 상대로 자신들의 명예를 훼손한 데 대한 손해배상을 청구한 사안이었다. 피고들은 이 사건 기사가 원고들을 특정한 바 없고, 원고들이 이 사건 기사의 취재원이 갖는 경력을 갖지 않아 서울대학교 사회대 86학번 여학생이라는 특정 사실만으로는 일반인들이 이 사건 기사의 취재원이라고 오인할 가능성이 없으며,

단순한 오락거리에 불과하여 원고들의 명예가 훼손된 바 없다고 주장하였다. 법원은 "취재원의 성명을 밝히지 아니한 채 수기 형식의 기사를 게재할 경우에는 취재원의 동일성에 관한 오인가능성이 높은 만큼 취재원의 특정에 관하여 이를 아예 추상화하거나 아니면 비록 성명을 밝히지 아니하더라도 가능한 특정 방법을 통해 일반인으로 하여금 취재원의 동일성에 관하여 오인을 하지 않도록 해야 할 것이고, 나아가 단순히 독자들에게 가벼운 오락거리를 제공하려는 의도에서 가공의 사실을 수기 형식으로 기사화하는 경우에도 독자들이 기사 중의 모델을 실재의 인물에 맞추어서 추측하는 수도 있으므로 기사의 형식과 내용면에서 일반인들이 그 기사 내용을 완전한 허구라고 인식할 수 있을 정도로 승화시켜 특정인의 구체적 행동을 추지할 수 없을 정도가 되어야 한다."고 전제한 다음 "비록 이 사건 기사가 원고들을 구체적으로 특정한 바가 없다고 할지라도 원고들이 서울대학교 사회대 86학번 여학생들이고, 86학번 여학생들이 49명의 소수원에 불과한 점 등에 비추어 보면 원고들이 생활하는 범위 내의 주변 사람들 사이에서는 이 사건 기사의 모델이 원고들일 수 있다고 추지하기에 충분하다 할 것"이라는 이유로 명예훼손에 따른 손해배상책임을 인정하였다.[15)]

위 사례 역시 집단의 구성원 중 한 사람을 지적했지만 그것이 누구인지를 명백히 밝히지 않아 그 집단의 구성원 모두

15) 서울지방법원 1996. 5. 14. 선고 94가합91515 판결.

가 의심을 받을 때인 (2) 유형에 해당한다고 할 수 있다. 제1심 판결로 확정됨에 따라 대법원의 판단은 받지 못하였으나, 대법원의 판단이 제1심과 크게 다를 것 같지는 않다. 위 사례에서 집합명칭에 의한 단체 구성원은 총 49명으로 비교적 소규모에 해당한다. 서울대학교가 가지는 위상과 시대적 상황을 고려한다면 86학번으로 사회대에 입학한 여학생은 주위에 대부분 알려져 있었을 것이고, 얼마든지 취재원으로 오해받을 수 있는 상황이었으리라 짐작할 수 있다(실제로 원고 중 일부는 주위로부터 사실확인을 요구받거나 터무니없는 억측에 시달리기도 했다).

그런데 이 사건에서 법원은 피해자의 특정을 인정한 것에서 그치지 않고 손해배상책임까지 인정하였다. 이 부분이 대전 법조비리 사건과는 구별되는 지점이다.

대법원은 대전 법조비리 사건에서 "별지 4. 기재 방송은 모 변호사에게 사건을 소개한 검사들 중에는 그 사건을 수사했던 경우가 있다는 사실을 적시하면서 과연 그러한 경우에도 공정한 수사가 이루어질 수 있었겠는가 하는 의혹을 제기한 내용인바, 대검찰청의 1999. 2. 1.자 수사결과 발표문에 비추어 보더라도 모 변호사에게 자신의 직무와 관련 있는 사건을 소개한 검사가 있었음을 알 수 있으므로 위 방송에 적시된 사실은 그 주요 부분이 진실인 것으로 보아야 하므로 위 방송에는 위법성이 없다고 봄이 상당하다."라고 판단하는 등 일부 보도에 대해 무죄취지로 판단하였다.

이에 비하여 '호스티스 출신 여대생의 충격 고백' 사건에서 법원은 "단순히 독자들에게 가벼운 오락거리를 제공하려는 의도에서 가공의 사실을 수기 형식으로 기사화하는 경우에도 독자들이 기사 중의 모델을 실재의 인물에 맞추어서 추측하는 수도 있으므로 기사의 형식과 내용면에서 일반인들이 그 기사 내용을 완전한 허구라고 인식할 수 있을 정도로 승화시켜 특정인의 구체적 행동을 추지할 수 없을 정도가 되어야 함"에도 그러지 못하여 원고들의 명예가 훼손되었다고 보았다.

두 사건은 행위자가 언론사 또는 기자로 공통되지만, 전자는 적시된 사실의 주요 부분이 진실이었던 점 및 공공의 이익을 위한 것으로 적시된 사실이 진실하거나 진실이라고 믿은 데에 상당항 이유가 있다고 볼 수 있었던 반면, 후자는 가공된 사실로서 허구에 해당하므로 공공의 이익 여부를 따질 필요도 없는 점이 차별점이라고 할 수 있다.

4. 대상 결정 및 대상 논문에 대한 평가

대상 결정에서 검사의 판단 논리는 이러하다. 「비대위 소속 교수 중 일부(예컨대 정)가 동료 교수를 협박하는 등의 언동을 하였고, 갑과 을의 글은 정을 지목하여 쓴 것이므로 적시한 사실은 진실이다. 또한 학사행정 및 학생교육의 정상화라는 공공의 이익을 목적으로 한 것이므로 비방의 목적이 있다고 보기는 어렵다.」

이러한 논증 구조는 대전 법조비리 사건에서 「모 변호사에게 자신의 직무와 관련 있는 사건을 소개한 대전 지역 검사가 있었던 것은 사실이다. 언론사의 보도는 공직자의 도덕성·청렴성 및 업무처리의 정당성에 대한 감시와 비판을 위한 공공의 이익을 목적으로 한 것이므로 위법성이 조각된다.」와 구조적으로 유사하다.

대상 결정에서 검사는 "갑과 을이 '비대위 소속 일부 교수들'의 언동을 적시하면서 언급한 일부 교수에 병이 포함된다고 볼만한 표현이 발견되지 않고 그들이 지목한 당사자는 병이 아닌 다른 교수들이었으므로 이 사건 게시물을 접하는 사람들이 병으로 오인할 우려가 없어 피해자가 병으로 특정되었다고 보기 어렵다."라고 판단하였다. 즉, 실명을 밝히지는 않았지만 갑과 을이 지목한 자는 '정'이므로 병은 피해자로 특정되지 않았다는 것이다.

그런데 앞서 (2) 유형의 의의에서 보았듯 단체나 집단의 일부를 지적하였지만 그 일부가 누구인지 명백하게 밝히지 않았기 때문에 그 구성원 전부가 혐의를 받게 된 경우에는 그 구성원에 대한 명예훼손 또는 모욕이 성립한다고 해야 하고, 그 당연한 전제로 구성원들 모두가 피해자로 특정된다고 봐야 한다. 대전 법조비리 사건에서도 대법원은 "이 사건 각 방송 당시 대전지방검찰청에 근무하고 있던 검사인 원고 3, 원고 4와...각 방송 무렵부터 10여 개월 전까지 대전지방검찰청에 근무하였던 검사인 원고 1, 원고 2는 '대전 지역 검사들'이라는 표시에 의한 명예훼손의 피해자로 특정되었다고 볼 것이다." 라고 하여 원고들이 피해자로 특정되었다고 보았다. 따라서 갑과 을이 비대위 소속 일부 교수가 어떠한 언동을 하였다고 적시한 것은 비대위 소속 전체 교수가 피해자로 특정되었고, 병 역시 피해자로 특정되었다고 봐야 한다. 비록 갑과 을의 진심은 정을 상정하고 썼다 하더라도 모호하게 표현하면 그 단체 구성원 전체가 의심을 살 수 있다는 점 또한 인식하고 있었다고 봄이 상당하다.

지목하는 대상이 구성원이 아님이 명백한 경우에도 명예훼손을 인정한 '호스티스 출신 여대생의 충격 고백' 사건을 보면 피해자의 특정 기준이 더 명확해진다. 드러난 사실관계에 따르면 서울대학교 사회대 86학번 여학생 중에는 기사에 실린 경력을 가진 사람이 없었다. 즉, 기사에서 다룬 자는 허무인에 가까우므로 사실상 86학번 여학생 중 누구도 지목한 것이 아니라고 할 수 있다. 그럼에도 법원은 "86학번 여학생들이 49명의 소수원에 불과한 점 등에 비추어 보면 원고들이 생활하는 범위 내의 주변 사람들 사이에서는 이 사건 기사의 모델이 원고들일 수 있다고 추지하기에 충분하다."고 보아 원고들이 피해자로 특정되었다고 보았다.

더구나 갑과 을의 글은 "병 교수의 글과 관련하여"라는 제목으로 작성되었다. 따라서 그 글을 접하는 교직원들은 비대위 소속의 병이 해당 언동을 한 사람일 수 있다는 의심을 매우 높은 수준으로 할 수밖에 없다. 그러므로 검사의 “갑과 을이 지목한 당사자는 병이 아닌 다른 교수들이었으므로 이 사건 게시물을 접하는 사람들이 병으로 오인할 우려가 없어 피해자가 병으로 특정되었다고 보기 어렵다.”라고 판단은 잘못되었다.

이러한 면에서 “피해자로 특정되었는가를 판단할 때 행위자의 의사만을 기준으로 판단해서는 안 된다. 병이 문제의 언동을 한 사람으로 특정 혹은 지목되었는지는 갑과 을의 해당 발언을 법적 공동체의 입장에서 어떻게 해석할 것인지와 관련된 문제이고 따라서 규범적인 문제이다.”라고 하신 교수님의 의견[16]에 깊이 동의한다.

대상 결정은 불기소처분을 내리기 위해 갑과 을에 의해 지목된 사람이 정뿐이라고 단정해 버린 검사의 판단에 대해 피해자의 특정부터 문제가 있음을 지적할 기회를 놓쳤다는 점에서 문제가 있다고 본다.

나아가 “특정 사건 또는 상황에 관여했거나, 집단적 의사표시에 참여함으로써 다른 사람들과 구별되는 집단에 있어서는 그러한 집단의 구별징표와 직접 관련한 구성원들의 행동이나 성향을 욕되게 하고 경멸하는 표현을 하는 경우에는 ‘대전

16) 안원하, “집합명칭에 의한 명예훼손과 피해자의 특정”, 법학논총 제35권 제3호, 전남대학교 법학연구소, 2015, 244면.

지역 검사들' 혹은 '아나운서'처럼 특정 사건이나 구성원의 성향과 무관하게 형성된 집단과 관련한 모욕적 표현과는 구별하여 판단할 필요가 있다. 집합명칭에 의한 명예훼손이나 모욕을 다루는 대부분의 판결들은 일정규모 이하의 집단의 경우에만 명예훼손 또는 모욕을 인정하고 있는데, 이는 집단의 구별징표와 경멸적 표현의 연관성을 무시한 채 집단의 크기만을 판단요소로 채택한 결과라 할 것이다."[17]는 의견까지 고려해보면 대상 결정에 대한 아쉬움은 더 크다고 하겠다.

17) 이영희/이재진, "'집단표시에 의한 모욕죄'와 혐오표현", 언론과 법 제19권 제1호, 한국언론법학회, 2020, 183면.

■ 참고자료 ■

<대상 논문>

안원하, "집합명칭에 의한 명예훼손과 피해자의 특정", 법학논총 제35권 제3호, 전남대학교 법학연구소, 2015.

<단행본>

신동운, 형법각론(제3판), 법문사, 2023.

오영근, 형법각론(제8판), 박영사, 2023.

이재상/장영민/강동범, 형법각론(제13판), 박영사, 2023.

주석 형법 각칙 4(제6판), 한국사법행정학회, 2024.

<논문>

김봉수, "'집단표시에 의한' 모욕죄 성립논리에 대한 검토", 형사법연구 제23권 제4호, 한국형사법학회, 2011.

변종필, "집합명칭에 의한 모욕에서 피해자의 특정", 형사법연구 제24권 제3호, 한국형사법학회, 2012.

송승현, "집합명칭에 의한 모욕죄의 성립논리", 홍익법학 제17권 제1호, 홍익대학교 법학연구소, 2016.

이영희/이재진, "'집단표시에 의한 모욕죄'와 혐오표현", 언론과 법 제19권 제1호, 한국언론법학회, 2020.

이 용, "집단표시에 의한 명예훼손죄와 모욕죄", 법조 제64권 제4호, 법조협회, 2015.

한상규, "모욕죄에 있어서 피해자의 특정과 집단표시에 의한 모욕죄의 성부", 법학논총 제27권 제2호, 국민대학교 법학연구소, 2014.

■ 국문초록 ■

단과대학 교수들 사이에 분란이 발생하여 갑, 을 교수가 대학 자유게시판에 "비대위 소속 일부 교수가 동료 교수를 협박하였다."는 글을 작성하였다. 이 사건 비대위는 참여 교수가 28명에 불과한 소규모 집단이므로 구성원이 쉽게 특정되고, 행위자가 게시문에 '일부 교수'라는 단어를 사용하였다고 하더라도 그 일부 교수가 누구인지 밝히지 않음으로써 비대위 참여 교수 모두가 혐의를 받게 되었다고 할 수 있다. 나아가 위 글은 "병 교수의 글과 관련하여"라는 제목으로 작성되어 병의 실명을 밝힘은 물론 병의 글을 반박하는 것이 주된 내용이므로 적어도 비대위의 개별구성원인 병은 명예훼손죄의 피해자로서 특정된다고 보아야 한다.

그럼에도 검사는 일부 교수가 협박 행위를 한 것은 사실이고, 행위자의 글은 그 일부 교수를 지목한 것이지 병을 지목한 것은 아니라며 병은 피해자로 특정되지 않았다고 보았고, 대상 결정은 검사의 처분을 지지하였다.

집합명칭에 의한 명예훼손에서 구성원이 피해자로 특정되었는가를 판단할 때 먼저 확정해야 할 것은 구성원이 그런 언동을 한 사람이라고 특정 혹은 지목되었는지 여부를 행위자의 의사를 기준으로 판단해서는 안 된다는 것이다. 구성원이 문제의 언동을 한 사람으로 특정 혹은 지목되었는지는 행위자의 해당 발언을 법적 공동체의 입장에서 어떻게 해석할 것인지와 관련된 문제이고 따라서 규범적인 문제이다. 이러한 문제점을 지적한 면에서 대상 논문은 가치가 있다.

주제어 : 명예훼손, 명예의 주체, 집단, 집합명칭, 피해자의 특정

■ ABSTRACT ■

Reflections on 'Defamation by Collective Designation and the Identification of Victims'

Kim, Mira *

A dispute arose among faculty members within a college, leading Professors A and B to post on the university's online bulletin board that "certain members of the emergency committee threatened a fellow professor." Given that the emergency committee consisted of only 28 members, a relatively small group, its composition rendered the members easily identifiable. Accordingly, even though the post employed the expression "certain professors" without naming specific individuals, the statement had the effect of casting suspicion upon all members of the committee. Furthermore, the post was published under the title "In Relation to Professor C's Post," explicitly disclosing Professor C's name and primarily engaging in a rebuttal of C's writing. Consequently, at the very least, Professor C, as an individual member of the committee, ought to be regarded as specifically identified as a victim for the purposes of defamation.

Nevertheless, the prosecutor concluded that while some professors had indeed engaged in threatening behavior, the statement was

* Professor, School of Law, Pusan National University/Attorney at Law.

directed toward those unnamed individuals and not at Professor C. On this basis, the prosecutor determined that C had not been specifically identified as a victim, and the Supreme Court upheld this prosecutorial disposition.

In determining whether members of a collective have been specifically identified as victims in cases of defamation by reference to a group designation, the critical question is not whether the speaker subjectively intended to single out a particular individual. Rather, the issue of whether a member is identified or designated as having engaged in the conduct at issue must be assessed from the perspective of the legal community's interpretive framework. This is, in essence, a normative question. The value of Professor Ahn's work rests in its critical engagement with these issues.

Key Words : Defamation, Subject of Honor, Group,
Collective Designation, Identification of Victims

유기죄 보호의무에 대한 본질적 성찰
- 안원하 교수의 "유기죄의 보호의무"를 다시 읽으며 -

류화진 *

[헌정의 글]

안원하 교수님의 정년퇴임을 맞이하여, 연구실 선생님들과 함께 기념논문집을 준비하게 되어 큰 기쁨과 영광으로 생각합니다. 교수님께서는 제게 단순한 학문적 지도자 그 이상의 존재였습니다. 교수님과 함께한 시간은 저에게 법학이라는 학문에 대한 깊은 이해를 주었을 뿐만 아니라, 연구자로서 나아가야 할 방향과 올바른 학문적 자세를 깨닫게 해주셨습니다.

교수님은 수많은 제자에게 학문적인 탁월함을 전하며, 그 과정에서 인격적으로도 큰 영향을 미치셨습니다. 대학교 3학

* 부산대학교 법학전문대학원 교수, 법학박사.

년 때 교수님의 강의를 처음 수강했을 때, 저는 법학 공부가 그렇게 흥미로울 수 있다는 사실을 깨달았습니다. 교수님은 수업 중 학생들에게 의견을 자유롭게 표현할 기회를 주시고, 그 의견을 존중하며 진지하게 경청하셨습니다. 이러한 교수님의 태도는 학생들이 스스로 사고하고 학문적 사고의 폭을 넓혀가는 데 중요한 밑거름이 되었습니다.

교수님께서는 항상 연구와 학문에 대한 열정을 불어넣어 주셨습니다. 석사과정에 진학했을 때, 학문적 방법론에 대한 세심한 가르침을 아끼지 않으셨고, 단순히 이론을 넘어서 연구의 기초적인 부분부터 철저히 다루어 주셨습니다. 그 덕분에 저는 연구를 즐길 수 있게 되었고, 학문을 깊이 있게 탐구하는 방법을 배울 수 있었습니다. 또한, 박사과정에 진학했을 때 교수님은 연구 자체를 즐기기 위해 공부해야 한다는 중요한 가르침을 주셨습니다. 이 말은 단지 공부의 방법론을 넘어서, 저의 학문적 여정에 대한 큰 방향성을 제시해 주었습니다.

교수님의 학문적 열정은 연구실에서 끝나는 것이 아니었습니다. 교수님은 언제나 활발한 학술 활동을 하시며, 그 모습을 통해 저희에게 연구자의 본을 보여주셨습니다. 학회에서 하신 발표와 비판적인 사고, 적극적으로 토론하시는 모습은 저에게 학문적 성장의 원동력이 되었고, 그 과정에서 교수님은 늘 학생들에게 격려와 조언을 아끼지 않으셨습니다.

교수님의 지도로, 저는 법학 연구자로서 한 단계씩 성장해갈 수 있었습니다. 교수님은 학문적 업적을 쌓아가시는 것뿐만 아니라, 후학들에게 올바른 연구 자세와 태도를 가르쳐 수셨습니다. 저는 교수님께서 보여주신 열정과 학문적 깊이를 따라가며, 앞으로도 학문과 연구에 대한 사랑을 이어가고자 합니다.

교수님, 그동안의 노고와 헌신에 깊이 감사드리며, 앞으로의 삶에서도 건강과 행복이 가득하시길 기원합니다. 교수님의 정년퇴임을 진심으로 축하드립니다.

Ⅰ. 서 론

인간은 사회적 존재로서 타인과 관계를 맺으며 살아간다. 일상 속에서 개인은 다양한 상호작용을 통해 타인의 생명이나 신체와 같은 법익이 위협받는 상황에 직면하기도 한다. 이러한 상황에서 개인에게 타인의 법익을 보호할 의무가 발생하는지, 그리고 그 의무의 근거와 범위는 어떻게 설정되어야 하는지에 대한 물음은 중요하다. 특히, 보호의무가 단순한 윤리적·도덕적 차원을 넘어 형법상 작위의무로 인정되고 그 불이행에 형사책임이 수반되는 경우, 법이 어떠한 구체적 기준에 따라 보호의무를 인정하고 그 한계를 설정해야 하는지는 오래전부터 논의가 있었지만 지금도 여전히 해결되지 않은 학계의 과제 중의 하나다. 이러한 문제에 관하여 안원하 교수는 그동안 많은 관심을 가졌고, 필자 역시 이러한 연구주제를 이어받아 박사학위 논문을 비롯하여 지금까지 지속적인 화두로 삼고 있다.

타인에 대한 보호의무의 존재와 범위에 대한 논의는 실제 사건들을 통해 더욱 주목받아 왔다. 기차역에 쓰러진 노숙자를 이동시켜 사망에 이르게 한 역무원,[1] 운전 중 쓰러진 택시기사를 방치하고 떠난 승객,[2] 온라인으로 모집된 등산 모임에서 부상자를 두고 먼저 하산한 사람들의 사례는[3] 보호의무의 인정 기준과 한계에 대한 문제를 제기하며, 매번 '착한 사마리아인법'의 입법 필요성을 촉발한다. 이처럼 보호의무는 단순한 이론적 논점에 그치지 않고, 형사법이 적용되는 실생활에서 반복적으로 제기되는 현실적 과제로서 그 중요성이 매우 크다.

우리 형법은 타인에 대한 보호의무를 다하지 않았을 때 처벌하는 규정으로 총칙에서는 제18조 부작위범 규정을 두고 있고, 각칙에서는 제271조 제1항 유기죄에 관한 규정을 두고 있다. 형법 제18조에서는 "위험의 발생을 방지할 의무가 있거나 자기의 행위로 인하여 위험발생의 원인을 야기한 자가 그 위험발생을 방지하지 아니한 때에는 그 발생된 결과에 의하여 처벌한다."라고 하여, 선행행위 이외에는 방지할 의무의 근거

1) 연합뉴스 https://www.yna.co.kr/view/AKR20130913080600004 (2025. 7. 21. 검색); 대법원 2013. 9. 13. 선고 2011도9675 판결.
2) 동아일보 https://www.donga.com/news/Society/article/all/20160826/79982043/2 (2025. 7. 21.검색)
3) 조선일보 https://san.chosun.com/news/articleView.html?idxno=6045 (2025. 7. 21. 검색)

를 구체적으로 밝히지 않고 있는 반면에, 유기죄는 "나이가 많거나 어림, 질병 그 밖의 사정으로 도움이 필요한 사람을 법률상 또는 계약상 보호할 의무가 있는 자가 유기한 경우"라고 하여 보호의무의 근거를 법률 또는 계약으로 명시하고 있다. 규정의 형태상 유기죄는 법률상 또는 계약상 보호의무가 있는 자만이 그 주체가 될 수 있는 진정신분범에 해당한다. 따라서 보호의무의 범위와 그 해석은 유기죄의 성립 여부를 결정하는 데 있어 핵심적인 쟁점이다. 그러나 보호의무의 구체적 범위와 그 법적 근거에 대해서는 학설과 판례 사이에 다양한 견해가 존재한다.

과거 학계의 주요 논의는 법령과 계약 외에 조리나 사회상규에 근거한 보호의무의 인정 여부에 집중되었다. 그러나 현재 통설과 판례는 형법 제271조 제1항이 보호의무의 근거를 법령과 계약으로 한정하고 있으므로, 지금은 이를 전제로 이 두 가지 근거의 확장적 해석 가능성에 대한 논의가 주로 이루어지고 있다.

본 논문은 유기죄의 보호의무에 관한 다양한 해석론적 쟁점 중, 특히 형법 제18조의 규정을 유기죄의 '법률상 보호의무'에 포함할 수 있는지에 대한 안원하 교수의 연구에 초점을 맞추고 있다. 안 교수는 글의 서론에서 다음과 같이 문제를 제기하고 있다.

> 보호의무를 어떻게 이해할 것인가, 특히 이러한 보호의무의 발생 근거를 어디까지 인정할 것인가를 두고 견해가 갈리고 있다. 유기죄의 법률상 또는 계약상의 의무를 예시에 지나지 않는다고 해석하면서 널리 사무관리·관습 또는 조리에 의해서도 유기죄의 보호의무가 인정될 수 있다고 해석하는 입장이 있는가 하면, 형법 제271조 제1항이 보호의무를 명확히 법률상 또는 계약상의 의무에 한정하고 있다는 점을 지적하면서 이 견해에 반대하는 입장이 대립하고 있다.
>
> 그러나 이러한 견해차는 부진정부작위범의 보증인지위에 대한 오해에서 비롯된 것이고, 부진정부작위범의 보증인지위의 본질과 그 발생근거를 이해하면 쉽게 해소될 수 있는 문제이다. 이 논문은 이런 방향에서 이 문제를 해명하고자 한다.4)

필자는 현재 통설 및 판례와 같이 유기죄의 보호의무는 죄형법정주의 원칙에 따라 법률상 또는 계약상 의무로 한정되어야 한다고 생각해 왔다. 그동안 부작위범의 보증인지위에 관하여는 깊이 천착했음에도 불구하고, 유기죄는 그 규정의 명확성과 고정성으로 인해 큰 고민의 대상이 아니었다. 그러나 안 교수의 연구는 부작위범과 유기죄의 보호의무 간의 유기적인 연계성을 제시하며, 두 대상이 지닌 중요한 관련성을 부각한다. 이러한 연구는 필자에게 깊은 학문적 자극과 영감을 주었으며, 유기죄 보호의무에 대한 새로운 사고의 계기를 제공하였다. 이처럼 형법 제18조와 유기죄의 관계는 유기죄의 주체인 보호의무자뿐 만 아니라, 부진정부작위범의 보증인 지

4) 안원하, “유기죄의 보호의무”, 법학연구 제62권 제3호, 법학연구소, 2021, 62면.

위에 관한 논의와도 밀접하게 연관된다. 안 교수의 표현대로 그동안 필자도 "부진정부작위범의 보증인지위에 대한 오해"를 하고 있었을지도 모른다. 안 교수는 이 논문에서 '오해'라는 단어를 무려 아홉 번 사용하고 있다.

> 종래의 통설과[5] 현재의 다수설 사이 이런 견해차는 부작위범 내지 부진정부작위범의 보증의무를 정하고 있는 형법 제18조 역시 형법 제271조 제1항이 보호의무의 발생근거 중 하나로 규정하고 있는 법률이라는 사실을 상기하면 쉽게 극복할 수 있다고 본다. 더 나아가서 이런 해석을 취할 수 없었던 것은 다소간 오해에 기인한 것으로 보인다. 특히 부진정부작위범의 보증의무 내지 보증인지위에 대한 오해 때문에 유기죄의 보호의무 해석에 혼란이 생긴 것 같다.[6]

본고는 안원하 교수가 지적하는 '보증인지위에 대한 오해'의 본질을 파악하고, 필자의 기존 견해를 반성적으로 검토하며, 이를 통해 유기죄 보호의무의 합리적 해석 방향을 제시하고자 한다. 이를 위해 먼저 유기죄의 보호법익과 보호의무의 발생 근거에 대한 통설 및 안원하 교수의 관점을 분석하고(II), 이어서 형법 제18조 부작위범 규정과 유기죄의 관계에 대한 안 교수의 견해를 중심으로 유기죄 보호의무의 범위를 심층적으로 검토한다(III). 마지막으로, 이러한 논의를 종합하여 유기죄 보호의무에 대한 가장 적절하고 일관된 해석론을 제시하며 결론을 맺는다(IV).

5) 여기서 종래의 통설이라 함은 안원하, 유기죄의 보호의무, 64면, 각주 7).
6) 안원하, 유기죄의 보호의무, 65면.

Ⅱ. 유기죄의 보호법익과 보호의무의 근거

1. 유기죄의 보호법익

형법 제297조 제1항 유기죄의 보호법익은 사람의 생명·신체의 안전이고, 법익에 대한 보호의 정도는 추상적 위험범으로 보는 것이 통설이다.[7] 안원하 교수는 유기죄의 보호법익에 관하여 다음과 같이 설명한다.

> 생존에 필요한 보호가 유기죄의 구성요건적 행위를 해석하는데 관건이 되는 이유는 형법 제271조 제1항이 부조를 필요로 하는 이유로 노유·질병 기타 사정을 정하고 있기 때문이다. 즉, 노유·질병 또는 이와 비견할 만한 다른 사정으로 생존에 필요한 도움이 필요한 사람만 유기죄의 피해자가 될 수 있다. 그렇기 때문에 유기죄의 보호법익은 피해자, 즉 유기당하는 사람의 생명·신체의 안전이라는데 이론이 없다.[8]

이어서 안 교수는 유기죄의 보호법익의 개념과 유기죄의 주체를 다음과 같이 연계시키고 있다.

> 우리가 이론 없이 유기죄의 보호법익이 생존에 필요한 도움이 필요한 사람, 즉 도움을 받지 않으면 생존을 확보하기 어려운 사람의 생명·신체의 안전이라고 받아들인다면, 유기죄의 주체가 되는 보호의무자는 이런 요부조자에게 생존에 필요한 도움을 제공해야 할 의무

7) 김일수/서보학, 새로쓴 형법각론(제8판증보판), 박영사, 2016, 87면; 김성돈, 형법각론(제9판), 박영사, 2024, 122면; 배종대, 형법각론(제15판), 홍문사, 2024, 112면; 신동운, 형법각론(제3판), 법문사, 2023, 700면; 오영근/노수환, 형법각론(제9판), 박영사, 2025, 89면; 임웅/이현정/박성민, 형법각론(제14정판), 법문사, 2024, 130면.

8) 안원하, 유기죄의 보호의무, 63면.

> 가 있는 사람이라고 할 것이다. 다른 말로 하면, 유기죄에서 말하는 보호의무란 도움을 받지 않으면 생존을 확보하기 어려운 사람에게 생명·신체의 안전을 확보해 줄 의무를 말하는 것이다.[9]

요컨대, 안 교수는 유기죄의 보호법익으로부터 유기죄의 주체와 그의 보호의무의 내용을 실질적으로 도출하고 있다. 즉, 유기죄의 보호법익이 '도움을 받지 않으면 생존을 확보하기 어려운 사람의 생명·신체의 안전'이라는 점으로부터, 보호의무자란 '생존에 필요한 도움을 제공해야 할 의무가 있는 사람'이라는 점과 이 보호의무자의 의무는 '요부조자에게 생명·신체의 안전을 확보해 줄 의무'라는 점을 끌어내는 것이다. 이러한 접근은 유기죄의 주체를 보다 실질적으로 파악하는 접근방법이라 할 수 있겠다.

2. 유기죄 보호의무의 발생근거

형법 제271조 제1항 유기죄 규정의 특징은 보호의무의 근거를 법률과 계약으로 한정하여 명문으로 밝히고 있다는 점이다. 안원하 교수는 유기죄 규정에 다음과 같은 괴리가 존재한다고 한다.

> 형법 제271조 제1항은 이러한 보호의무가 발생하는 근거로 (1) 법률상 의무와 (2) 계약상 의무, 두 가지로 제한해서 규정하고 있다.

9) 안원하, 유기죄의 보호의무, 63면.

> 즉, 형법은 이 문제를 엄격하게 형식적인 태도로 규정하고 있는 것이다. 한편으로는 도움을 받지 않으면 생존을 확보하기 어려운 사람에게 생명·신체의 안전을 확보해 주려고 하면서, 다른 한편으로는 이런 도움을 제공해 주어야 할 의무 내지 의무자는 형식적으로 정하고 있는 것이다. 그러다 보니 경우에 따라서는 이런 보호의무를 부담시키는 것이 부당한 것처럼 보이는 사람도 행위자로 포착될 수 있고, 경우에 따라서는 이런 보호의무를 부담시켜야 할 사람을 제외하게 되는 경우도 생길 수 있다.[10]

즉 도움이 필요한 사람은 "나이가 많거나 어림, 질병 그 밖의 사정으로"라고 하여, 실질적인 관점에서 예시적이고 열린 방식으로 규정하고 있음에 반하여, 보호의무자는 형식적인 관점에서 그 근거를 법률과 계약으로 한정적으로 규정하고 있음을 예리하게 지적하고 있다.

이러한 괴리를 메우는 방법으로 모색된 두 가지 방향 중 하나는 종래의 통설대로 유기죄에 법률상 또는 계약상 의무 이외에도 사회상규나 관습 또는 조리에 근거한 보호의무를 인정하는 방법인데, 이는 현시점에서는 죄형법정주의 위배의 문제로 지지하는 사람을 찾기는 어렵다.[11] 또 다른 방향은 법률상 및 계약상 의무의 합목적적 해석이다. 지금 학계의 논의는 이 지점에 더 주목하고 있는 것 같다. 이에 관하여 안 교수는

10) 안원하, 유기죄의 보호의무, 63면.
11) 류전철, "유기죄 해석론의 비판적 고찰", 비교형사법연구 제6권 제2-1호, 한국비교형사법학회, 2004, 72면.

다음과 같이 설명한다.

> 또 다른 방법은 합목적적 해석을 통해 법률상의 의무와 계약상의 의무를 어떤 영역에서는 축소해석하고 어떤 다른 영역에서는 확대해석하는 방법이다. 말하자면, 계약상의 보호의무도 반드시 행위자와 피해자 사이에 체결된 것임을 요하지 않고 명시적 계약뿐만 아니라 묵시적 계약도 포함한다고 한다. 그리고 계약의 형식적인 유효 여부가 문제가 아니라 보호의무를 사실상 떠맡았는지 여부가 중요하다고 한다.
>
> 그리고 법률상의 보호의무는 그 의무의 근거가 법령에 규정되어 있는 것을 말하고, 그런 법령의 예로 경찰관직무집행법 제4조(경찰관의 보호조치의무), 도로교통법 제54조(사고운전자의 구호의무), 민법 제974조(친족 간의 부양의무) 등이 거론될 수 있는데, 일정한 의무를 부과하는 법령이 있다고 해서 바로 유기죄의 보호의무가 인정되는 것은 아니라고 한다. 민법상의 부양의무자라고 해서 무조건 유기죄의 보호의무자로 되는 것은 아니며, 경범죄처벌법 제3조 제6호에 따라 자기가 관리하고 있는 곳에 도움을 받아야 할 노인, 어린이, 장애인, 다친 사람 또는 병든 사람이 있는 것을 알면 관계 공무원에게 지체없이 신고할 의무를 진다고 해서 이 사람이 바로 유기죄의 보호의무자가 되는 것은 아니라고 한다.[12)]

즉, 과거 학설 상황은 법령과 계약 이외의 보호의무를 인정할 것인가에 주로 논의가 집중됐다면, 지금의 통설과 판례는 보호의무의 근거를 법률과 계약으로 한정하고 있으므로,

12) 안원하, 유기죄의 보호의무, 64면.

이러한 전제에서, 최근의 논의는 이 법령과 계약의 해석을 통해 보호의무의 범위를 실질적으로 확대할 가능성에 관하여 관심이 있는 것 같다.[13)]

생각건대, 유기죄의 입법과정을 살펴보거나[14)] 유기죄를 비교법적으로 고찰한 연구를 살펴보아도[15)] 우리 형법상 유기죄 규정은 특이점이 있다. 그렇다고 하여 현행 규정 자체를 무시하고 해석할 수는 없을 것이다. 명문의 규정에 맞게 최대한 해석하되 그 해석의 가능한 범위 내에서 법률과 계약의 범위를 조정하는 것은 가능하다고 본다.

Ⅲ. 형법 제18조와 유기죄의 관계

1. 유기죄의 법적 성질과 보호의무의 실질적 해석

(1) 유기죄 보호의무의 실질적 해석의 시도

안원하 교수는 이처럼 종래의 해석과 현재 다수설의 해석이 차이를 해결하는 방법으로 형법 제18조가 유기죄의 법률상 보호의무의 하나라고 해석하는 방법을 제시한다.

> 종래의 통설과 현재의 다수설 사이 이런 견해차는 부작위범 내지 부진정부작위범의 보증의무를 정하고 있는 형법 제18조 역시 형법

13) 류전철, 앞의 논문, 72면.
14) 유기죄의 입법연혁에 관하여는 조현욱, "유기죄의 법률상 보호의무에 부부간 부양의무 포함 여부", 사법 제1권 제49호, 사법발전재단, 2019, 246면.
15) 유기죄의 비교법적 고찰에 관하여는 조현욱, 앞의 논문, 253면.

제271조 제1항이 보호의무의 발생근거 중 하나로 규정하고 있는 법률이라는 사실을 상기하면 쉽게 극복할 수 있다고 본다. 더 나아가서 이런 해석을 취할 수 없었던 것은 다소간 오해에 기인한 것으로 보인다. 특히 부진정부작위범의 보증의무 내지 보증인지위에 대한 오해 때문에 유기죄의 보호의무 해석에 혼란이 생긴 것 같다.

안 교수는 형법 제18조가 보증인지위에 따른 작위의무 위반을 근거로 부작위범의 성립을 규정하고 있다는 점에 주목한다. 제18조는 "위험의 발생을 방지할 의무가 있거나 자기의 행위로 인하여 위험발생의 원인을 야기한 자가 그 위험발생을 방지하지 아니한 때에는 그 발생된 결과에 의하여 처벌한다."고 규정하고 있는데, 이는 곧 형법 제271조가 요구하는 '법률상 의무'의 일환으로 해석될 수 있다는 것이다. 따라서 제271조 제1항의 '법률'에는 당연히 형법 제18조가 포함되어야 하며, 이를 통해 보호의무의 발생 근거를 실질적으로 이해할 수 있다고 본다.

(2) 선결문제로서 유기죄의 법적 성질

유기죄의 보호의무를 논하기 전에 선결문제로서 해결해야 할 점은 유기죄의 법적 성격을 어떻게 볼 것인가 하는 점이다.[16] 즉 유기죄가 작위범인지 혹은 진정부작위범인지의 문제이다. 다수견해는 유기죄를 작위범으로 보면서 부작위로도 실

16) 류전철, 앞의 논문, 60면.

행할 수 있다고 한다. 즉 부작위에 의한 유기죄는 부진정부작위범이 된다. 이에 대해 부작위범을 진정부작위범으로 보는 견해도 있다. 유기죄의 본질은 보호의무의 위반이므로 이 점에서 유기죄는 진정부작위범이라는 것이다. 그러나 이렇게 되면 모든 의무범이나 더 나아가 주의의무 위반이 본질인 과실범까지 진정부작위범이라고 해야 하는 비논리적 결과에 이르게 된다. 유기죄가 보호의무를 위반하는 범죄이고, 그런 점에서 소위 의무범적인 성격이 있다는 점은 동의할 수 있으나,[17] 의무범이 모두 부작위범은 아니다. 외견상 법익 침해에 대한 행위자의 신체적 에너지 투입이 존재하는 경우에는 작위에 의한 유기라 하지 않을 수 없다. 따라서 유기죄는 작위범이고, 이를 부작위로 범했을 때는 부진정부작위범이라고 선결문제를 정리할 수 있겠다.

이렇게 되면, 그 다음 문제는 유기죄는 법률상 또는 계약상 보호의무로 규정에 그 의무의 발생근거가 한정되어 있는데, 이를 부작위로 범했을 때는 형법 제18조가 적용되므로 부진정부작위범의 보증의무의 범위와의 관계가 어떻게 되느냐는 문제이다. 이에 관해서는 유기죄 규정이 총칙 규정인 제18조에 대한 특별규정이라는 점을 생각하면 해결의 실마리가 생긴다. 부작위로 유기행위를 하더라도 이미 유기죄 규정에 보

17) 안정빈, "유기죄에서 의무범 이론의 적용가능성 – 유기치사죄와 부작위 살인죄의 구별을 중심으로 –", 원광법학 제35권 제3호, 법학연구소, 2019, 73면.

호의무의 근거가 제한되어 있으므로, 이것이 다시 제18조에 의해서 확대될 수는 없는 것이다. 부작위에 의한 유기행위를 하더라도 그 보호의무의 발생근거는 작위와 동일하게 보아야 한다. 이는 형법 제18조가 제271조 제1항의 '법률'에 해당하는가와는 구별되는 문제이다.

(3) 부작위범의 보증인지위 발생근거에 관한 입장

그럼 이제는 부작위범의 보증인지위의 논의로 이동해 본다. 안원하 교수는 부작위범의 보증인지위의 발생근거에 관한 전통적인 '형식설'과 현대적 '기능설'의 차이를 소개하면서, 보증의무를 형식적 법령 또는 계약으로 한정했던 종래의 입장이 현실적인 사례들에서 얼마나 한계가 있는지를 비판한다. 이에 따르면 형식설은 보호의무를 명확히 설정할 수 있다는 장점이 있으나, 실제 사건에 적용할 경우 법익 보호라는 형법의 기본 목적을 저해할 우려가 있다. 반면 기능설은 보호의무를 보호기능의 실질적 존재 여부에 따라 유동적으로 판단하며, 보호의무를 지는 주체를 가족관계, 공동체적 관계, 선행행위자, 위험원 관리자 등 다양한 기준에 따라 설정할 수 있도록 한다는 것이다.[18] 그러면서 안 교수는 다음과 같이 기능설을 지지한다.

> 형식설을 유지하면서 땜질을 계속하건, 기능설의 관점에서 보증의무를 이해하건, 아무튼 보증의무의 근거는 형식적으로 파악할 것이

18) 안원하, 유기죄의 보호의무, 66면.

아니라 실질적으로 이해해야 한다는 점에서는 더 이상 다툼이 있을 수 없다.

안 교수는 기존 연구에서도 실질설을 일관되게 지지해 왔다.

그리고 차제에 낡은 형식설의 기반을 떠나 기능설의 채택을 신중히 검토해야 할 것이다. 생활관계는 법적 형식설처럼 고정되어 있는 것이 아닌 만큼, 법질서가 인정하고 있는 형식의 범위 내에서만 보증인적 지위를 인정한다는 것은 법익이 보호받지 못하는 영역을 낳을 수 있다. 보증의무가 인정되는 범위를 확대하려는 판례의 태도는 이런 측면을 이해할 수 있다. 그러나 낡은 사고를 땜질하는 것으로는 이 문제를 해결할 수 없다.[19]

결국, 안 교수의 주장은 유기죄의 보호의무는 형식적 기준에만 근거하여 협소하게 해석되어서는 안 되며, 형법 제18조를 유기죄의 법률상 근거로 포함시키는 해석을 통해 부작위범의 보증인지위 개념을 통합적으로 이해할 필요가 있다는 것이다. 그리고 실질적인 법익 보호를 위해서는 부작위범 보증의무의 발생 근거를 기능설의 관점에서 유연하게 판단하고, 각 사례에서 행위자의 실질적 지위와 책임 가능성을 중심으로 보호의무 성립 여부를 판단해야 한다고 한다. 이렇게 되면 부작위범과 유기죄 모두 실질적인 법익 보호가 가능해진다.

19) 안원하, "부작위범의 보증인지위" 형사법논집 제2권 제1호, 문창형사법학회, 1999, 114면.

2. 형법 제18조와 유기죄의 법률상 보호의무의 해석

그렇다면 우선 형법 제18조를 유기죄의 법률상 보호의무의 '법률'에 포함시킬 수 있을지를 본다. 제18조는 부작위범에 관한 일반규정으로, '위험의 발생을 방지할 의무가 있는 자' 또는 '자기 행위로 위험발생의 원인을 야기한 자'가 그 위험을 방치한 경우, 결과 발생에 따라 처벌한다고 규정하고 있다. 이때 작위의무의 근거는 법령, 계약, 선행행위 외에도 관습, 조리, 사회상규 등으로 해석되며, 이는 학계와 판례 모두에서 인정된 바 있다.[20] 따라서 형법 제18조의 작위의무가 유기죄의 법률상 보호의무로 수용된다면, 사회상규나 조리에 따른 보호의무도 유기죄 주체 요건에 포함되는 셈이 된다. 이에 대해 학계는 포함설과 불포함설로 나뉜다.

우선 다수설인 불포함설은[21] 첫째, 형법이 유기죄의 주체를 명확히 '법률상 또는 계약상 보호의무 있는 자'로 한정하고 있으므로 이를 확장하는 해석은 죄형법정주의에 위배된다는 점, 둘째, 형법 제18조는 작위범을 전제로 한 부진정부작위범 규정이므로, 이를 통해 유기죄의 보호의무 근거를 도출하는 것은 타당하지 않다는 점, 셋째, 유기죄와 학대죄는 객체가 다르므로 동일한 기준을 적용할 필요도 없다는 점,[22] 넷째, 대법

20) 배종대, 형법각론(제15판), 홍문사, 2024, 114면.
21) 김성돈, 형법각론(제9판), 박영사, 2024, 123면; 배종대, 형법각론(제15판), 홍문사, 2024, 114면.
22) 이승호, "유기죄의 주체에 대한 고찰", 비교형사법연구 제24권 제1호, 한국비교형사법학

원이 부작위범과는 달리 유기죄와 관련하여 사회상규상 의무는 인정되지 않는다고 판시한 것은 형법 제18조는 법률상 보호의무의 근거가 될 수 없음을 전제로 한 것으로 보인다는 점,[23] 다섯째, 공동체 정신에 기한 부조의무를 인정하기 위해 법률상 의무에 부작위범 규정을 포함시키면 보호의무자의 범위가 불명확하게 확대된다는 점, 여섯째, 조리상 의무로 드는 예시들은 묵시적 계약이나 개별법의 해석에 의해 법률상 의무로 파악할 수 있다는 점 등을 근거로 들고 있다.[24]

한편, 포함설도 유기죄의 주체가 법률상 또는 계약상 보호의무 있는 자로 한정된다고 하는 점에서는 불포함설과 같은 전제에 있다. 그러나, 불포함설과 달리 포함설은 첫째, 공동체적 연대의 가치를 법적 의무로 승화시킬 필요성이 있다는 점, 둘째, 학대죄에서 조리상의 보호감독자가 주체로 인정되는 것과의 형평성을 고려해야 한다는 점, 셋째, 법률상의 보호의무는 "규범의 보호 목적이 행위자에게 보호의무를 부과하고 있는지"가 해석을 통해 밝혀진 후에 가능하다고 하는 점, 넷째, 유기죄의 보호의무를 사회상규나 조리로 넓게 이해하는 것도 바람직하지 않지만, 법률과 계약이라는 문언에만 국한하여 보호의무를 제한하는 것도 바람직하지 않다는 점, 다섯째, 유기

회, 2022, 115면; 류전철 교수는 이를 엄격배제설이라고 한다(류전철, 앞의 논문, 68면).

23) 류전철, 앞의 논문, 71면.

24) 서효원, "유기죄의 주체인 법률상, 계약상 보호의무 있는 자의 범위", 법조 제66권 제1호, 법조협회, 2017, 365면.

죄의 법률에 형법 제18조를 제외할 이유가 없다는 점 등을 논거로 하고 있다.[25] 포함설 중에서는 형법 제18조의 후단인 선행행위만이 유기죄의 법률상 보호의무의 근거가 된다고 하는 견해도 있다.[26]

생각건대, 현행법 규정을 존중하지 않을 수가 없으며, 해석으로 그 범위를 확대하는 것이 피고인에게 불리한 결과로 이어진다면, 신중하게 생각해야 할 것이다. 포함설의 논거를 하나씩 반박해 본다.

첫째, 공동체적 연대의 가치를 법적 의무로 승화시켜야 한다는 주장에 대해서는, 형법의 근간이 되는 법적 명확성과 행위자 책임의 원칙에 반하는 바가 크다. 공동체 윤리나 연대는 사회적 가치로서는 존중받을 수 있으나, 이를 근거로 국가가 개인에게 작위의무를 강제하고, 그 불이행을 이유로 형사처벌까지 부과하는 것은 형벌권의 본질적 한계를 넘어설 우려가 있다. 형법은 형벌권 발동의 정당성을 확보하기 위하여 최소한의 객관적 기준과 예측 가능성을 담보해야 하며, 추상적 가치에 기초한 처벌은 자의적 형벌권 행사로 이어질 수 있다. 또한, 공동체적 연대를 강조할 경우 전체주의적 형법으로 흐를 우려가 크다. 지금 시대는 개인주의적 가치가 우선시 되는 사회라는 점을 생각해야 한다.

25) 김성돈, "부작위에 의한 살인죄와 유기죄", 고시계 2002/11, 176면.
26) 이승호, 앞의 논문, 115면.

둘째, 학대죄에서 조리상 보호감독자가 주체로 인정된다는 점과의 형평성을 들어 유기죄의 보호의무를 확대해야 한다는 주장 역시 타당하지 않다. 학대죄는 피해자에 대한 반복적이고 구체적인 침해 행위가 문제되는 범죄인 반면, 유기죄는 행위자가 일정한 의무를 다하지 않은 경우를 처벌하는 의무범적 성격이 강한 범죄이다. 즉, 보호의무의 존재 여부 자체가 유기죄 구성요건의 핵심을 이루며, 그 범위를 엄격히 한정하지 않으면 부작위의 형사책임 범위를 무제한으로 확대하는 결과를 초래할 수 있다. 구성요건의 성격이 근본적으로 상이한 두 범죄를 단순히 '형평성'이라는 이유로 동일 기준으로 평가하는 것은 타당하지 않다.

셋째, 법률상 보호의무는 당해 규범의 보호 목적이 행위자에게 작위의무를 부과하는지를 해석을 통해 밝혀야 한다는 주장도, 그 해석의 전제가 되는 규범이 구체적이고 명확한 작위의무를 내포하고 있을 때만 가능하다. 법률의 문언이나 체계로부터 그러한 보호의무가 도출되지 않는다면, 단지 해석을 통해 의무를 창출하는 것은 자의적인 확대해석으로 이어질 수 있으며, 이는 형법의 명확성 원칙에 반하게 된다.

넷째, 보호의무를 사회상규나 조리를 통해 폭넓게 인정하는 것도 바람직하지 않지만, 그렇다고 법률이나 계약이라는 문언에 국한하여 엄격히 제한하는 것도 문제가 있다는 주장 역시 재고의 여지가 있다. 유기죄에서 보호의무는 형벌권 발동의 전제가 되는 만큼, 그 인정은 명확한 법적 근거에 기초해야 하며, 사회상규나 조리와 같은 비규범적 개념을 기준으로 삼으면 법적 안정성과 예측 가능성이 심각하게 훼손될 수 있다. 따라서 보호의무의 근거는 가능한 한 법률이나 계약 등 객관적이고 확정적인 규범에 한정되어야 하며, 해석의 자의성을 방지할 수 있는 기준이 마련되어야 한다.

다섯째, 유기죄의 법률에 형법 제18조를 제외할 이유가 없다는 주장 역시 그 자체로 설득력이 약하다. 유기죄의 법률상 보호의무는 원칙적으로 그 법률에 보호의무의 내용을 구체적으로 적시하고 있는 경우를 말한다고 보아야 하며, 일반적 규정인 형법 제18조가 이에 해당한다고 볼 수는 없다. 결국, 포함설의 논거들이 크게 설득력이 없어 보인다. 따라서 필자는 분포함설을 지지한다.

3. 유기죄의 법적 성질에 기한 주체의 제한적 해석

(1) 유기죄의 법적 성질

유기죄나 부작위범은 모두 법률에 근거한 보호의무를 인정할 수 있다는 점에서는 유사성이 있는 것처럼 보인다. 그러나 각칙상 개별범죄로서의 유기죄의 성질상 총칙상의 범죄유형인 부작위범과 동일 선상에 두고 해석하는 입장에 관해서는 필자는 다른 의견을 가지고 있다.

제18조 부진정부작위범 규정은 부작위로 결과범을 범한 경

우, 작위로 결과범을 범한 경우와 같은 책임을 묻기 위한 규정이다.[27] 여기서 중요한 것은 외부세계의 변화로서의 결과가 명확히 존재한다는 것이고, 이러한 결과범은 대부분 침해범이다.

그러나 유기죄는 추상적 위험범으로서, 생명·신체에 대한 침해범보다 더 앞선 단계에서 법익을 보호하고자 하는 형태의 범죄이다. 즉 유기죄로 인해 생명·신체의 보호 범위는 더 넓어지겠지만, 그 처벌의 시점이 앞당겨짐으로써 처벌의 범위 역시 확대될 수 있다. 이런 위험 때문에 유기죄는 그 처벌의 범위가 지나치게 확대되지 않도록 하기 위한 제한적 장치가 필요하며, 유기죄 규정의 법률상·계약상 보호의무의 제한이 그러한 역할을 할 수 있다. 제271조 제1항에 명문으로 규정되어 있는 이러한 보호의무의 제한은 자칫 확대되기 쉬운 추상적 위험범의 처벌범위를 적절하게 제한하는 역할을 한다는 데에 큰 의의가 있다.

이 유기죄의 법률상 보호의무는 어느 법규정에 의해 보호의무가 직접적·구체적으로 발생하는 경우이면 가장 명확하겠지만, 이를 지나치게 엄격하게 요구하면 예컨대 민법상의 부양의무로부터 보호의무를 인정할 수 있겠느냐와 같은 점이 문제 될 수 있으므로, 보호의무 자체를 직접적으로 규정한 것이 아니라 하더라도, 법률의 해석상 보호의무를 추론할 수 있는

27) 필자는 진정부작위범과 부진정부작위범의 구별에 관하여 실질설을 지지한다. 이는 형식설을 반대하는 것이 아니라, 양자의 실질적인 차이점이 형식설과 같은 결론에 이르게 된다고 생각하며, 양 견해는 병립할 수 있는 학설이라고 본다.

규정이라면 법률상 보호의무를 인정할 수 있다고 해야 하는 것이 좋겠다. 이것은 부작위범에서도 마찬가지이며, 이는 형식설에서 실질적인 방향으로 후퇴하는 것이라기보다는 법률 해석의 문제다.

(2) 보증인지위에 대한 오해와 보증인지위에 관한 형식설의 제한적 해석

이제 안원하 교수가 논문에서 말하는 '보증인지위에 대한 오해'가 무엇을 의미하는지 분명해졌다. 많은 학자는 부작위범에서 보증인지위의 발생근거에 관하여 형식설과 실질설이 대립한다고 설명하면서, 형식설을 취하는 학자들은 법령, 계약, 선행행위 외에 조리와 사회상규도 발생근거로 인정하고 있다. 그런데 이미 형식설에서 법령과 계약 이외의 것들을 발생근거로 받아들이면서 형식설은 더 이상 형식적이지 않게 되었음에도, 다수학자들은 형식설을 지지한다고 말하거나, 혹은 형식설과 실질설의 절충설을 취한다고 말하고 있다. 결국, 형식설을 취하건 절충설을 취하건 보증인지위를 실질적으로 파악하고 있음은 실질설을 취하는 입장과 다름이 없다는 것이 안 교수가 지적하는 형식설 또는 절충설 주장론자들의 오해인 것이다.

필자 역시 지금도 형식설이 더 타당하다고 보는 입장이어서, 기존에는 오해하고 있었음을 인정한다. 이런 오해를 바로잡는 방법으로, 필자는 형식설 중에서도 엄격한 형식설을 취해 보려고 한다. 즉, 형식설을 이름 그대로 형식적으로 보는 것이다. 필자는 보증인지위를 법령과 계약, 그리고 현행법상으로는 선행행위에 의해서만 인정하는 것이 타당하며,[28] 조리나 사회상규에 의한 보증인지위의 인정은 형법의 보충성 원칙을 넘어선다고 본다.

실질설은 보증인지위의 발생근거를 논증하고 있다기보다는 보증의무를 내용상으로 분류하는 학설이라고 볼 수 있다. 실질설은 보증의무를 보호의무와 안전의무로 나누면서, 보호의무를 지는 사람은 다시 ① 가족 구성원, ② 생활공동체와 위험공동체의 구성원, ③ 보호의무를 인수한 사람으로 나누고, 안전의무를 지는 사람은 다시 ① 선행행위자, ② 위험원을 감독하는 사람, ③ 형사책임을 지지 않는 타인을 감독하는 사람 등으로 나눈다. 여기서 가족 구성원의 경우 그 범위는 유동적이다. 법령에서 보호의무의 근거를 찾을 수 있는 예도 있고, 그렇지 않은 예도 있다. 또한, 법령에 그 근거를 두었다고 하더라도, 예를 들어 민법상의 부양의무에서 직접적으로 보증인지위가 발생한다고 해석하는 것이 무조건 타당한지도 의문이다. 법령에서 보호의무 자체를 규정하고 있는 것이 아닌 한, 이에 관해서는 견해의 대립이 있을 수밖에 없다.[29] 결국, 보증인지위의 발생근거

28) 현행 형법상으로는 선행행위 규정이 존재하므로, 이를 인정하는 것이 형식설 입장에서는 문제 되지 않을 것이다. 다만 기존에 선행행위 규정의 폐지가 형법 개정안으로 제안된 적도 있는 만큼 선행행위 규정의 입법적인 문제는 별론이다.

29) 이승호, "유기죄의 주체에 대한 고찰", 비교형사법연구 제24권 제1호, 한국비교형사법학회, 2022, 126면.

를 논하기 위해서는 형식설로 다시 돌아와야 한다. 우리 형법 제18조 상으로는 법령, 계약 외에도 선행행위에 기한 보증인지위의 발생을 인정할 수 있다. 하지만, 사회상규나 조리에 근거한 보증인지위는 그 범위도 불명확하고 한계가 없어서 가벌성을 확정하기 위한 기준으로 적합하지 않다.

생각건대, 부작위범의 보증인지위는 법령, 계약, 선행행위에 한해서만 인정해야 한다. 부작위범 역시 작위범보다 처벌을 확대하고 있는 영역이며, 그런 의미에서 보증인지위의 범위는 가능한 한 제한해야 한다. 보증인지위의 근거에 관한 법령과 계약의 해석은 유기죄에서와 상황이 비슷하다. 법령과 계약의 해석만으로도 그 범위는 확대될 가능성이 있다. 여기에다가 우리 형법 제18조에서는 명문으로 선행행위를 규정하고 있으므로, 선행행행위에 기한 보증인지위를 인정하는 데는 문제가 없다. 그러나 사회상규나 조리에 기한 보증인지위는 인정해서는 안된다.

그렇다면 유기죄에서 선행행위 또는 사회상규와 조리에 기한 보호의무를 인정할 것이냐에 대해서는, 유기죄의 규정상 불가능하며, 부작위에 의한 유기죄라고 하더라도, 유기죄 제271조 제1항은 형법 제18조에 대한 특별법의 지위에 있게 되므로, 제18조 부작위범이 아닌 제271조 제1항이 적용되어 여전히 법률상·계약상에 근거하여서만 보증인지위를 인정할 수 있다고 보아야 한다.[30]

법률상·계약상의 보호의무만 인정하더라도, 이는 여러 해석적 시도를 통해 이미 그 범위가 확대되어 있다. 법익의 보호를 강화하기 위한 이러한 해석적 범위 확대는 행위자에 대한 처벌의 확대로 이어지므로 신중을 기해야 한다고 본다. 정말로 법익의 보호를 위해 보호의무를 인정할 필요가 있는 영역이라면 입법을 통해서 해결하는 것이 바람직하다. 그렇지 않으면 법률상·계약상의 보호의무도 제한적으로 해석하는 것이 타당하다고 생각한다.

(3) 사례의 검토

안원하 교수는 논문에서 다양한 사례를 들며 사안에 대한 견해를 제시하고 있는데, 대표적인 사례들을 살펴본다.

① 부부 사이의 보호의무[31]

대법원은 법률상 부부뿐만 아니라 사실혼 관계에 있는 부부간에도 혼인 생활의 실체가 존재한다면 유기죄의 보호의무를 인정할 수 있다는 태도를 보인다. 안 교수는 이 사건에서 대법원이 법률상의 근거 외에도 사안을 실질적으로 보아 보호의무를 인정해야 할 사례로 파악하고 있다.

> 위 사건에서 보호법익인 피해자의 생명·신체가 행위자에게 의존되어 있는 상태인 점, 피고인의 존재가 다른 구조의 기회를 차단하고

30) 신동운, 형법각론(제3판), 법문사, 2023, 703면.
31) 대법원 2008. 2. 14. 선고, 2007도3952 판결.

> 있었던 점, 규범적으로 생존을 위한 계획을 수립해야 할 때 피고인의 구조행위를 감안할 수 있는 점 등을 고려하면 유기죄의 보호의무를 인정해야 할 사례로 보이고, 형식적인 혼인의 유효 여부나 사실혼 관계의 모습에 매달릴 것은 아니다.[32]

필자는 법률상의 부부 외에는 유기죄의 보호의무를 인정해서는 안 된다고 본다. 대법원이 말하는 혼인의 실체가 존재하는지를 기준으로 한 사실혼의 판단은 그 기준이 불명확하며, 부부의 법률적인 요건을 갖추지 않고 사는 부부간에 법률에 근거한 보호의무를 인정하는 것은 사실혼 부부의 진정한 의사에도 부합하지 않는다고 본다.

② 선행행위자의 보호의무[33]

기존 판례는 강간치상 범행 이후 실신 상태에 이른 피해자를 구호하지 않고 방치한 행위에 대해 포괄적으로 단일한 강간치상죄만을 구성하며 유기죄의 성립을 부인하는 입장을 취해왔다. 이에 대해 안 교수는 다음과 같이 평가한다.

> 그러나 부작위에 의한 살인죄, 부작위에 의한 상해죄의 보증의무와 유기죄의 보호의무는 같이 보는 것이 타당할 것이다. 더구나 형법 제18조를 형법 제271조 제1항의 법률에서 제외할 이유도 없다고 생각한다.

32) 안원하, 유기죄의 보호의무, 69면.
33) 대법원 1980. 6. 24. 선고 80도726 판결.

그러나 유기죄는 형법 총칙상 제18조 부작위범에 대해 특별법적인 지위에 있는 규정으로 양자를 구별해야 할 필요가 있다고 생각하며, 부작위에 의한 유기의 경우에도 유기죄는 규정에 따라 법률상 또는 계약상의 보호의무만 인정해야 할 것이다. 따라서 위 판례에서 대법원이 단일한 강간치상죄만을 인정한 점이 타당해 보인다. 일단 작위로 어떠한 결과를 발생시켰다면 그 작위에 대하여 책임을 물으면 되고, 그 이후에 수반된 부작위에 의한 책임을 별도로 물을 필요는 없을 것이다.

③ 술을 판매한 사람의 보호의무[34]

이 사건에서 대법원은 피고인이 운영하는 주점에서 손님인 피해자가 3일간 과도하게 음주 후 추운 환경의 주점 소파에서 정신을 잃고 잠든 상황에서, 주점 운영자로서 피고인에게 계약상 부조의무가 발생했다고 판단했다. 즉, 피해자를 따뜻한 곳으로 옮기거나 여관에 데려다주거나 지인 또는 경찰에 연락하는 등 필요한 조치를 취해야 할 의무가 있었음에도 이를 소홀히 하여 피해자에게 유기치사에 이르게 한 책임을 인정한 것이다.[35] 이에 대해서도 안 교수는 다음과 같이 설명한다.

> 이 사례 역시 보호법익인 피해자의 생명·신체가 행위자에게 의존되어 있는 상태인 점, 피고인의 존재가 다른 구조의 기회를 차단하고

34) 대법원 2011. 11. 24. 선고, 2011도12302 판결.

35) 이 사건에 관한 평석은 오병두, "계약상의 부조의무와 유기죄 – 대법원 2011. 11. 24. 선고 2011도12302 판결 –", 법조 제65권 제9호, 법조협회, 2016, 634면.

있었던 점, 규범적으로 생존을 위한 계획을 수립해야 할 때 피고인의 구조행위를 감안할 수 있는 점 등을 고려하면 유기죄의 보호의무를 인정해야 할 사례로 보인다.[36]

여기서 안 교수는 위 ①번 사례에서와 같은 요건을 제시하고 있다. 즉, 첫째, 보호법익인 피해자의 생명·신체가 행위자에게 의존되어 있는 상태인 점, 둘째, 피고인의 존재가 다른 구조의 기회를 차단하고 있었던 점, 셋째, 규범적으로 생존을 위한 계획을 수립해야 할 때 피고인의 구조행위를 감안할 수 있는 점을 유기죄의 실질적인 보호의무를 인정하기 위한 요건으로 제시한다. 이것은 부작위범에서 보증인의 보증의무를 인정하기 위한 요건으로도 작용할 수 있다. 즉 부작위범의 보증의무와 유기죄의 보호의무의 발생 요건을 동일하게 보고 있음을 알 수 있다. 이 역시 필자는 부작위범의 보증의무와 유기죄의 보호의무를 다르게 보아야 한다는 입장에 서지만, 이 사례는 계약상의 보호의무를 충분히 인정할 수 있는 사안이라고 본다.

Ⅳ. 결 론

글을 마무리 지어야 하는 이 시점에서도 역시 타인에 대한 보호의무를 누가 어떤 범위에서 져야 하는지는 여전히 어려운 문제인 것 같다. 연대주의와 개인주의라는 가치 사이에

36) 안원하, 유기죄의 보호의무, 70면.

서 고민이 되는 문제이다. 이 문제에 정답이 있는 것은 아니지만, 사회의 변화에 따라 법이 개인에게 요구할 수 있는 정도는 달라지고 있음은 분명하다. 연대주의를 강요하면 강요할수록 법은 전체주의적인 법이 된다. 개인주의를 최대한 존중하면서, 형법으로 강요할 수 없는 부분은 다른 법률이나 제도적으로 예방하는 것이 옳다고 여기며, 사회적 연대를 보호하기 위한 형법은 보충성의 원칙을 지키기 어려울 것이다.

필자는 학계에 발을 들여놓으며, 학자는 다음 세 가지로부터 자유로워야 한다는 가르침을 인상 깊게 받았다. 첫째는 다수설 또는 판례로부터의 자유이며, 둘째는 은사의 견해로부터의 자유, 셋째는 자신의 견해로부터의 자유이다. 석사과정에서 필자는 다수설로부터의 자유를 얻을 수 있었다. 박사학위 취득 이후에는 은사의 견해로부터의 자유가 가능해졌다. 그러나 세 번째, 즉 자신의 견해로부터의 자유는 이제 막 가능해지려는 단계이나, 아직 완전히 도달하지 못했다. 이러한 점은 본고에서도 여실히 드러난다. 은사의 견해로부터는 자유로웠지만, 필자가 기존에 유기죄의 주체를 법률상 또는 계약상 보호의무 있는 자에 한정해야 한다는 태도에서는 결론적으로 변화된 바가 없기 때문이다. 이 지점에 대해 필자는 깊은 성찰과 부끄러움을 느낀다. 경직된 아집에서 벗어나 사유의 유연성을 기르는 데 여전히 은사님의 가르침이 절실하다. 은퇴하시는 은사님의 옷깃을 잡고 매달리고 싶은 깊은 아쉬움이 필자의 마음을 지배한다.

■ 참고자료 ■

김일수/서보학, 새로쓴 형법각론(제8판증보판), 박영사, 2016
김성돈, 형법각론(제9판), 박영사, 2024
배종내, 형법각론(제15판), 홍문사, 2024
신동운, 형법각론(제3판), 법문사, 2023
오영근/노수환, 형법각론(제9판), 박영사, 2025
임웅, 형법각론(제14정판), 법문사, 2024
김태명, "보호의무 없는 자의 작위에 의한 유기행위의 가벌성", 비교형사법연구 제18권 제2호, 한국비교형사법학회, 2016.
류전철, "유기죄 해석론의 비판적 고찰", 비교형사법연구 제6권 제2-1호, 한국비교형사법학회, 2004.
서효원, "유기죄의 주체인 법률상, 계약상 보호의무 있는 자의 범위", 법조 제66권 제1호, 법조협회, 2017.
안원하, "부작위범의 보증인지위" 형사법논집 제2권 제1호, 문창형사법학회, 1999.
안원하, "유기죄의 보호의무", 법학연구 제62권 제3호, 법학연구소, 2021.
안정빈, "유기죄에서 의무범 이론의 적용가능성 - 유기치사죄와 부작위살인죄의 구별을 중심으로 -", 원광법학 제35권 제3호, 법학연구소, 2019.
오병두, "계약상의 부조의무와 유기죄 - 대법원 2011. 11. 24. 선고 2011도12302 판결 -", 법조 제65권 제9호, 법조협회, 2016.
이승호, "유기죄의 주체에 대한 고찰", 비교형사법연구 제24권 제1호, 한국비교형사법학회, 2022.
조현욱, "유기죄의 법률상 보호의무에 부부간 부양의무 포함 여부", 사법 제1권 제49호, 사법발전재단, 2019.

■ 국문초록 ■

본고는 유기죄 보호의무 해석론을 탐구하며, 형법 제18조와 유기죄 간의 연계성을 분석한다. 안원하 교수가 제시하는 '부진정부작위범의 보증인지위에 대한 오해'를 해소하고, 유기죄 보호의무의 합리적 해석 방향을 모색하는 것이 목적이다.

유기죄의 보호법익은 '도움을 받지 않으면 생존을 확보하기 어려운 사람의 생명·신체의 안전'이며, 보호의무자는 '생존에 필요한 도움을 제공해야 할 의무가 있는 사람'을 의미한다. 안 교수는 유기죄 규정에 피해자는 실질적 방식으로, 보호의무자는 법률과 계약으로 형식적·한정적으로 규정된 '괴리'가 존재함을 지적한다. 이를 해소하기 위해 현재 법률상 및 계약상 의무의 '합목적적 해석'이 논의된다.

안 교수는 형법 제18조가 유기죄 '법률상 보호의무' 중 하나로 해석될 수 있음을 제안하며 , 이는 형법 제18조의 '위험 발생 방지 의무'가 유기죄의 '법률상 의무'에 포함된다는 주장이다. 안 교수는 보증인지위 발생 근거에서 형식설의 한계를 비판하고, 보호의무를 유동적으로 판단하는 '기능설'을 지지한다. 궁극적으로 유기죄의 보호의무는 형식적 기준에 얽매이지 않고, 형법 제18조를 포함하여 부작위범의 보증인지위 개념을 통합적으로 이해하며 실질적 법익 보호를 위해 기능설 관점에서 유연하게 판단해야 한다는 것이다. 그러나 형법 제18조의 작위의무를 유기죄에 수용할 경우 사회상규에 따른 보호의무까지 포함되어 학계는 '포함설'과 '불포함설'로 나뉜다.

필자는 유기죄가 추상적 위험범으로서 처벌범위가 지나치게 확대되지 않도록 '법률상 또는 계약상 보호의무'라는 제한적 장치가 필요하다고 본다. 안 교수가 말하는 '보증인지위에 대한 오해'는 형식설 주장자들이 법령, 계약 외 조리·사회상규를 인정하면서도 형식설을 고수하는 모순을 지적한다. 필자는 '엄격한 형식설 주의자'로서 보증인지위는 법령, 계약, 선행행위에 의해서만 인정되어야 하며, 조리나 사회상규는 형법의 보충성 원칙을 넘어선다고 주장한다. 따라서 유기죄에 선행행위 또는 사회상규와 조리에 기한 보호의무를 인정하는 것은 규정상 불가능하며, 유기죄 제271조 제1항이 형법 제18조에 대한 특별법 지위에 있으므로, 여전히 법률상·계약상에 근거해서만 보증인지위를 인정해야 한다고 본다. 법익 보호를 위한 해석적 범위 확대는 처벌 확대로 이어지므로 신중해야 하며, 필요한 경우 입법을 통해 해결하는 것이 바람직하다는 태도를 견지한다.

주제어 : 유기죄, 보호의무, 부작위범, 보증인지위, 보증의무

■ ABSTRACT ■

Interpretative Theories of the Duty to Protect in the Crime of Abandonment and Their Implications

– Reexamining Professor Ahn Won–ha's "The Duty to Protect in the Crime of Abandonment" –

Ryu, Hwa–Jin *

This paper explores the interpretative theories surrounding the duty of care in the crime of abandonment under Korean criminal law and analyzes its relationship with Article 18 of the Criminal Act. The aim is to resolve the misunderstandings pointed out by Professor Wonha Ahn regarding the "misconceptions about the guarantor position in crimes of omission" and to seek a rational interpretative direction for the duty of care in abandonment offenses.

The legal interest protected by the crime of abandonment is the safety of life and body of individuals who cannot reasonably survive without assistance. A person bearing the duty of care refers to an individual who is obligated to provide such necessary aid for

* Pusan national University, Lawschool, Professor.

survival. Professor Ahn points out a "discrepancy" between the substantial manner in which victims are described in the statutory provision and the formal, limited specification of duty—bearers via law or contract. To address this gap, a purposive interpretation of existing legal and contractual obligations is proposed.

Professor Ahn suggests that Article 18 of the Criminal Act may be interpreted as one of the statutory sources of the duty of care in abandonment crimes, arguing that the "duty to prevent danger" under Article 18 should be understood as a component of the legal obligation under abandonment law. He critiques the limitations of the formalist theory in determining guarantor status and supports the functionalist theory, which assesses the duty more flexibly. Ultimately, he advocates that the duty of care in abandonment cases should not be constrained by rigid formal criteria but instead be understood within an integrated concept of the guarantor position in omission offenses, including Article 18, to ensure substantial protection of legal interests.

However, incorporating the affirmative duty under Article 18 into abandonment law raises the issue of whether social norms-based duties should also be included. This has led to a division in scholarly opinion between the "inclusive theory" and the "exclusive theory."

The author maintains that, as abandonment is an abstract endangerment crime, the scope of punishment should not be excessively broadened. Therefore, the limiting framework of "legal or contractual duty of care" must be preserved. The "misconception about guarantor status," as identified by Professor Ahn, refers to the inconsistency of formalist theorists who, despite recognizing duties based on reason or social norms, continue to adhere to formalism. As a strict formalist, the author argues that guarantor status should only arise from law, contract, or prior conduct, and that recognizing duties based on reason or social norms exceeds the principle of subsidiarity in criminal law.

Accordingly, duties of care based on prior conduct, social norms, or reason cannot be acknowledged within the framework of abandonment law. Given that Article 271(1) of the Criminal Act serves as a special provision relative to Article 18, the author contends that guarantor status must be recognized solely on the basis of law or contract. Expanding the scope of interpretation for the sake of protecting legal interests may result in overcriminalization and should thus be approached with caution. Where necessary, such issues should be addressed through legislative reform.

Key Words : abandonment, duty to protect, crime of omission, status of guarantor, duty of guarantor

무상의 편면적 급부와 사기죄의 성부 * **

- 주로 일본의 논의를 중심으로 -

배미란 ***

Ⅰ. 서 론

무상의 편면적 급부가 사기죄와 관련하여 문제가 되는 것은 피기망자가 일정한 목적을 가지고 무상으로 재산을 교부했으나 그 목적을 달성할 수 없었던 경우에 재산을 취득한 상대방에게 사기죄의 성립을 인정할 수 있을 것인가 하는 것이다.

* 본 논문은 비교형사법연구 제14권 제1호, 한국비교형사법학회, 2012, 85~108면에 게재한 것입니다.

** 지도교수이신 안원하 교수님의 가르침 아래 사기죄에 관한 연구를 시작하였으며, 본 논문은 석·박사 학위 취득 이후 처음으로 전문 학술지에 게재한 사기죄 관련 연구논문입니다. 학문의 초입에서 부족하기만 한 제자에게 깊은 가르침과 아낌없는 신뢰를 보내주신 교수님이 계셨기에 지금의 본인이 있는 것이라 믿고 있습니다. 안원하 교수님의 정년을 기념하는 이 뜻깊은 논문집에 그 첫 성과를 다시 싣게 되어 더없이 영광으로 생각합니다.

*** 울산대학교 법학과 부교수/법학박사

예를 들어 이른바 구걸사기나 기부금 사기 등과 같이 피기망자는 빈민을 구제하기 위해서 또는 자선사업의 목적으로 스스로의 재산을 자유의사로 교부하였으나 그 재산이 자신이 설정한 목적대로 쓰여 지지 않았기 때문에 재산의 포기가 무의미해지는 경우가 있을 수 있다. 이러한 경우에 피기망자의 재산 교부에 대해서는 원래부터 반대급부가 설정되어 있지 않았기 때문에 재산을 교부한 이후에는 필연적으로 재산의 감소가 발생한다. 그러나 다른 한편으로 생각해 보면 피기망자는 자신의 재산처분행위에 의해 행위 후 재산이 감소할 것이라는 점에 대해서는 충분히 인식하고 있었기 때문에 경제적 가치의 감소가 있었다고 해도 그것만으로는 사기죄의 성립을 인정하는 것은 타당하지 않다.

피기망자의 처분행위와 관련하여 스스로의 처분행위가 재산을 침해하는 것이라는 것을 알고 있었던 경우(의식적 자기가해)와 알지 못했던 경우(무의식적 자기가해)가 있을 수 있는데,[1] 무상으로 자신의 재산을 교부한다는 것을 알고 있는 편면적 급부는 의식적 자기가해의 경우이고, 만약 사기죄는 무의식의 자기가해의 경우에 한정된다는 입장을 취한다면 편면적 급부는 모든 경우에 사기죄가 부정되게 될 것이다.[2] 그러나 이러

1) 菊池京子, "いわゆる乞食詐欺と寄付詐欺における無意識の自己加害－処分行為の自由をめぐる問題性－", 一橋論叢 제98권 제5호, 1987, 129면.

2) 菊池京子, "詐欺罪における相当対価が提供された場合の財産上の損害の有無について(下)", 東海法学 제18호, 1997, 55면.

한 견해를 철저히 한다면 기망행위를 이용하여 피기망자에게 자신의 재산에 대한 침해를 승낙하게 하고, 나아가 피기망자가 스스로 재산을 교부한 경우에는 항상 사기죄의 성립을 부정할 수밖에 없는 결과가 되기 때문에 이러한 결과도 타당하다고는 할 수 없다.

이러한 문제를 어떻게 해결할 것인지가 바로 무상의 편면적 급부와 사기죄의 성부에 있어서 주된 쟁점이다. 이 문제에 대해서 본고에서는 특히 사기죄에 있어서 재산상 손해에 관한 기존의 학설들과 관련지어 비판적으로 검토해 보고자 한다. 본고에서 논할 무상의 편면적 급부의 문제는 재산상 손해 발생의 판단이 어렵고, 이에 대한 구체적인 검토가 많지 않다. 따라서 이하에서는 우리 형법의 사기죄와 유사한 규정을 두고 있는 일본의 논의상황에 대한 검토를 통하여 이 문제에 대해 생각해 보기로 하겠다.3)

3) 일본 형법 제246조는 사기죄에 관하여, 먼저 1항에서는 타인을 기망하여 재물을 교부하게 한 자는 10년 이하의 징역에 처한다고 하고, 2항에서는 전항의 방법에 의해 재산상 불법한 이익을 얻거나 또는 타인에게 이를 얻게 한 자도 전항과 같다고 규정하고 있다. 우리 형법의 사기죄와 비교하여 행위객체를 기준으로 하여 1항 사기죄와 2항 사기죄로 나누고 있는 점, 그리고 우리 형법이 재물 및 재산상 이익의 취득을 필요로 하고 있는 반면에 일본의 1항 사기죄의 경우에는 재물을 교부하게 하는 행위를 규정하고 있다는 점에서 차이가 있다. 그러나 일본의 학설은 재산교부행위에 대하여 그 행위객체에 관계없이 재산의 이전을 직접적으로 초래하는 행위여야 하고(山口厚, 問題探究刑法各論, 1999, 149면 ; 林幹人, 詐欺罪における処分行為 (上) , 法学セミナー 제471호, 1994, 88면), 행위자의 재산을 교부시키는 행위에 대해서는 피기망자의 착오에 근거한 재산처분행위에 의해 재물의 점유를 취득하는 것으로 설명하고 있다(高橋省吾, "第37章詐欺及び恐喝の罪第246条(詐欺)", 大塚仁외 편, 大コンメンタール刑法(第二版), 2008, 70면 ; 松宮孝明, 刑法各論講義 (第2版), 2008, 240면 ; 曾根威彦, 刑法各論 (第3版補正3版), 2006, 150면 ; 川端博, 財産犯論の点景(刑事法研究第4巻), 1996, 122면). 따라서 해석상으로는 우리 형법의 사기죄 규정과 거의 동일하다고 할 수 있다.

Ⅱ. 사기죄에 있어서 재산상의 손해

1. 한국의 논의상황

사기죄는 재산을 보호법익으로 하는 재산범이고, 법익침해의 결과가 발생한 때에 기수에 이르는 침해범이다. 즉 형법에 있어서 사기죄는 보호법익으로서의 재산을 보호하기 위한 규정이기 때문에 기망행위에 의해 보호법익으로서의 재산이 침해된 경우에만 사기죄로서 처벌할 수 있다.

그런데 판례는 일관하여 사기죄가 성립함에 있어서는 실제적인 재산상 손해의 발생을 요하지 않는다고 판단하고 있고, 이에 반하여 학설은 필요설이 주를 이루고 있다.[4] 필요설에 의하면 상당대가를 지불하고 재물을 편취한 경우에는 재산상 손해가 발생하기 않기 때문에 사기죄는 성립하지 않는다고 판단한다. 사기죄는 재산범죄이고, 사기죄의 보호법익은 전체재산이라는 것이 이 견해의 주된 근거이다.[5] 따라서 상당대가

4) 김성돈, 형법각론, 2008, 330면 ; 박상기, 형법각론(제6판), 2005, 326면 ; 임웅, 형법각론(개정판), 2005, 357면 ; 김상호, "사기죄에 있어서 재산상 손해", 동아법학 제17호, 1994, 156면 ; 한정환, "사기죄에서의 기망과 재산상 이익 취득", 형사법연구 제12권, 1999, 343면 ; 이정원, "사기죄에서 재산상 손해의 개념에 관한 연구", 비교형사법연구 제2권 제1호, 2001, 119면 ; 황만성, "형법상 사기죄 관련규정의 제 · 개정 방안", 형사정책연구 제20권 제1호, 2009, 479면.

5) 사기죄에 대해서는 입법상의 개선을 요구하는 견해도 있다. 전체재산을 사기죄의 보호법익으로서 판단하고 있는 통설적 견해에서는 재산상 손해의 발생을 둘러싼 대립은 결국 형법이 명문으로 손해의 발생을 규정하고 있지 않은 것에 기인한다고 하면서, 재산처분행위에 의한 피해자의 재산상 손해의 발생을 사기죄의 구성요건으로서 명확하게 규정하는 편이 바람직하다는 주장도 제기되고 있다. 사기죄의 개정론에 대해서는 안경옥, "사기죄에 관한 입법론적 검토", 형사법연구 제22호, 2004, 799면 ; 황만성, 주4)의 글, 479면 ; 이정원, "사기와 공갈의 죄 규정의 개정 연구", 영남법학 제29호, 2009, 319면 등.

를 제공한 경우에는 사기죄가 성립할 여지는 없고 특별한 의사결정의 자유를 침해하는 행위 내지 기타 불법행위만이 문제가 될 수 있을 뿐이라고 설명한다. 그리고 피해자의 처분행위의 전후의 전체재산을 비교하여 후자가 전자보다 적은 경우에는 재산상 손해가 인정된다.

한편 불요설[6]이나 절충설[7]을 주장하는 견해도 있다. 먼저 불요설은 상당대가를 제공하여 재산을 편취한 경우에도 사기죄는 성립한다. 우리 형법에는 재산상 손해의 발생은 명문화되어 있지 않기 때문에 굳이 기술되지 않은 구성요건을 인정할 필요는 없다는 점, 재물을 편취하는 경우와 재산상 이익을 편취하는 경우를 구별할 필요가 없다는 점, 재물을 교부시킨다든지 재산상 이익을 편취하는 경우에는 재산상 손해가 발생하는 것은 통상적인 일이며 일반적으로 재산을 편취하면서 그에 상응하는 대가를 제공하는 경우는 거의 없다는 점, 또한 같은 재산범죄인 절도죄나 강도죄 등과 비교하여 다른 재산범죄에도 재산상 손해는 구성요건으로서 요구되지 않고 있다는 점 등을 근거로 하고 있다.[8] 또한 이 견해에 의하면 사기죄를 규정할 때에 전체재산 상의 손해 발생을 요하는지 아닌지를 결정하는 것은 입법자가 선택할 사항이고 손해발생을 요하지

6) 오영근, 형법각론(제2판), 2003, 494면 ; 백형구, “사기죄의 구성요건적 행위와 기수시기”, 고시계 통권578호, 2005, 14면.

7) 정성근, “사기죄에 관한 연구”, 법조 제29권, 1980, 30면; 문형섭, 재산범죄론의 이해, 2006, 143면.

8) 백형구, 형법각론(개정판), 2002, 183면.

않는다고 규정한다고 해도 입법권의 남용이라고 할 수 없으며, 오히려 우리 형법과는 다른 독일 형법의 해석방법을 무리하게 적용하는 것이야 말로 해석권의 남용이라고 비판한다.[9)]

다음으로 절충설은 행위객체를 기준으로 하여 재물을 취득하는 경우에는 재산상 손해의 발생이 필요하지 않으나 재산상 이익을 취득하는 경우에는 재산상 손해가 발생해야 한다고 주장한다. 즉 재물을 행위객체로 하는 경우에는 피해자의 재물상실, 그 자체가 손해가 되지만, 재산상 이익을 행위객체로 하는 경우에는 전체로서 재산상 이익이 객체가 되기 때문에 이익의 상실이 있는 것만으로는 재산상 손해의 발생은 인정되지 않고 처분행위의 전후의 재산의 흐름에 근거하여 피해자측에 현실적인 재산상의 손해가 발생한 경우에만 사기죄가 성립한다고 주장한다.

2. 일본의 논의상황

일본의 경우에는 사기죄에 있어서 재산상 손해에 관하여 대부분 개별재산상실설을 지지하고 있고, 개별재산상실설은 다시 형식적개별재산상실설과 실질적개별재산상실설로 나눌 수 있다. 먼저 형식적개별재산상실설은 사기죄를 개별재산에 대한 죄로 판단하여 진실을 고하였더라면 상대방은 재물을 교부하지 않았을 것이라고 여겨지는 경우 임에도 불구하고 기망

9) 오영근, 주6)의 책, 496면.

행위에 의해 상대방이 재물을 교부한 경우에는 교부 그 자체가 재산상 손해에 해당한다고 설명한다.[10] 피해자는 재물을 상실하는 것에 의해 그것을 사용, 수익, 처분하는 이익을 잃게 되기 때문에 재물의 상실이 타인의 기망행위에 근거하고 있는 이상 손해가 있다고 판단하여 재물의 가치를 뛰어넘는 대가를 제공한다고 해도 사기죄는 성립한다고 한다.[11][12]

다음으로 실질적개별재산상실설은 형식적개별재산상실설에 대하여 실질적으로는 재산상 손해의 발생을 필요로 하지 않는 것에 다름없다고 비판하면서 사기죄가 재산범인 이상 실질적인 재산상 손해의 발생은 필요하고, 손해의 판단은 실질적으로 손해가 발생했는지 아닌지를 기준으로 해야 한다고 주장한다.[13] 이 설은 재산상 손해의 발생을 판단할 때에는 재물이나 재산상 이익에 포함되어 있는 경제적 이익 내지 객관적 교환가치뿐만 아니라 재산을 교부 내지 처분하는 사회적 의

10) 団藤重光, 刑法綱要各論, 1996, 619면 ; 福田平, "詐欺罪の問題点", 日本刑法学会 편, 刑法講座第6巻, 1967, 83면 ; 大塚仁, 刑法概説[各論(第3版増補版)], 2005, 255면 ; 川端博, 刑法各論講義, 2007, 296면.

11) 大塚, 주10)의 책, 255면.

12) 한편 형식적개별재산설을 주장하는 견해 중에서는 재물을 행위객체로 하는 경우와 재산상 이익을 행위객체로 하는 경우를 나누어 전자의 경우에는 상당한 대가가 제공되어도 재물 이외의 개개의 재산권의 상실 자체가 손해이기 때문에 사기죄가 성립하나, 후자의 경우에는 전체재산의 대한 죄로서의 성격도 가지고 있기 때문에 피해자의 전체재산에 손해가 발생하여야 사기죄가 성립한다고 해석하는 견해도 있다(大塚, 주10)의 책, 255면 ; 川端, 주10)의 책, 296면).

13) 山中敬一, 刑法各論(第2版), 2009, 340면 ; 西田典之, 刑法各論(第4版), 2008, 189면 ; 前田雅英, 刑法各論講義(第4版), 2007, 287면 ; 中森喜彦, 刑法各論(第2版), 1996, 146면 ; 曾根, 주3)의 책, 148면 ; 中山研一, 刑法各論, 1984, 264면 ; 星周一郎, "詐欺罪の機能と損害概念", 研修 제738호, 2009, 6면.

미,[14] 또는 피해자에게 있어서의 재산의 사용가치[15] 등도 판단의 요소로 삼고 있다.

개별재산상실설을 지지하는 견해가 대다수이기는 하나 그렇다고 해서 사기죄를 전체재산에 대한 죄로 보는 견해가 없는 것은 아니다.[16] 단순한 재산적 손해나 재산적 이득만으로는 사기죄를 구성한다고 하기에는 부족하며 전체재산의 감소가 발생한 경우에 재산상의 손해를 인정하는 전체재산상실설을 주장하는 견해도 있다. 이 설도 재산상 손해를 판단함에 있어서는 시장가치나 교환가치라고 하는 객관적 가치와 함께 사용가치 내지 애정가치와 같은 주관적 가치를 손해판정의 요소로서 고려하고 있다는 점에 있어서는 실질적개별재산상실설과 동일하다.[17]

한편 사기죄에 있어서 재산상 손해의 문제를 법익 관계적 착오의 문제로 파악하는 견해도 유력하게 주장되고 있다.[18] 이 설도 기본적으로는 개별재산의 상실 그 자체를 보호법익에 대한 침해로 보는 것은 타당하지 않다고 하면서 실질적 침해가 없으면 사기죄는 성립하지 않는다고 설명한다. 그러나 재산상 손해를 독립된 구성요건으로 판단하여 사기죄의 성립범

14) 星, 주13)의 글, 6면.
15) 山中, 주13)의 책, 340면.
16) 林幹人, 刑法各論(第2版), 2007, 142면 ; 滝川幸辰, 刑法各論, 1951, 152면 ; 宮本英脩, 刑法各論, 1935, 370면.
17) 林, 주16)의 책, 143면.
18) 佐伯仁志, "被害者の錯誤について", 神戸法学年報 제1호, 1985, 102면 ; 佐伯仁志, "詐欺罪の理論的構造", 山口厚외 편, 理論刑法学の最前線II, 2006, 106면 ; 山口, 주3)의 책, 169면 ; 橋爪隆, "詐欺罪(下)", 法学教室 제294권, 2005, 94면.

위를 한정짓는 것도 명문상의 근거가 없는 것이라고 비판하면서 피해자의 착오에 착안하여 개별적인 재산에 대한 실질적 침해에 대해서 설명하고자 한다. 이 설에 의하면 법익으로서의 재산은 교환수단 내지 목적달성의 수단으로서 보호되는 것이고 물건 내지 이익이 교부행위자의 완전한 의사를 바탕으로 이전된 경우에는 그 이전에 대해서는 어떠한 법익침해성도 인정할 수 없기 때문에 재산의 이전에 대한 유효한 의사의 존재가 부정될 때에만 재산의 이전에 대해서 법익침해성을 인정할 수 있다고 한다. 그리고 유효한 이전의사의 존재는 법익관계적착오가 있는 경우에만 부정되고, 피기망자에게 법익관계적 착오가 발생한 경우에만 사기죄의 구성요건으로서의 착오로서 인정되어 사기죄가 성립할 수 있다고 주장한다.[19] 결국 법익관계적착오설은 기본적으로는 사기죄를 개별재산에 대한 죄로 보고, 착오에 관해서는 ① 피기망자가 일으킨 착오가 교부한 재산 자체의 내용 내지 가치에 관한 착오인지, ② 피기망자가 자기의 재산과 맞바꾸어 달성하고자 한 사회적·경제적 목적에 관한 착오인지를 기준으로 사기죄의 성립범위를 한정하려고 한다.[20]

법익관계적착오설과 더불어 목적불달성론도 주목받고 있다. 목적불달성론은 피해자가 재산교부를 한 것은 일정한 사회적 목적을 달성하기 위해서이고, 그 목적이 달성되지 않은

19) 山口厚, 刑法各論(補訂版), 2005, 263~264면.
20) 橋爪, 주18)의 글, 95면.

경우에 재산상 손해를 인정하는 견해이다. 이 설의 지지자도 역시 사기죄는 개별재산에 대한 죄이지만 실질적인 재산상 손해의 발생이 필요하다고 하면서, 사기죄에 있어서 재산상 손해의 발생이 문제되는 두 경우, 즉 상당대가가 제공된 경우와 무상의 편면적 급부의 경우에 대하여 다음과 같이 설명한다. 이 두 경우는 얼마간의 경제적 가치를 지닌 대가를 얻게 되는지, 아니면 비 물리적인 목적을 달성하게 되는 것인지 라는 차이는 있지만 손해의 판단에 있어서의 문제점은 동일하다. 유상의 교환 거래의 경우에 손해 판정에 있어서 고려되는 주관적·개별적 사정은 취득한 대가가 거래 시에 전제가 되었던 목적을 위해 이용할 수 없는 경우를 의미하는데, 대가를 당초의 목적대로 이용할 수 없다고 하는 것은 바꾸어 말하면 그 대가를 이용하고자 한 목적이 달성되지 않았다는 것이므로, 유상의 교환거래에 있어서도 무상의 편면적 급부의 경우에 있어서도 손해 판단의 기준은 목적이 달성되었는지 아닌지 라고 설명한다. 게다가 사기죄는 개별재산에 대한 죄이기 때문에 두 경우 모두 속아서 재산을 교부했다면 재산의 상실이라는 손해는 발생하는 것이기 때문에 목적불달성을 양쪽 공통의 손해판단기준으로 이용하는 것이 가능하다고 주장한다.[21] 또한 최근의 학설 중에서는 재산처분의 자유를 사기죄의 보호법익으로서의 재산에 내재하는 일요소로 보고, 경제적 손해와 더불어

21) 菊池京子, "詐欺罪における財産上の損害についての一考察(完)", 東海法学 제23호, 2000, 109면.

재산처분의 자유에 대한 침해도 광의의 재산적 손해의 내용이라고 주장하는 견해도 있는데, 이 견해 역시 사기죄의 성립범위의 결정기준으로 목적불달성론을 채용하고 있다.[22] 그 외에도 기망이나 착오, 거래의 목적 등 개별적인 사정이나 주관적인 요소를 고려하여 사기죄의 성립범위를 판단하려는 견해가 꾸준히 제기되고 있다.[23]

3. 양국 논의의 비교검토

양국의 논의를 비교해 보면 먼저 한국의 필요설과 일본의 전체재산상실설은 동일한 논리구조이며, 일본의 실질적개별적재산상실설은 사기죄를 개별재산에 대한 죄로 본다는 측면에서는 차이가 있지만 재산상 손해 발생의 판단에 있어서는 다른 두 학설과 유사한 판단기준을 제시하고 있기 때문에 결과적으로 세 학설은 사기죄의 판단에 있어서 거의 동일한 결론에 이르게 된다.

22) 足立友子, "詐欺罪における欺罔行為について", 法政論集 제208 · 211 · 212 · 214 · 215호, 2005 · 2006년. 이 견해는 재산상 손해의 판단 기준으로서의 목적을 사회적 목적과 거래의 목적으로 나누어 전자를 객관적 목적불달성론, 후자를 주관적 목적불달성론으로 판단하여 후자가 사기죄의 성립범위의 판단기준이 된다고 설명한다. 사회적 목적을 사기죄 성립의 판단기준으로 하기에는 무엇을 사회적으로 판단해야 할지, 그리고 왜 그렇게 나누어야 하는지에 대해서 설명하기가 곤란하다고 비판하면서, 거래의 목적을 목적불달성의 대상으로 채택하여 사기죄 일반에 공통적으로 필요한 요소로 보고 있다(足立友子, "詐欺罪における欺罔行爲について(五)", 法政論集 제215호, 2006, 398면).

23) 長井圓, "消費者取引と詐欺罪の法益保護機能", 刑法雑誌 제34권 제2호, 1995, 314면 ; 伊藤渉, 詐欺罪における財産的損害(一) ~ (五)-その要否と限界, 警察研究 제63권 제63권 제4~8호, 1992 ; 伊藤渉, "詐欺罪における財産的損害－その要否と限界", 刑法雑誌 제42권 제2호, 2003 등.

한편 일본의 형식적개별적재산상실설은 재산의 상실 내지 재산의 이전 그 자체가 재산상 손해이며, 형식적으로나마 재산상 손해에 관한 판단을 하고 있다고 주장하나 실제로는 한국의 불요설과 동일한 맥락이며 재산상 손해에 관해서 실질적인 판단은 하고 있지 않다고 할 수 있다. 즉 양국의 견해들을 비교해 보면 재산상 손해에 관한 논의들은 기본적으로 매우 유사하다. 그러나 그 토대가 되는 사기죄의 보호법익에 관해서 한국은 전체로서의 재산이 보호된다고 설명하는 것이 일반적이고, 일본은 개개의 재물 또는 재산상 이익 그 자체가 보호된다고 보는 것이 통설이기 때문에 한국에서는 필요설이, 일본에서는 개별재산상실설이 많은 지지를 받고 있다. 그러나 형식적개별재산상실설에 따르면 재산의 교부가 있었다면 항상 재산상 손해가 발생하게 되어 사기죄가 성립하게 되므로, 사기죄의 재산범적 성격이 명목화 되는 문제점을 내포하고 있다.[24] 따라서 기본적으로는 개별재산상실설을 지지하면서도 한국의 절충설과 같은 맥락의 주장을 하는 견해도 쉽게 찾아볼 수 있고, 형식적개별재산설을 제외한 모든 학설들은 사기죄가 개별재산에 대한 죄라고 해도 실질적인 재산상 손해에 관한 판단은 필요하다고 설명한다.

---

24) 예를 들어 어느 책방의 주인이 절대로 미성년자에게는 책을 팔지 않겠다고 생각하고 있었는데, 한 학생이 자신을 성인이라고 속이고 그 책방에서 정가를 지불하고 책을 사 간 경우를 생각해 보자. 불요설이나 형식적개별재산상실설에 따르면 이러한 경우에도 속아서 재산을 교부한 것이 되기 때문에 사기죄가 성립한다고 설명할 수밖에 없다(前田, 주13)의 책, 287면).

생각하건대 일반적으로 사기행위자 또는 제3자가 취득한 재산은 착오에 빠진 재산처분자의 재산처분행위에 의하여 재산처분자로부터 사기행위자 또는 제3자에게 이전된 것이고, 따라서 재산처분자의 재산처분행위는 항상 재산 침해의 결과를 가져온다고 판단하는 것도 가능할는지 모른다. 그러나 재산처분행위가 착오에 빠져서 한 행위이고, 또 그 착오가 사기행위자의 기망행위에 의한 것이라고 해도 재산을 처분한 것은 피기망자이다. 그럼에도 불구하고 처분행위자의 재산처분행위 그 자체를 재산에 대한 침해로 본다거나 나아가 사기행위자에 의한 재산침해라고 판단할 수 있을는지 의문이다. 또한 재산이 처분 내지 재산의 이전을 재산에 대한 침해로 판단하기 위해서는 그로 인하여 침해된 것이 보호법익으로서의 재산인지 아닌지에 관한 판단이 필요하다.[25] 예를 들어 사기행위자가 피해자의 재물 또는 재산상 이익을 취득하기 위해서 피해자 측에 상당한 대가를 제공한 경우에 대해서 생각해 보자. 이러한 경우에는 재물 또는 재산상 이익의 이전은 있었지만 반대급부로서 제공된 대가에 의해 피해자 측에는 실제적인 경제적 손실은 없다고 할 수 있다. 그렇다고 하면 이러한 경우에 문제되는 것은 재물 또는 재산상 이익에 대한 권리의 이전 내지

25) 재산상 손해를 논함에 있어서 사기죄의 보호법익에 관한 논의를 제외할 수 없으나 여기에서는 생략하기로 한다. 개인적으로는 전체로서의 재산이 사기죄의 보호법익이라고 판단하는 것이 타당하다고 생각한다. 이에 관해서는 裵美蘭「詐欺罪における財産上の損害」法政硏究 제78권 제4호, 2012, 1248면 이하 참조.

권리 관계의 변동인데, 원래 사인의 재산이나 권리관계 등은 민법에 의해 정해지는 것이고, 형법의 겸억성에 비추어 민법상의 문제를 뛰어넘은 경우에만 형법에 의해 처벌된다고 판단하는 것이 타당하다고 여겨진다.[26] 즉 사기죄에 있어서 보호법익으로서의 재산은 단순한 개별재산이 아니라 개별재산을 잃게 됨으로써 침해된 경제적 가치이며, 그 경제적 가치에 손실이 발생한 경우, 이른바 재산상 손해가 발생한 경우에 기망행위에 의한 재산침해의 결과가 발생했다고 판단하는 것이 타당하다고 할 것이다.

그러한 의미에서 먼저 소개한 한국의 필요설이나 일본의 실질적개별재산상실설, 전체재산상실설도 실질적인 재산상 손해를 요한다고 하는 점에 있어서는 타당하나 이 학설들이 제시하고 있는 재산상 손해의 판단기준에는 찬성할 수 없다. 한국의 필요설은 주로 재산상 손해를 판단함에 있어서 객관적·개별적 판단을 행하고,[27] 개별적 판단에 있어서는 재산의 사용가치 내지 애정가치 등을 포함시켜 재산상 손해를 판단한다. 동일하게 실질적개별적재산상실설의 "사회통념상 손해로 불릴 수 있을

26) 재산보호의 분야에 있어서 "형법은 최전선에서 후퇴하여 조금 떨어진 입장에서 그 역할을 해 왔고, 앞으로 그렇게 해야 한다. 그 주된 이유는 다음의 두 가지로 집약할 수 있다. 하나는 경제 거래, 재산적 거래의 분에는 사적 자치의 원칙, 계약자유의 원리가 지배하고 있기 때문이며, 다른 하나는 형벌이나 형법에는 장점과 함께 단점도 존재하기 때문에 그 자체가 겸억적이지 않으면 안 되는 성격을 지니고 있기" 때문이다(西原春夫, "刑法における財産の保護", 中山研一외 편, 現代刑法講座第4巻刑法各論の諸問題, 1982, 213면).

27) 김성돈, 주4)의 책, 331면 ; 배종대, 형법각론(제7전정판), 2010, 473면 ; 정성근/박광민, 형법각론(제3판), 2008년, 370면.

지에 대한 실질적 판단”이나 전체재산상실설의 “주관적 가치”라는 기준을 제시하고 있으나 이 역시도 사기죄의 성립기준이 되기에는 불명확하다. 따라서 일본의 학설들은 사기죄의 보호법익의 침해에 대하여 재산의 상실이라는 관점에서가 아니라 다른 관점에서 사기죄의 처벌범위를 정하려는 시도를 하고 있는 것이다. 사기죄의 성립범위의 설정에 대해서는 다양한 연구가 이루어지고 있는데 그러한 연구의 근본이 되고 있는 것이 법익관계적착오론과 목적불달성이론이라고 하겠다. 그런데 문제는 이러한 시도들이 사기죄의 성립범위를 더욱 불분명하게 한다는 점에 있다. 이러한 견해들이 사기죄의 보호법익에 대한 침해로 들고 있는 사회적 목적이나 거래의 목적 등은 단순한 재산의 사용·수익·처분과 관련되어 있는 가치에 지나지 않고 기껏해야 재산이 가지고 있는 가치의 일부에 불과하다. 나아가 이러한 가치는 사기죄에 있어서 기망행위나 피기망자의 착오와 관련되어 있기 때문에 최근 유력하게 주장되고 있는 학설은 재산의 경제적 가치에 대한 판단을 하지 않는 것에 다름없다. 재산이 가지고 있는 가장 큰 가치는 경제적 가치라고 할 것이다. 경제적 가치를 제외한 재산상 손해에 관한 판단을 과연 실질적인 판단이라고 할 수 있을까. 그렇지 않다고 한다면 사기죄의 성립범위에 대한 논의와 재산상 손해의 발생에 대한 논의는 원점으로 되돌아가 사기죄의 성립을 판단함에 있어서 재산상 손해의 발생을 요하지 않는다고 판단해도 될 것인지, 또는 재산상의 손해를 형식적으로만 판단해도 될 것인지 라는 의문과 부딪히게 된다. 즉 사기죄의 성립범위를 정할 때에는 기망행위, 착오, 재산상의 손해, 재산상의 이익 등, 어느 특정한 구성요건요소에만 착안하여 정할 수 있는 것이 아니라 각각의 구성요건요소를 모두 신중히 검토할 필요가 있다. 현재의 논의는 재산상 손해의 객관적·경제적 판단에 관해서는 아무런 새로운 판단도 제시하지 못한 채 재산의 주관적 측면만을 판단하고 있는 것은 아닌지, 그리고 재산의 사회적·주관적 측면을 실질적으로 판단하기 위해서는 재산의 객관적 측면은 형식적으로 판단해도 된다는 결론에 이르고 있는 것은 아닌지 라는 생각이 든다.

그럼에도 불구하고 이러한 학설들이 유력하게 지지되고 있는 이유는 무상의 편면적 급부와 사기죄의 문제에 있어서 재산상 손해 발생을 기준으로 사기죄의 성립을 판단하는 견해보다 더욱 논리적인 이론구성이 가능하다고 여겨지기 때문이라고 생각한다. 이미 알려져 있는 대로 한국과 일본의 재산상 손해에 관한 논의는 기본적으로 독일의 논의에 영향을 받고 있고, 일본에서 주장되고 있는 법익관계적착오설이나 목적불달성론도 독일의 학설을 바탕으로 하고 있다. 또한 독일의 경제적 손해개념설이나 객관적·개별적 손해개념설도 무상의 편면적 급부의 문제에 대해서는 목적불달성이론을 따르고 있다.[28]

28) Kindhäuser, Urs, Lehrbuch des Strafrechts Besonderer Teil II, 3.Aufl., 2003., §263 Rn.78.

따라서 이러한 점을 염두에 두고, 이하에서는 무상의 편면적 급부와 사기죄의 문제를 채택하여 종래의 학설의 문제점에 관해서 더욱 구체적으로 검토해 보고자 한다.

Ⅲ. 무상의 편면적 급부와 사기죄의 성부

1. 개별사례의 소개

특히 무상의 편면적 급부행위에 있어서 사기죄의 성립이 문제되는 대표적인 사례를 살펴보도록 하겠다. 먼저 사례(1)은 자선을 목적으로 하는 모금이라는 말에 속아서 기부 했으나 실제로는 개인이 착복하기 위해서 한 거짓말이었던 경우이다. 이른바 기부금 사기의 전형적인 사례라고 하겠다. 사례(2)는 실제로 자선을 목적으로 한 모금이고 자선이라는 목적 자체는 달성하였으나 구체적인 내용에 대한 기망이 있었던 경우이다. 예를 들어 고아의 학습을 후원하기 위해 기부하였으나 실제로는 세계평화의 후원기금으로 사용된 경우가 있을 수 있다. 마지막으로 사례(3)은 실제로 자선을 목적으로 한 모금이고 모금의 목적을 위해서 정당하게 사용되었으나 모금할 당시에 모금 금액을 불리기 위해서 기망행위를 이용한 경우이다. 예를 들어 기부를 부탁하면서 옆집 사는 사람은 상당한 금액을 기부하였다고 거짓말을 하여 기부자가 뒤지고 싶지 않은 마음에 기부를 결정한 경우가 이에 해당한다.

이 세 가지의 경우는 모두 일정의 목적을 위해서 스스로 재산을 교부한 사례이나 사례(1)과 사례(2)는 타인을 돕기 위한 자선의 일반적인 목적을 위해서 스스로 재산을 교부했으나 사례(3)은 남에게 뒤지고 싶지 않다는 개인적인 목적을 위해 재산을 교부했다는 점에서 차이가 있다. 그리고 사례(1)에서는 기부자가 애당초 목적으로 하고 있었던 자선이라는 목적 자체가 달성되지 않은 반면에, 사례(2)에서는 기부의 근본 목적인 자선 목적은 달성했으나 더욱 구체적인 내용은 달성되지 못했다. 사례(1)은 기부라는 이유를 대고 현금을 사취한 것에 지나지 않기 때문에 사기죄의 성립을 긍정하는 것은 어렵지 않다.[29] 문제는 사례(2)와 사례(3)의 경우를 어떻게 판단할 수 있을지 이다. 따라서 이하에서는 이 두 사례를 중심으로 검토하기로 하겠다.

2. 학설의 검토

먼저 목적불달성론에 의하면 재산가치의 교부에 의한 손실은 경제적으로 동가치의 반대급부를 얻는 것에 의해서만이 아니라 급부에 따르는 경제적 또는 사회적 목적을 달성하는

29) 모금 명목으로 돈을 모아 자신의 용도에 맞게 사용할 의사로 그 사실을 알지 못하는 아르바이트를 고용하여 모금 활동을 시키고, 다수의 통행인들에게 현금을 기부 받은 가두 모금 사기 사례에 대해서 판례(平成22年03月17日刑集64巻2号111頁)는 사기죄는 기망행위에 의한 피해자의 착오에 근거하여 재물의 교부 또는 재산상 이익의 이전이 행해지는 것에 의해 성립하는 범죄이며, 개개의 피해자들에게 개별적으로 기망행위를 행한 것이 아니라 불특정 다수의 통행인에게 일괄하여 동일한 내용의 정형적인 활동을 행하여 기부를 모으는 태양이라고 보아 사기죄의 성립을 인정한 바 있다.

것으로도 보전된다고 설명한다. 따라서 원래부터 금전적으로 동가치의 반대급부가 설정되어 있지 않은 편면적 급부는 그러한 점에 따라 금전의 손실이 있어도 급부의 목적이 달성되었다면 재산상 손해는 발생하지 않은 것이 되고, 목적이 달성되지 않았다면 재산상 손해가 발생한 것이 된다.[30] 그러나 목적불달성론은 급부에 따르는 목적이 달성되지 않은 모든 경우를 재산상 손해로 평가하는 것은 아니며, 급부에 내재하는 경제적으로 중요한 목적이 달성되지 않은 경우에만 재산상 손해로서 평가한다. 이는 목적의 범위를 한정짓지 않으면 개인적 관심이나 애착 등과 같이 재산으로 파악되기 어렵고 경제적 가치라고 할 수 없는 주관적 이익까지도 사기죄의 보호대상이 되어버리기 때문이다.[31]

목적불달성론과 함께 편면적 급부와 사기죄의 성부라는 문제에 있어서 유효하게 이용할 수 있다고 일컬어지고 있는 것이 법익관계적착오론이다. 이 설은 "법익과 무관계한 착오를 사기죄에서 배제하기 위해서는 사기죄에 있어서 피해자의 착오를 법익관계적 착오에 한정할 필요가 있는데 재산법익에 있어서는 법익처분행위의 사회적 의미의 착오가 법익관계적 착오가 된다. ... 이러한 입장에서 사기죄로서의 성격을 명확히 하기 위해서 객관화가 가능하고 구체적 급부에 내재되어 있는

30) 菊池, 주2)의 글, 55~56면.
31) 菊池, 주2)의 글, 59면.

동시에 경제적으로 중요한 목적을 달성하기 위한 처분인지 아닌지에 착오가 있는 경우에 법익관계적 착오, 따라서 사기죄의 성립을 한정지어도 된다"고 설명하고 있다. 그러므로 옆집 사람이 기부를 했다는 말에 속아서 허세를 부리고픈 마음에 기부를 한 경우에는 사기죄가 성립하지 않게 된다. 또한 반대급부에 관해 착오가 있는 경우에도 법익관계적 착오를 인정할 수 있다고 주장한다.[32)]

요컨대 이 두 학설은 그 기초와 기준을 서로 다른 관점에서 설명하고 있다. 우선 목적불달성론은 ① 피해자의 목적을 기초로, ② 재산상 손해의 발생을 기준으로 하여 사기죄의 성립을 판단하려고 한다. 한편 법익관계적 착오설은 ① 피해자가 일으킨 착오를 기초로 하여, ② 피해자의 법익관계적 착오의 유무를 기준으로 하여 사기죄의 성립을 판단하려고 하는 것이다. 정리하자면 이 두 학설은 피해자의 재산 처분행위가 있었다고 해서 곧바로 사기죄의 성립을 긍정하는 것도 아니고, 피해자의 재산처분행위가 의식적인 처분행위인 경우에 그대로 사기죄의 성립을 부정하는 것도 아니다. 일단 이러한 견해가 사기죄 성립의 판단을 위해서 구체적인 판단기준을 제시하고자 하는 것은 타당하다.

그러나 이러한 학설은 다음과 같은 비판을 받는다. 목적불달성론을 지지하는 견해의 내부에서도 어떠한 목적이 법적

---

32) 山口, 주3)의 책, 165~166면 ; 佐伯, 주18)의 글 "被害者の錯誤について", 116~117면.

인 보호를 받는 것인지, 또는 왜 사회적인 목적이 달성되는 경우에는 손해가 없는 것인지 등,[33] 사기죄 성립의 판단기준으로서 제시되고 있는 목적의 범위설정이나 사회적 목적의 달성과 재산상 손해와의 관계 정립 등의 문제가 남아 있다고 지적한다. 또한 법익관계적착오론을 주장하는 견해에서도 이와 관련하여 급부에 의한 손해를 상살 할 수 있는 것은 재산적 가치를 가지는 것뿐이며 사회적 목적의 달성은 금전으로 환산되지 않는다는 비판도 있다.[34] 생각하건대 목적불달성론이 제시하고 있는 기준인 목적 뿐 만 아니라 법익관계적착오가 주장하고 있는 사회적 의미가 있는 착오에 대해서는 그 자체를 명확하게 정립하는 것이 과연 가능할 것인지 라는 의문을 지울 수가 없다. 이러한 불명확한 판단기준은 사기죄의 성립을 한정한다고 하기 보다는 오히려 이를 확대할 우려가 있기 때문에 사기죄 성립의 판단기준으로서는 타당하지 않다고 생각한다.

위에서 제시한 세 가지 사례를 목적불달성론과 법익관계적착오론에 근거하여 검토해 보자. 목적불달성론에 의하면 위의 사례(1)은 기부나 자선이라는 사회적 목적이 달성되지 않았다는 점을 들어 재산상 손해가 발생하였다고 판단하여 사기죄의 성립을 인정하나 사례(3)은 사회적 목적은 달성되었기 때문에 재산상 손해는 발생하지 않았다고 보고 사기죄의 성립

33) 菊池, 주1)의 글, 136면.
34) 佐伯, 주18)의 글 "被害者の錯誤について", 114면.

을 부정한다. 한편 법익관계적착오론에 의하면 사례(1)과 사례(3)은 재산상 손해의 유무가 아니라 재산상 손해를 가져오는 처분행위의 사회적 의미에 차이가 있다고 한다. 사례(1)은 기부라는 처분행위의 사회적 의미에 대해 착오가 있는데 반해 사례(3)의 경우에는 사회적 의미의 착오가 아닌 단순한 개인적 의미의 착오에 지나지 않는다. 동일하게 처분행위가 재산상 손해를 가져올 것을 인식하고 있었어도 사례(1)의 경우에는 피해자가 처분행위의 사회적 의미를 인식하고 있지 않기 때문에 법익관계적 착오를 인정할 수 있다고 생각하여 사기죄는 성립한다고 하고 있어,[35] 이 두 학설은 그 기초나 기준은 다르지만 결론적으로는 동일한 결론에 이르고 있다. 그렇다면 사례(2)는 어떻게 판단할 수 있을 것인가. 사례(2)의 기부자는 애초에 두 가지 목적을 설정하고 있다. 하나는 자선이라는 일반적 목적이고 다른 하나는 고아의 학습을 후원하겠다는 구체적 목적이다. 이 중에서 자선이라는 목적은 달성되었지만 고아의 학습 후원이라는 목적은 달성되지 않았다. 달성할 수 없었던 구체적 목적은 개인이 설정한 개인적인 목적임에는 틀림없지만 전혀 사회적 의미를 가지지 않는 목적이라고는 할 수 없다. 즉 이러한 경우에 기부의 용도를 설정해 둔 기부자의 목적이 사회적 목적인지, 그렇지 않으면 단순한 개인적 목적인지는 명확하지 않다. 따라서 목적불달성론이나 법익관계적착

35) 佐伯, 주18)의 글 "被害者の錯誤について", 116면.

오론을 바탕으로 사기죄의 성립을 판단하게 되면 이러한 목적을 어떻게 판단할 것인지에 따라 사기죄의 성립범위가 바뀌게 되는 문제가 발생한다. 또한 목적불달성론이나 법익관계적착오론에서는 이러한 경우에 사회적 목적의 불달성이나 사회적 목적에 대한 착오 등을 이유로 하여 사기죄의 성립을 긍정할 가능성도 충분히 있다고 생각한다. 그러나 사례(2)와 같은 경우에는 자선이라는 일반적인 목적은 달성하였기 때문에, 사기죄의 성립을 긍정하는 것은 타당하지 않다. 결국 편면적 급부와 사기죄의 성부에 관한 해결책으로서 다수의 지지를 받고 있는 목적불달성론이나 법익관계적착오론도 이러한 경우에는 결론이 불명확하고, 과연 사회적 목적이란 무엇인가 하는 의문을 갖게 한다. 결국 이러한 문제를 해결함에 있어서도 이 두 학설이 손해개념설 내지 재산상실설보다 뛰어나다고는 할 수 없다.

3. 검토

무상의 편면적 급부에 의한 사기의 경우도 기본적으로는 사기죄의 일유형이기 때문에 재산상 손해를 포함한 일반 사기죄의 구성요건에 해당하지 않으면 안 된다. 사기죄 성립의 판단에 있어서 객관적 구성요건 해당성에 관한 철저한 검토는 매우 중요하고, 무상의 편면적 급부의 문제도 역시 재산상 손해를 포함한 사기죄의 구성요건 전반에 대한 검토를 통하여 사기죄의 성부를 결정짓는 것이 타당하다.

생각하건대 형법의 기능이나 사기죄의 재산범적 성격에 적합한 구성요건을 정립하기 위해서는 객관적 구성요건으로서 ① 사기행위자의 기망행위, ② 피기망자의 착오, ③ 착오에 근거한 처분행위자의 재산처분행위, ④ 재산처분행위로 인한 재산상 손해의 발생, ⑤ 구성요건적 결과로서 사기행위자 또는 제3자의 재산적 이득의 발생을 필요로 하는 것이 타당하다고 여겨진다. 그리고 재산상 손해 발생의 판단은 실제적인 경제적 가치의 감소를 기준으로 해야 한다.[36)]

지금까지의 사기죄의 성립에 관한 논의는 항상 재산상 손해에 그 초점이 맞추어져 있었으나 실제로는 재산상 손해의 발생뿐만 아니라 재산상 이득의 발생에 관해서도 검토해 볼 필요가 있다. 재산상 손해발생 불요설에서 말하는 바와 같이 우리 형법의 사기죄, 그리고 일본형법의 사기죄 조항은 독일과는 다르며, 독자적인 해석이 필요하다고 하는 점은 타당하다. 그러나 우리 형법의 사기죄 조항이 독일과 다르기 때문에 재산상 손해의 발생이 부정되는 것이 아니라 오히려 독일의 경우와는 달리 재산상 손해의 발생뿐 아니라 재산적 이득의 발생도 함께 요구된다고 해석해야 한다고 본다.[37)] 따라서 실

36) 한국과 일본에서는 재산상 손해와 관련된 다양한 논의가 이어져 왔으나 실제로 객관적 손해개념에 대해서는 진지한 검토가 이루어지지 않았던 게 아닌가 하는 생각이 든다. 이는 한국과 일본에서는 재산상 손해 발생의 필요성에 관한 논의가 주를 이루어 왔기 때문에 순수하게 경제적 가치의 감소만을 실질적 법익침해의 판단기준으로 하는 객관적 손해개념이 쉽게 받아들여지기 어려웠기 때문이라고 여겨진다. 지면관계상 재산상 손해에 관한 자세한 내용은 생략하기로 한다. 이에 관해서는 裵美蘭, 주25)의 글, 1248면 이하 참조.

제적인 경제적 가치의 감소를 재산상 손해발생의 판단기준으로 보는 것이 타당하고, 그로 인한 사기행위자 측의 재산적 이득의 발생도 함께 검토되어야 한다.

이러한 관점에서 무상의 편면적 급부와 사기죄에 관해서 검토해 보면 먼저 무상으로 행해진 모든 급부에 대해서 사기죄의 성부가 문제되는 것이 아니라는 점은 분명하다. 무상의 편면적 급부의 문제가 사기죄의 처벌범위에 포함되기 위해서는 사기행위자의 기망행위에 따라 재산소유자가 착오에 빠져서 재산의 처분을 결심하고 재산을 처분하여야 한다. 이때에 행위자의 행위가 사기죄의 기망행위에 해당하는지 아닌지를 판단하기 위해서는 기망행위의 정의도 명확히 해야만 한다. 기망행위와 그에 따른 착오에 관해서도 다양한 논의가 있으나 분명히게 짚고 넘어가야 하는 점은 사기죄의 처벌을 논함에 있어 기망과 착오라는 것은 일상생활에서의 그것과는 다르며, 사기죄의 재산범적 성격에 비추어 재산거래의 근본이 되는 거래상황에 대한 사실이나 반대급부에 대한 사실 등과 같이 한정적으로 해석하여 재산상 손해와 함께 사기죄의 성립범위를 제한하는 요소로서 기능해야 한다는 것이다. 예를 들어 일반적인 유상거래에 있어서는 거래 상황에 대한 정확한 인식 하

37) 이정원, "재산범죄에서의 불법영득의 의사와 불법이득의 의사에 관한 연구", 비교형사법연구 제1권, 1999, 185면 참조. 그리고 형법상 재산상 이익에 관한 연구로는 안경옥, "형법상 재산상 이익의 개념과 '이익을 얻을 가능성'의 범위", 비교형사법연구 제12권 제2호, 2010, 75면 이하.

에서 재산처분행위를 통하여 인식하고 있었던 적정한 반대급부를 얻게 되는 것이 중요하다. 그리고 재산처분자가 거래를 통하여 달성하고자 한 주관적 목적이 아닌 행위자가 제시한 반대급부의 객관적인 내용에 대한 기망이 있는 경우에 사기죄의 구성요건으로서의 기망행위로서 인정된다고 판단하는 것이 타당하다고 생각한다. 무상의 편면적 급부의 경우에도 이와 같은 정도의 기망행위 내지 착오가 인정되는 경우에 한하여 사기죄의 성립을 긍정해야 한다고 생각한다.

사례(1)의 경우에는 기부금을 모금하고 있다고 속인 것은 기망행위에 해당한다. 그리고 사례(3)에서 행위자의 행위는 당해 처분행위자에게만 재산처분의 동기를 형성시키는 발언이고, 재산처분의 기본상황인 기부 그 자체에 대한 기망은 아니며 기부를 촉진하기 위한 과장된 노력이라고도 할 수 있다. 한편 사례(2)의 경우에는 기부라는 재산처분의 기본상황에 대한 기망은 인정할 수 없으나 기부의 구체적 내용에 대한 기망은 있었다고 판단하는 것도 가능하다. 유상의 거래와 비교하자면 기부라는 기본적 상황에 대한 기망은 유상 거래에 있어서 거래 상황에 대한 기망과 동일하고, 기부의 내용에 대한 기망은 반대급부에 대한 기망과 동일하게 취급할 수 있다.

그러나 사례(1)과 사례(2), 사례(3)은 행위자의 재산적 이득이라는 점에서 결정적인 차이를 보인다. 먼저 사례(1)의 행위자는 피해자가 교부한 재산의 취득을 통해 재산적 이득을 얻었고 결국 사기죄의 모든 구성요건을 만족시킨다고 판단할 수 있다. 반면에 사례(2)와 사례(3)은 행위자의 실질적인 재산의 취득은 인정할 수 없다. 즉 교부의 상대방은 행위자 이외에 제3자라도 관계없으나 이때에도 실질적으로 행위자에게 교부했다고 할 수 있는 경우나, 행위자가 제3자에게 이득을 얻게 할 목적으로 한 경우로 한정시킬 필요가 있으며 전혀 무관계한 제3자에게 교부시킨 경우에는 사기죄가 성립한다고는 할 수 없다.[38] 따라서 사례(2)와 사례(3)과 같이 모금자에게 전혀 재산상 이익이 발생하지 않았고, 재산적 이득이 전혀 무관계한 제3자에게 이전된 경우에는 적어도 사기죄로서 처벌하는 것은 어렵다고 해야 한다. 결국 이러한 경우에는 구성요건적 결과로서의 재산적 이득의 발생이 인정되지 않기 때문에 사기죄의 기수로서 처벌하는 것은 다당하지 않나고 생각한다.

나아가 사례(2)와 사례(3)은 애초에 재산적 이득을 목적으로 한 행위라고도 할 수 없다. 사기죄는 행위자 측의 재산적 이득의 발생에 의해 기수에 이르는 범죄라고 한다면 애초에 재산적 이득을 얻기 위한 기망행위가 아닌 경우에는 사기죄의 구성요건으로서의 기망행위에 해당하지 않는다고 판단하는 것이 타당하다. 즉 사기죄는 기망행위와 착오에 빠진 피기망자의 재산처분행위에 따라 재산을 취득하는 행위, 이 두 단계의 행위에 의해 성립하는 범죄라고 한다면,[39] 재산을 취득하

38) 西田, 주13)의 책, 181면.

기 위한 수단적 행위 내지 전단계의 행위인 기망행위는 당연히 재산취득행위를 용이하게 하는 행위, 재산을 취득하기 위한 행위여야만 한다. 그럼에도 불구하고 애초에 재산취득을 용이하게 하는 행위 내지 재산을 취득하게 하기 위한 행위가 아닌 경우에는 그것이 거래의 상황에 대한 사실 내지 반대급부에 대한 사실이라는 거래상의 중요한 사실에 대한 기망이라고 할지라도 사기죄의 구성요건으로서의 기망행위에는 해당하지 않는다고 판단하는 것이 타당하다.

생각하건대 사례(2)와 같은 경우에는 재산교부의 기본적 상황에 대한 기망은 없었지만 구체적인 내용, 특히 교부에 있어서 중요한 사실에 대한 기망이 있었다. 그러나 그 기망은 불법하게 타인의 재산을 취득하게 하기 위한 행위가 아니며, 사기죄에 있어서 기망행위에 해당하지 않으므로 그로 인한 재산의 교부를 재산상 손해의 발생이라고 볼 수 없고, 실제적인 재산적 이득의 취득도 인정되지 않는다. 따라서 최초에 설정한 목적과는 다른 용도로 기부금이 사용된 경우에는 그 사용 자체는 다른 문제가 될 수도 있겠으나 사기죄가 성립하는 것은 아니라고 하겠다.

39) 기망행위가 존재하지 않는 경우에 사기죄의 성립을 부정하는 이유는 재산처분의 자유가 사기죄의 보호법익에 포함되기 때문이 아니라 폭행 내지 협박을 수반하지 않는 재산의 취득이 강도죄로 처벌될 수 없는 것과 같이 기망을 바탕으로 하지 않는 재산의 이전이나 감소는 사기죄의 구성요건요소로서의 재산상 손해라고 할 수 없고, 또한 기망에 의하지 않은 재산의 취득을 사기죄로 처벌할 수는 없기 때문이다. 그 외에 사기죄의 구성요건적 행위와 재산상 손해에 관해서는 裵美蘭, 주25)의 글, 1234면.

Ⅳ. 결 론

무상의 편면적 급부에 의한 사기의 경우는 확실히 피해자의 재산처분행위는 있지만 다른 사기죄 유형과는 달리 피해자가 자신의 재산을 교부하는 것에 관한 인식이 있다. 많은 학설은 이러한 점에 착안하여 사기죄의 성립을 한정하기 위해 목적이나 착오 등의 기준을 이용하여 판단기준을 설정하려고 하고 있다. 그러나 상술한 대로 목적불달성론이나 법익관계적착오설 만으로는 무상의 편면적 급부에 있어서 사기죄의 성립범위를 명확하게 판단할 수 없다. 이 두 학설이 지닌 강점은 무상의 편면적 급부와 사기죄의 성부에 있어서 재산적 손해를 기준으로 하는 학설보다 논리적인 이론구성이 가능하다는 점이다. 그럼에도 불구하고 이 두 학설에 따라 판단해도 무상의 편면적 급부의 문제를 해결하기 어렵다면 굳이 이 학설들을 고집해야 할 이유는 없다.

상술한 바와 같이 재산상 손해를 실질적으로 판단하고자 하는 견해들도 실제로는 그 학설들이 제시하고 있는 재산상 손해의 판단기준은 상당히 모호하며, 그것이 피해자의 재산상 손해에 대한 판단기준으로서는 어느 정도 기능할 수 있을지 몰라도 재산적 이득의 발생이라는 부분까지 고려한다면 경제적으로 상당한 대가가 제공된 경우에도 개별적인 판단에 따라 보호법익에 대한 침해를 인정하여 사기죄가 성립한다고 판단하는 것은 타당하지 않고, 실제적인 경제적 가치의 감소가 발생한 경우에만 재산상 손해의 발생을 긍정하는 것이 타당하다고 생각한다. 따라서 피기망자의 재산처분행위에 대해 상당한 반대급부가 제공된 경우에는 재산상 손해의 발생을 부정하여 사기죄의 성립을 부정해야 한다. 또한 행위자의 기망행위나 피기망자의 착오가 인정되지 않는 경우에는 경제적 가치의 감소가 발생했다고 해도 그것이 사기죄의 구성요건요소로서의 재산상 손해는 아니며, 사기죄가 성립하지 않는 것은 당연하고, 이는 무상의 편면적 급부의 경우에도 동일하다. 특히 재산교부에 있어서 중요한 사실에 대한 기망행위가 아닌 경우나 가령 중요한 사실에 대한 기망행위라고 해도 그 행위가 처음부터 재산취득행위를 용이하게 하기 위한 행위나 부정하게 재산을 취득하기 위한 행위가 아닌 경우에는 사기죄의 구성요건으로서의 기망행위에는 해당하지 않고, 사기죄의 성립은 부정된다.

■ 참고자료 ■

<단행본>

김성돈, 형법각론, 2008.
문형섭, 재산범죄론의 이해, 2006.
박상기, 형법각론(제6판), 2005.
배종대, 형법각론(제7전정판), 2010.
백형구, 형법각론(개정판), 2002.
오영근, 형법각론(제2판), 2003.
임웅, 형법각론(개정판), 2005.
정성근/박광민, 형법각론(제3판), 2008.
大塚仁, 刑法概說〔各論(第3版增補版)〕, 2005.
川端博, 財産犯論の点景(刑事法研究第4巻), 1996.
川端博, 刑法各論講義, 2007.
曾根威彦, 刑法各論 (第3版補正3版), 2006.
滝川幸辰, 刑法各論, 1951.
団藤重光, 刑法綱要各論, 1996.
中森喜彦, 刑法各論(第2版), 1996.
西田典之, 刑法各論(第4版), 2008.
林幹人, 刑法各論(第2版), 2007.
前田雅英, 刑法各論講義(第4版), 2007.
松宮孝明, 刑法各論講義 (第2版), 2008.
宮本英脩, 刑法各論, 1935.
山口厚, 問題探究刑法各論, 1999.
山口厚, 刑法各論(補訂版), 2005.
山中敬一, 刑法各論(第2版), 2009.
中山研一, 刑法各論, 1984.

Kindhäuser, Urs, Lehrbuch des Strafrechts Besonderer Teil Ⅱ, 3.Aufl., 2003., §263 Rn.78.

<논문>

김상호, “사기죄에 있어서 재산상 손해”, 동아법학 제17호, 1994.

김성룡, “절도죄의 재물과 제3자 영득에 관한 해석론의 문제점”, 비교형사법연구 제12권 제1호, 2010.

백형구, “사기죄의 구성요건적 행위와 기수시기”, 고시계 통권578호, 2005.

안경옥, “사기죄에 관한 입법론적 검토”, 형사법연구 제22호, 2004.

_____, “형법상 재산상 이익의 개념과 ‘이익을 얻을 가능성’의 범위”, 비교형사법연구 제12권 제2호, 2010.

이정원, “사기와 공갈의 죄 규정의 개정 연구”, 영남법학 제29호, 2009.

_____, “사기죄에서 재산상 손해의 개념에 관한 연구”, 비교형사법연구 제2권 제1호, 2001.

_____, “재산범죄에서의 불법영득의 의사와 불법이득의 의사에 관한 연구”, 비교형사법 연구 제1권, 1999.

정성근, “사기죄에 관한 연구”, 법조 제29권, 1980.

한정환, “사기죄에서의 기망과 재산상 이익 취득”, 형사법연구 제12권, 1999.

황만성, “형법상 사기죄 관련규정의 제 · 개정 방안”, 형사정책연구 제20권 제1호, 2009.

足立友子, “詐欺罪における欺罔行爲について(五)”, 法政論集 제215호, 2006.

伊藤渉, “詐欺罪における財産的損害－その要否と限界”, 刑法雑誌 제42권 제2호, 2003.

菊池京子, “いわゆる乞食詐欺と寄付詐欺における無意識の自己加害－処分行為の自由をめぐる問題性－”. 一橋論叢 제98권 제5호, 1987.

_______, “詐欺罪における相当対価が提供された場合の財産上の損害の有無について(下)”, 東海法学 제18호, 1997.

_______, “詐欺罪における財産上の損害についての一考察(完)”, 東海法学 제23호, 2000.

佐伯仁志, “被害者の錯誤について”, 神戸法学年報 제1호, 1985.

_______, “詐欺罪の理論的構造”, 山口厚외 편, 理論刑法学の最前線Ⅱ, 2006.

高橋省吾, “第37章詐欺及び恐喝の罪第246条(詐欺)”, 大塚仁외 편, 大コンメンタール刑法(第二版), 2008.

長井圓, “消費者取引と詐欺罪の法益保護機能”, 刑法雑誌 제34권 제2호, 1995.

西原春夫, “刑法における財産の保護”, 中山研 외 편, 現代刑法講座第4巻刑法各論の諸問題, 1982.

橋爪隆, “詐欺罪(下)”, 法学教室 제294권, 2005.

林幹人, 詐欺罪における処分行為（上）, 法学セミナー 제471호, 1994.

福田平, “詐欺罪の問題点”, 日本刑法学会 편, 刑法講座第6巻, 1967.

裵美蘭 「詐欺罪における財産上の損害」法政研究 제78권 제4호, 2012.

星周一郎, “詐欺罪の機能と損害概念”, 研修 제738호, 2009.

■ **국문초록** ■

무상의 편면적 급부와 사기죄의 성부

– 주로 일본의 논의를 중심으로 –

배미란 *

이른바 구걸사기나 기부금 사기 등은 속아서 재산을 처분했다고 해도 스스로가 재산을 처분한다는 것과 스스로의 처분행위로 인하여 재산이 감소할 것이라는 것을 알고 있는 경우이다. 이러한 경우에 어떻게 사기죄의 성립을 판단할 것인가가 본 논문의 주된 쟁점이다. 본 논문에서는 이러한 문제에 대하여 사기죄에 있어서 재산상 손해에 관한 기존의 학설들, 그리고 특히 우리 형법의 사기죄와 유사한 규정을 두고 있는 일본의 논의상황을 함께 검토하여 판단하고 있다.

많은 학설은 무상의 편면적 급부와 쌍방급부의 차이점에 착안하여 목적이나 착오 등을 이용하여 사기죄의 판단기준을 설정하려고 하고 있다. 그러나 목적불달성론이나 법익관계적착오설 만으로는 무상의 편면적 급부에 있어서 사기죄의 성립범위를 명확하게 판단할 수 없다. 이 두 학설이 지닌 강점은 무상의 편면적 급부와 사기죄의 성부에 있어서 재산적 손해를 기준으로 하는 학설보다 논리적인 이론구성이 가능하다는 점이다. 그럼에도 불구하고 이 두 학설

* 울산대학교 법학과 부교수/법학박사

에 따라 판단해도 무상의 편면적 급부의 문제를 해결하기 어렵다면 굳이 이 학설들을 고집해야 할 이유는 없다. 무상의 편면적 급부의 문제도 역시 재산상 손해를 포함한 사기죄의 구성요건 전반에 대한 검토를 통하여 사기죄의 성부를 결정짓는 것이 타당하다.

그러나 재산상 손해를 실질적으로 판단하고자 하는 견해들도 실제로는 그 학설들이 제시하고 있는 판단기준은 상당히 모호하다. 생각하건대 형법의 기능이나 사기죄의 재산범적 성격에 적합한 구성요건을 정립하기 위해서는 객관적 구성요건으로서 ① 사기행위자의 기망행위, ② 피기망자의 착오, ③ 착오에 근거한 처분행위자의 재산처분행위, ④ 재산처분행위로 인한 재산상 손해의 발생, ⑤ 구성요건적 결과로서 사기행위자 또는 제3자의 재산적 이득의 발생을 필요로 하는 것이 타당하다. 구성요건적 결과로서의 사기행위자 또는 제3자의 재산적 취득을 감안하면 더욱 경제적 가치의 감소가 발생한 경우에만 재산상 손해의 발생을 긍정하는 것이 타당하다고 여겨진다. 무상의 편면적 급부의 경우에도 구성요건의 해당성을 충분히 검토하여 사기죄의 성립을 판단하는 것이 타당하다. 특히 재산교부에 있어서 중요한 사실에 대한 기망행위가 아닌 경우나 가령 중요한 사실에 대한 기망행위라고 해도 그 행위가 처음부터 재산취득행위를 용이하게 하기 위한 행위나 부정하게 재산을 취득하기 위한 행위가 아닌 경우에는 사기죄의 구성요건으로서의 기망행위에는 해당하지 않고, 사기죄의 성립은 부정된다.

주제어 : 사기죄, 편면적 급부, 재산상 손해, 기부금 사기, 기망

■ ABSTRACT ■

A Study on Gratuitous One−Sided Benefit and the Completion of Fraud

− Focusing on discussion in Japan −

Bae, Mi−Lan *

So−called begging fraud or donation fraud is the case that even if one disposes his properly deceitfully, he knows that he disposes the property himself and the behavior of his own disposal will reduce his property. The chief issue of this article is how to judge the validness of fraud in such cases. Thereupon, regarding such issues, this paper makes judgments by examining existing theories about property loss from fraud and also particularly the discussion in Japan having similar regulations to those for fraud in Korea's criminal law.

Many theories focus on the difference of gratuitous one−sided benefit and mutual benefit to set up the criteria to judge fraud using its purpose or mistake. However, only with the theory of frustration in goal achievement or the theory of mistake in the benefit of law, it is not enough to clarify the range of validness of fraud in gratuitous one−sided benefit. The strength of these two

* Associate Professor, University of Ulsan. Ph. D. in Law

theories is that it allows the construction of more logical theory than the theories taking as their criteria the property loss in gratuitous one-sided benefit or the completion of fraud. Despite this, if the judgment based on the two theories still cannot solve the problem of gratuitous one-sided benefit, there is no need to adhere to these theories. In the problem of gratuitous one-sided benefit as well, it is valid to determine the completion of fraud by examining the requisites of fraud including property loss in general.

However, even the views to judge property loss practically take fairly ambiguous criteria of judgment provided by those theories. It is thought that in order to establish requisites legitimate for the functions of criminal law or the characteristics of property law of fraud, as objective requisites, it is valid to require ① the behavior of deceit by the agent of fraud, ② the mistake of the deceived, ③ the behavior of property disposal by the agent of disposal based on his own mistake, ④ the occurrence of property loss resulted from the behavior of property disposal, ⑤ the occurrence of property gain of the agent of fraud or the third party as a result of the requisites. With regard to the acquisition of property of the agent of fraud or the third party as a result of the requisites, it seems to be valid to affirm the occurrence of property loss only when there is reduction of economic value. Also, in case of gratuitous one-sided benefit, it is adequate to judge the validness of fraud after examining the appropriateness of each requisite for each of the concrete cases. In particular, in the delivery of property, if the behavior of deceit is not about crucial fact, or even if the behavior of deceit is about crucial fact, if the behavior is not about facilitating the behavior of property acquisition from the beginning or acquiring property deceitfully, it does not correspond to the behavior of deceit as a requisite of fraud, and the validness of fraud is denied.

Key Words : fraud, one－sided benefit, property loss, donation fraud, deceit

소년범죄의 현황과 정상화 방안

이상렬 *

Ⅰ. 서 설

소년범죄는 성인범죄의 상대되는 개념으로서 범죄인의 연령에 따라서 분류한 것이다. 소년범죄는 소년비행과는 구별된다. 그러나 소년범죄와 소년비행의 개념을 구별할지에 관하여 견해가 일치하지 않는다. 소년비행은 범죄소년, 촉법소년, 우범소년 모두를 포함한다는 데는 의견이 일치하지만 우범소년이 소년범죄에 해당하는지에 관하여는 견해가 나누어진다.[1] 이러한 견해의 차이는 소년비행과 소년범죄에 대한 두 가지 시각을 반영하는 것이다. 소년비행을 더 넓은 개념으로 이해하면 범죄소년과 촉법소년만이 소년범죄에 해당하고 우범소

* 부산대학교 법학과 박사 수료

1) 원혜욱, 소년비행 예방을 위한 입법정책－우범소년에 대한 규정을 중심으로, 형사정책 제18권 제2호, 2006, 377면

년이 소년비행에 속한다.[2] 반대로 소년범죄를 더 넓은 개념으로 이해하면 범죄소년, 촉법소년 및 우범소년 모두가 소년범죄에 포함된다.[3]

소년법 제2조는 소년을 19세 미만자로 규정하고 있지만, 형법 제9조는 14세를 형사책임연령으로 규정하고 있다. 따라서 소년범죄자는 원칙적으로 일반 형사사건을 범한 14세 이상 19세 미만의 범죄소년을 의미하게 된다. 그러나 소년법은 제4조 제1항에 소년법의 적용대상으로 범죄소년, 촉법소년, 우범소년을 규정하고 있다. 범죄소년이란 죄를 범한 소년(14세 이상 19세 미만)을 말하고, 촉법소년이란 형벌 법령에 저촉되는 행위를 한 10세 이상 14세 미만인 소년을 말하며, 우범소년이란 ① 집단적으로 몰려다니며 주위 사람들에게 불안감을 조성하는 성벽이 있는 것, ② 정당한 이유 없이 가출하는 것, ③ 술을 마시고 소란을 피우거나 유해환경에 접하는 성벽이 있는 것 중의 어느 하나에 해당하는 사유가 있고 그의 성격이나 환경에 비추어 앞으로 형벌 법령에 저촉되는 행위를 할 우려가 있는 10세 이상인 소년을 말한다.

최근 2000년대부터 소년범죄의 저연령화와 흉포화 문제가 언론의 보도와 일반적인 인식, 이에 따른 정부 대책으로 제기되고 있다. 국가인권위원회의 반대에도 불구하고 이러한 논의

2) 박상기/손동권/이순래, 형사정책 한국형사정책연구원 제12판, 2019, 11면
3) 배종대, 형사정책, 홍문사 제10판, 2016, 14면

의 근거가 되고 있는 주장에 대하여 소년범죄의 최근의 통계 자료를 분석함으로써 타당한지 검토하고, 이에 대한 대책으로서 소년 보호의 관점에서 정상화 방안을 모색하고자 한다.

Ⅱ. 소년범죄의 현황과 자료 분석

〈표1〉은 최근 5년간 소년범죄의 전체적인 추세를 보여주고 있다. 소년범죄는 지난 5년간 증감을 반복하다가 2019년부터 약간 증가하였다는 것을 알 수 있다. 범죄소년의 수는 2015년 70,971명에서 2016년 75,961명으로 증가 추세를 보이다가 2018년 66,142명으로 감소하다가 2019년에는 66,247명으로 증가하였다.

〈표1〉 소년범죄의 발생 현황 (단위: 명, (%))

구분 / 연도	소년범죄					성인범죄		
	전체 (A+B)	범죄소년 (A)	14세 미만 보호처분 (B)	소년 범죄율	소년비	발생 건수	인원	범죄율
2015	73,987	70,971	3,016	773.8	3.7	2,020,731	1,948,966	3,961.1
2016	78,819	75,961	2,858	845.8	3.8	2,008,290	2,020,196	3,921.1
2017	76,031	72,666	3,365	837.4	3.9	1,824,876	1,861,796	3,553.0
2018	69,625	66,142	3,483	784.6	3.8	1,738,190	1,749,459	3,368.2
2019	70,074	66,247	3,827	826.1	3.8	1,767,684	1,754,808	3,418.5

* 성인범죄 범죄율은 전체 인구 10만 명 당 범죄 발생 건 수
* 소년범죄율은 만 19세 미만 청소년 인구 10만 명 당 소년범 수를 의미
* 소년비 = 소년범수/(소년범 수 + 성인 범죄자 수)×100.
전체 검거된 범죄자 중 소년범이 차지하는 비율
* 범죄소년(A)에 대한 인원 수는 범죄분석, 대검찰청, 2011~2020
14세 미만 보호처분(B)에 대한 인원 수는 사법연감, 법원행정처, 2011~2020

반대로 14세 미만 보호처분의 수는 2015년에서 2016년까지 감소하는 추세를 보이다가 2019년까지 계속 증가하는 추세를 보이고 있다. 한편, 성년범죄의 수는 2015년부터 2018년까지 감소하다가 2019년부터 약간 증가하였다.

비행소년은 촉법소년, 우범소년, 범죄소년으로 구분하여 〈표2〉를 보면 전체적으로 범죄소년의 발생 건 수가 가장 많고, 우범소년의 발생 건 수가 가장 적다. 그리고 2015년부터 2020년까지 촉법소년과 우범소년의 발생 건 수는 증가하는 추세이며, 범죄소년의 발생 건 수는 2015년부터 2018년까지 점차 감소하다가 2019년부터 증가하고 있음을 알 수 있다.

〈표2〉 소년범죄의 접수 현황 (단위: 건)

구분 연도	촉법소년 (10~13세)	우범소년 (10~18세)	범죄소년 (14~18세)	계
2015	7,045	266	26.764	34,075
2016	7,030	367	26.341	33,738
2017	7,897	526	25.687	34,110
2018	9,051	664	23.586	33,201
2019	10,022	1.114	25.440	36,576
2020	10,584	1,446	26,560	38,590

* 사법연감, 법원행정처, 2011~2020

〈표3〉는 최근 6년간의 소년범죄 유형별 현황이다. 소년범죄는 그 내용에 따라 강력범죄, 폭력범죄, 재산범죄, 교통범죄 등으로 구분된다. 강력범죄(흉악)는 2015년부터 2019년까지 계

속 증가하는 추세를 보이고 있다. 강력범죄(폭력)는 2015년부터 2017년까지 증가하였다가, 2018년과 2019년에 감소하였다. 재산범죄는 2015년에서 2016년까지 증가하였다가, 2017년과 2018년에 감소한 후 2019년에 다시 증가하였다. 교통범죄는 2015년에서 2016년까지 증가하였다가 2017년에서 2019년까지 감소하는 추세를 보이고 있다. 기타 범죄는 2015년에서 2016년까지 증가하였다가 2017년과 2018년에 감소하는 추세를 보였다가 2019년에 증가하였다. 소년범죄는 재산범죄가 가장 많고 강력범죄(흉악)가 가장 적다.

〈표3〉 소년범죄 주요 유형별 구성비 현황 (단위: 명, (%))

구분 연도	소년범지 (계)	강력번죄 (흉악)	강력범죄 (폭력)	재산범죄	교통범죄	기타 범죄
2015	71,035 (100)	2,713 (3.8)	17,473 (24.6)	32,068 (45.1)	8,567 (12.1)	10,214 (14.4)
2016	76,000 (100)	3,343 (4.4)	19,476 (25.6)	33,088 (43.5)	9,259 (12.2)	10,834 (14.3)
2017	72,759 (100)	3,463 (4.8)	21,043 (28.9)	29,056 (39.9)	9,239 (12.7)	9,958 (13.7)
2018	66,142 (100)	3,509 (5.3)	19,742 (29.8)	26,497 (40.1)	7,276 (11.0)	9,118 (13.8)
2019	66,247 (100)	3,665 (5.5)	18,622 (28.1)	27,809 (42.0)	6,940 (10.5)	9,211 (13.9)

* 강력범죄(흉악): 살인, 강도, 방화, 강간
* 폭력범죄: 상해, 폭행, 협박, 공갈, 약취와 유인, 체포와 감금, 폭력행위등(손괴·강요·주거침입등), 폭력행위등(단체등의 구성·활동)
* 재산범죄: 절도, 장물, 사기, 횡령, 배임, 손괴
* 교통범죄: 도로교통법, 교통사고처리특례법, 특정범죄 가중처벌법(도주차량)
* 범죄분석, 대검찰청, 2011~2020

1. 저연령화

최근의 통계를 분석해 보면 범죄를 범하게 되는 연령이 점차 어려지는 '저연령화 현상'이 점점 나타나고 있다. 〈표4〉 소년범의 연령별 현황을 보면, 14세 미만인 자는 2015년과 2016년까지 감소하였다가 2017년부터 2019년까지 계속 증가하였다. 14~15세의 자는 2015년부터 2019년까지 반복 증감하는 추세를 보이고 있다. 반면 16~17세의 자는 2015년부터 2019년까지 계속 감소하였다. 마찬가지로 18세인 자는 2015년부터 2018년까지 감소하였다가 2019년 소폭 증가하였지만 전반적으로 감소 추세이다.

〈표4〉 소년범의 연령별 현황 (단위: 명, (%))

구분 / 연도	계	14세 미만	14~15세	16~17세	18세
2015	73,987 (100)	3,016 (4.1)	14,394 (19.4)	35,855 (46.5)	20,722 (28.0)
2016	78,819 (100)	2,858 (3.6)	21,319 (27.0)	35,196 (44.7)	19,401 (24.6)
2017	76,031 (100)	3,365 (4.4)	20,079 (26.4)	33,749 (44.4)	18,838 (24.8)
2018	69,625 (100)	3,483 (5.0)	19,916 (28.6)	28,819 (41.4)	17,407 (25.0)
2019	70,074 (100)	3,827 (5.5)	20,783 (29.6)	27,886 (39.8)	17,578 (25.1)

* 범죄소년에 대한 인원수는 범죄분석, 대검찰청, 2011~2020
* 14세 미만 보호처분 인원 수는 사법연감, 법원행정처, 2011~2020

2. 흉악화

강력범죄(흉악)는 살인, 강도, 방화, 성폭력 등에 해당한다. 〈표5〉 소년 강력범죄(흉악)의 유형별 인원 및 구성비 현황을 살펴보면, 강력범죄(흉악)는 2015년부터 2019년까지 조금씩 증가하였다. 다만 성폭력이 가장 큰 폭으로 증가하여 전체 인원 증가에 기여하고 있음을 알 수 있다. 강력범죄(흉악)에서 성폭력범죄가 가장 많고 살인범죄가 가장 적다. 살인범죄는 2015년에서 2016년까지 증가하였다가 2018년까지 감소하는 추세를 보이고 있었다가 2019년에는 다시 증가하였다. 강도범죄는 2015년부터 2018년까지 감소하였다가 2019년 증가하였다. 방화범죄는 2015년에서 2016년까지 증가하였다가 2019년까지 감소하는 추세를 보이고 있다. 성폭력범죄는 2015년부터 2019년까지 계속 증가하는 추세를 보이고 있다.

〈표5〉 소년 강력범죄(흉악)의 유형별 인원 및 구성비 현황 (단위: 명, (%))

구분 / 연도	계	살인	강도	방화	성폭력
2015	2,713 (100)	16 (0.6)	432 (15.9)	58 (2.1)	2,207 (81.3)
2016	3,343 (100)	19 (0.6)	317 (9.5)	147 (4.3)	2,860 (85.5)
2017	3,463 (100)	18 (0.5)	244 (7.0)	118 (3.4)	3,083 (89.0)
2018	3,509 (100)	11 (0.3)	215 (6.1)	110 (3.1)	3,173 (90.4)
2019	3,665 (100)	20 (0.5)	366 (10.0)	99 (2.7)	3,180 (86.8)

* 범죄분석, 대검찰청, 2015~2019

3. 폭력화

폭력범죄란 형법 중 상해, 폭행, 공갈과 특별법 중 폭력행위 등 처벌법 위반을 말한다. 〈표6〉 소년 강력범죄(폭력)의 유형별 인원 및 구성비 현황을 살펴보면, 강력범죄(폭력)는 2015년에서 2017년까지 증가하였으나, 2018년과 2019년에는 소폭 감소하는 추세를 보이고 있다. 폭행·상해·폭처법위반은 2015년부터 2017년까지 증가하였다가 2019년 감소하였다. 공갈·협박은 2015년부터 2019년까지 계속 증가하는 추세를 보인다. 기타 폭력범죄는 2015년부터 2018년까지 증가하였다가 2019년 소폭 감소하였다. 그 중 폭행·상해·폭처법위반은 전체 강력범죄(폭력) 중 비율이 가장 높고, 기타 폭력범죄가 차지하는 비율이 가장 적다.

〈표6〉 소년 강력범죄(폭력)의 유형별 인원 및 구성비 현황 (단위: 명, (%))

구분 연도	계	폭행·상해· 폭처법위반	공갈·협박	기타 폭력범죄
2015	17,473 (100)	15,715 (89.9)	1,625 (9.3)	133 (0.8)
2016	19,476 (100)	17,349 (89.1)	1,945 (10.0)	182 (0.9)
2017	21,043 (100)	18,557 (88.2)	2,223 (10.6)	263 (1.2)
2018	19,742 (100)	16,952 (85.9)	2,497 (12.6)	293 (1.5)
2019	18,622 (100)	15,745 (84.6)	2,604 (14.0)	273 (1.5)

* 폭력범죄: 폭행, 상해, 협박, 공갈, 약취와 유인, 체포와 감금, 폭력행위등(손괴·강요·주거침입등), 폭력행위등(단체등의 구성·활동)

* 범죄분석, 대검찰청, 2015~2019

4. 재산범죄

재산범죄는 주로 절도, 손괴, 사기, 횡령, 장물 등으로 구분할 수 있다. 〈표7〉 소년 재산범죄의 유형별 인원 및 구성비 현황을 살펴보면, 재산범죄는 2015년부터 2018년까지 감소하였다가 2019년 증가하였다. 또한 죄명별로 보면 매년 절도죄가 가장 많은 인원을 차지하고 있고, 손괴죄가 가장 적은 인원을 차지하고 있다. 절도죄는 2015년부터 2019년까지 증감을 반복하고 있다. 사기죄는 2015년부터 2017년까지 감소하였다가 2018년과 2019년 증가하였다. 횡령죄와 장물죄는 2015년부터 2019년까지 계속 감소하는 추세를 보이고 있다.

〈표7〉 소년 재산범죄의 유형별 인원 및 구성비 현황 (단위: 명, (%))

구분 연노	계	절도	손괴	사기	횡령	장물
2015	38,034 (100)	26,100 (68.6)	892 (2.3)	8,625 (22.7)	1,569 (4.1)	848 (2.2)
2016	33,246 (100)	22,589 (67.9)	985 (3.0)	7,593 (22.8)	1,488 (4.8)	591 (1.8)
2017	29,037 (100)	20,032 (69.0)	956 (3.3)	6,184 (21.3)	1,428 (4.9)	437 (1.5)
2018	26,626 (100)	16,957 (63.7)	946 (3.6)	7,034 (26.4)	1,399 (5.3)	290 (1.1)
2019	27,851 (100)	17,151 (61.6)	1,119 (4.0)	8,130 (30.0)	1,278 (4.6)	173 (0.6)

* 경찰통계연보, 2019년

5. 마약류 범죄

마약은 천연마약과 합성마약으로 분류되고 있다. 천연마약은 일반적으로 마약원료인 생약으로부터 추출되는 것이고 양귀비, 아편, 헤로인, 코데인, 모르핀, 코카인 등이 포함된다. 합성마약은 화학적으로 합성되는 것이다.[4] 〈표 8〉 청소년 마약류 사범 연령별 현황을 살펴보면, 청소년 마약류 사범의 인원수는 2015년부터 2017년까지 소폭 감소하였다가 2019년까지 증가하는 추세를 보이고 있다. 특히 2019년 청소년 마약류 사범의 인원수는 239명으로 전년 143명에 비하여 크게 증가하는 등 심각성을 나타내고 있다.

〈표8〉 소년 재산범죄의 유형별 인원 및 구성비 현황 (단위: 명, %)

구분 연도	전체 마약류 사범	청소년 마약류 사범	
		인원	비율
2015	11,916	128	1.1
2016	14,214	121	0.9
2017	14,123	119	0.8
2018	12,613	143	1.1
2019	16,044	239	1.5

* 마약류범죄백서, 대검찰청, 2010~2020

4) 청소년백서 2020 참조

한편, 향정신성 의약품이란 사람이 오용 또는 남용할 때 인체에 현저한 위해를 가할 수 있다고 인정되는 물질을 말한다. '메스암페타민(속칭 히로뽕)', 'MDMA(엑스터시)', 'LSD(무색·무미·무취 환각제)' 등이 여기에 포함된다.[5] 〈표9〉 청소년 마약범죄의 마약류별 현황을 살펴보면, 2019년 향정신성 의약품은 청소년 마약범죄의 비중이 가장 높아 69.9%를 차지하였다. 대마의 비중은 28.9%로 다음을 차지하고 있다. 그리고 향정신성 의약품, 대마 및 마약의 사용이 2019년까지 대폭 증가하는 추세를 보이고 있다. 마약은 청소년 성장 과정에서 신체·정신의 발달에 큰 부작용을 일으킬 수 있기 때문에 소년의 마약범죄에 대하여는 특히 심각성을 인식하고 대처해야 한다.

〈표9〉 청소년 마약범죄의 마약류별 현황 (단위: 명, (%))

구분 연도	전체	청소년 마약류			
		합계	향정신성 의약품	대마	마약
2015	11,916	128 (100)	78 (60.9)	50 (39.1)	-
2016	14,214	121 (100)	91 (75.2)	28 (23.1)	2 (1.7)
2017	14,123	119 (100)	70 (58.8)	49 (41.2)	-
2018	12,613	143 (100)	105 (73.4)	36 (25.2)	2 (1.4)
2019	16,044	239 (100)	167 (69.9)	69 (28.9)	3 (1.2)

* 마약류범죄백서, 대검찰청, 2010~2020

5) 청소년백서 2020 참조

6. 사이버범죄

〈표10〉 사이버사건 피의자 연령별 현황을 살펴보면, 사이버범죄에서 20대가 가장 많고 50대가 가장 적다. 10대와 30대는 2016년부터 2018년까지 감소하였다가 2020년 증가하는 추세를 볼 수 있다. 20대와 40대는 2016년과 2017년 감소하였다가 2018년부터 2020년까지 증가하였다. 50대는 2016년과 2017년 증가하였다가 2018년은 감소, 2019년과 2020년에 또 증가하는 등 증감을 반복하고 있음을 알 수 있다.

〈표10〉 사이버사건 피의자 연령별 현황 (단위: 명)

연도＼구분	10대	20대	30대	40대	50대
2015	11,400	28,424	19,615	9,573	4,343
2016	8,726	24,296	14,627	7,123	4,573
2017	8,642	25,374	14,324	7,287	3,791
2018	9,651	27,538	16,322	8,414	4,601
2019	12,165	34,358	18,240	9,620	5,453

* 경찰통계연보, 2016~2020

사이버범죄는 정보통신망침해 범죄, 정보통신망이용 범죄, 불법 컨텐츠 범죄를 구분할 수 있다. 〈표11〉 사이버사건 10대 피의자 유형별 현황을 보면, 정보통신망이용 범죄를 저지른 10대 소년의 인원수가 가장 많고 정보통신망침해 범죄를 저지른 10대 소년의 인원수가 가장 적다.

〈표11〉 사이버사건 10대 피의자 유형별 현황 (단위: 명)

구분 연도	계	정보통신망침해 범죄	정보통신망이용 범죄	불법 컨텐츠 범죄
2015	11,400	223	8,592	2,585
2016	8,726	212	6,446	2,068
2017	8,642	136	6,713	1,793
2018	9,651	204	7,715	1,732
2019	12,165	165	9,130	2,870

* 경찰통계연보, 2016~2020

7. 학교폭력의 집단화

〈표12〉 소년범죄자 공범관계 현황을 살펴보면, 소년범죄자 중 공범보다 단독범이 더 많다고 볼 수 있지만 공범이 차지하는 비중이 거의 50%에 이르고 있다. 단독범은 2015년과 2016년에 증가하였다가 2017년과 2018년에 감소하는 추세를 보였다가 2019년 다시 증가하였다. 공범은 2015년과 2016년에 증가하였다가 이후 2019까지 감소하는 추세를 보이고 있다. 소년범죄자 공범관계에서 동네 친구인 관계가 가장 많고 군동료인 관계가 가장 적다. 한편 〈표13〉 학교폭력 실태 결과를 살펴보면, 학교폭력은 최근 5년 사이 증가하는 추세를 보이고 있다.

〈표12〉 소년범죄자 공범관계 현황 (단위: 명)

연도＼구분	계 (단독범+미상+공범)	단독범	미상
2015	71,035	39,144	3,509
2016	76,000	42,104	2,698
2017	72,759	39,960	3,188
2018	66,142	31,713	6,875
2019	66,247	32,515	6,573

연도＼구분	공범									
	소계	학교동창	교도소·소년원동료	직장동료	친인척	군 동료	동네친구	고향친구	애인	기타
2015	28,382	9,895	206	100	235	4	12,577	648	466	4,251
2016	31,198	11,268	169	107	275	2	14,209	642	557	3,969
2017	29,611	10,592	192	98	255	1	13,711	730	468	3,564
2018	27,554	9,543	195	63	234	2	12,711	551	471	3,784
2019	27,159	8,950	195	61	189	–	13,107	533	406	3,718

* 범죄분석, 대검찰청, 2015~2020

〈표13〉 학교폭력 실태 결과 (단위: %)

연도	학교폭력의 발생 비율
2015	9.1
2016	9.8
2017	10.8
2018	8.9
2019	12.3

* 교육부 2020년도 학교폭력 실태조사 결과 발표 보도자료

8. 재범율

소년범죄는 초범과 재범으로 구분할 수 있다. 초범은 소년범죄에서 압도적 비중을 차지하고 있다. 〈표14〉 소년범죄의 전과별 현황을 살펴보면, 소년범죄에서 초범은 2015년 51,342명에서 2018년 43,935명으로 감소하였다. 2019년에는 44,771명으로 소폭 증가하였으나 2020년 43,305명으로 다시 감소하였다. 재범의 경우 1범에서 3범은 점차 감소하는 경향을 보이고 있다. 4범은 2015년 2,221명에서 2017년 1,798명으로 감소하였고, 2 018년에는 다시 1,803명으로 증가하였다가 2020년에는 1,581명으로 감소하였다. 5범 이상은 2015년부터 2018년까지 계속 감소하는 추세를 보이고 있다. 최근 5년에서 수년범죄이 전과별 현황을 볼 때 초범의 비율은 65% 내외의 높은 비율을 유지하고 있고, 재범의 비율은 35%를 유지하고 있다.

〈표14〉 소년범죄의 전과별 현황 (단위: 명)

구분 / 연도	계	초범	재범					
			소계	1범	2범	3범	4범	5범 이상
2015	80,321	51,342	28,979	9,496	4,879	3,343	2,221	9,040
2016	76,356	50,112	26,244	8,436	4,490	2,971	2,036	8,311
2017	72,752	48,763	23,989	8,009	4,188	2,766	1,798	7,228
2018	66,259	43,935	22,324	7,162	3,709	2,557	1,803	7,093
2019	66,204	44,771	21,433	6,674	3,347	2,512	1,598	7,302

* 경찰통계연보, 2020

9. 학생범죄의 감소

〈표15〉 연도별 학생범죄 현황을 살펴보면, 학생범죄의 수는 2015년 57,672명에서 2019년 49,726명까지 꾸준히 감소하고 있다. 그리고 학생범죄는 전체 소년범죄의 약 80%를 차지하고 있다.

〈표15〉 연도별 학생범죄 현황 (단위: 명, %)

구분 / 연도	전체범죄(A)	청소년범죄		학생범죄	
		인원(B)	구성비 (B/A×100)	인원(C)	구성비 (C/B×100)
2015	1,888,959	71,035	3.8	57,672	81.2
2016	1,973,655	76,000	3.9	56,625	74.5
2017	1,818,237	72,759	4.0	55,074	75.7
2018	1,704,086	66,142	3.9	54,205	82.0
2019	1,723,499	66,247	3.8	49,726	75.1

* 범죄분석, 대검찰청, 2015~2020

10. 학력별 현황

〈표16〉 소년범죄의 학력별 현황을 보면, 고등학교 학력 수준의 소년범이 가장 많고 전체 소년범의 약 60%를 차지하고 있다. 반면 불취학의 소년범이 가장 적고 전체 소년범의 약 0.02%를 차지하고 있다. 〈표16〉에서 소년범죄의 학력별 추세를 보면, 불취학, 초등학교, 고등학교, 대학교 학력 수준의 소년범은 2015년부터 2019년까지 감소하다가 2019년 약간 증가하였다.

〈표16〉 소년범죄의 학력별 현황 (단위: 명)

연도 \ 구분	계	불취학	초등학교				중학교			
			소계	재학	중퇴	졸업	소계	재학	중퇴	졸업
2015	80,321	21	366	118	73	175	19,816	13,707	3,423	2,686
2016	76,356	19	345	115	56	174	17,400	12,601	2,420	2,379
2017	72,752	18	236	103	33	100	16,485	12,781	1,543	2,161
2018	66,259	16	166	64	27	75	15,844	12,670	1,432	1,742
2019	66,204	14	144	58	17	69	16,426	13,292	1,391	1,743

연도 \ 구분	고등학교				대학교				대학원	유학	미상
	소계	재학	중퇴	졸업	소계	재학	중퇴	졸업			
2015	46,286	31,311	10,109	4,956	2,958	2,800	101	57	125	581	10,168
2016	45,633	31,444	9,304	4,885	2,798	2,633	112	53	121	510	9,530
2017	43,841	30,123	8,835	4,883	2,555	2,429	82	44	101	396	9,120
2018	37,185	23,933	8,794	4,458	2,244	2,111	98	35	58	298	10,448
2019	36,775	23,067	9,480	4,228	2,151	2,040	81	30	60	338	10,296

* 경찰통계연보, 2020

11. 성별 현황

〈표17〉 소년범의 성별 인원 및 구성비 현황을 살펴보면, 소년범 중 범죄를 저지른 자는 대부분 남자이고 전체 소년범의 약 82%를 차지하였다. 남자범과 여자범 모두 2015년부터 2019년까지 증감을 반복하는 추세를 보이고 있다.

〈표17〉 소년범의 성별 인원 및 구성비 현황 (단위: 명, (%))

구분 / 연도	계	남자	여자
2015	71,035 (100)	60,535 (85.2)	10,500 (14.8)
2016	76,000 (100)	63,777 (83.9)	12,223 (16.1)
2017	72,759 (100)	59,926 (82.4)	12,833 (17.6)
2018	66,142 (100)	53,879 (81.5)	12,263 (18.5)
2019	66,247 (100)	54,441 (82.2)	11,806 (17.8)

* 범죄분석, 대검찰청, 2015~2020

Ⅲ. 소년범죄에 대한 언론 보도

2017년 부산 여중생 집단폭행 사건[6]을 기점으로 최근 몇 년간 연이어 발생한 촉법소년의 강력범죄로 인해 소년범죄와 소년사법제도에 관한 일반인들의 관심이 매우 높아졌다. 특히 이러한 소년범죄에 대한 연일 자극적인 제목으로 언론에 여과 없이 구체적인 정황까지 상세하게 보도됨으로써 이를 접한 국민들은 소년범죄자에 대한 강력한 대책을 요구하는 여론이 우세해지고, 정치권에서는 국가인권위원회의 반대의견과 대다수의 실상에 대한 연구 결과에도 불구하고 형사미성년자의 연령 하향조정이 국정과제와 대선 공약으로도 등장하였다.

지난 윤석열 정부에 이어 2025년 국민의힘 대선 공약으로

6) https://www.ilyo.co.kr/?ac=article_view&entry_id=268271

도 촉법소년의 연령을 하향 조정하려는 입장을 보이고 있다. 2025년 5월 17일 서울경제TV의 "국민의힘, '안전 공약' 발표… 촉법소년 기준 하향·강력범죄 하한 상향"의 기사[7]에 따르면, 국민의힘이 강력범죄 대응 강화를 중심으로 한 '안전 공약'을 17일 발표하였다. 국민의힘 정책총괄본부는 이날 보도자료를 통해 "흉악범죄, 사이버 보안, 재난, 약물중독 등으로부터 국민의 건강과 안전, 국가 안보를 든든하게 지키겠다"며 '국민이 안심할 수 있는 나라' 공약을 공개하였다. 형사처벌 대상에서 제외되는 촉법소년의 연령 기준을 기존 만 14세 미만에서 만 12세 미만으로 하향 조정하겠다고 공약을 내세웠다.

2022년 5월 15일 연합뉴스의 '촉법소년' 범죄 최근 10년 증가세… "연령만 낮춰도 예방효과"라는 기사[8]에 따르면, 이수정 경기대 범죄심리학과 교수가 교신저자로 참여한 박지혜 석사과정생 등 연구팀은 학술지 '교정담론' 4월호에 발표한 '형사미성년자 기준연령 하한에 대한 고찰' 논문에서 2011~2020년 10년간의 검찰·경찰·법원의 소년범죄 통계 자료를 분석했다. 저자들은 논문에서 "미성년자들이 법정에 섰을 때 보호처분을 받을지 형사처분을 받을지 예상할 수 없어야 처벌의 효과가 높아질 것"이라고 말했다. 이들은 촉법소년 기준 연령을 낮추는 것이 실제 '처벌'의 목적보다는 '전과에 대한 두려움'을 이용해

7) https://www.sentv.co.kr/article/view/sentv202505170006
8) https://www.yna.co.kr/view/AKR20220514045000004

범죄를 억제하는 예방 효과가 있다고 설명했다.

이 교수는 "소년원은 전과로 남지 않아 아이들이 크게 두려워하지 않는다. 이들에게 평생 낙인이 되는 형사처벌에 대한 두려움만 줘서 범죄를 억제하는 것"이라며 "결정은 재판부의 몫이기에 옵션을 넓히는 차원"이라고 설명했다. 범죄심리 전문가의 연구와 주장을 바탕으로 소년범죄에 대한 대책으로써 사회 경험이 부족한 소년을 보호의 대상으로 인식하기보다 형사처벌을 강화하는 극단적인 연령 하향이라는 수단으로 일반예방 효과를 달성하려고 하고 있다.

2025년 6월 22일 JTBC '사건반장'에서 보도된 "초등생에 불 붙이고 침 뱉은 '촉법소년들'"라는 뉴스[9]에 따르면, 피시방에서 게임하던 초등학생이 또래보다 나이 많은 청소년들에게 집단 괴롭힘을 당했다는 제보가 지난 20일 JTBC 〈사건반장〉을 통해 보도되었다.『피해 학생은 초등학교 6학년에 재학 중인 제보자의 아들입니다. 지난달 1일, 한 피시방을 찾았다가 옆자리에 있던 중학교 2학년생 2명과 1학년생 1명에게 집단 괴롭힘을 당했습니다. 해당 사건은 현재 학교폭력위원회와 경찰에 신고된 상태입니다. 제보자는 "가해 학생들은 지난해 피시방에서 아들의 돈을 갈취해 한 번 주의를 받았었다"며 "촉법소년이라는 이유로 범죄행위를 가볍게 생각하는 아이들에게 경각심 주고 싶어 제보했다"고 밝혔습니다. 당시 현장 폐쇄회로

9) https://news.jtbc.co.kr/article/NB12251389?influxDiv=NAVER

(CCTV)에는 남학생들이 갑자기 다가와 라이터를 꺼내 옷에 불을 붙이며 위협을 가했고, 여학생은 의자 위에 침을 계속 뱉어 피해 학생의 머리를 타고 흐르게 만드는 모습이 담겨 있었습니다. 가해 학생 중 한 명은 제보자 아들의 자리를 강제로 빼앗아 무단 사용하기도 했습니다.』라며, 자극적인 제목의 기사와 함께 사건의 전말을 자세하게 보도하여 소년범죄에 대한 문제점을 부각시키고 처벌 강화에 대한 여론을 부추길 수 있는 보도를 계속해서 양산하고 있다.

2025년 8월 6일 서울신문의 "촉법소년의 '백화점 테러 협박'…미국이었으면 '중범죄'"의 기사[10]에 따르면, 신세계백화점 본점에 '폭탄 테러'를 예고한 글을 온라인 커뮤니티에 올린 중학생이 형사처벌을 할 수 없는 '촉법소년'이라는 점을 둘러싸고 갑론을박이 펼쳐지고 있다. 신세계백화점에 6억 원이 넘는 손실을 안긴 것으로 추정되는 협박글이 단순 장난이 아닌 범죄라는 인식을 강화해야 한다는 지적이 나온다. A군은 촉법소년인 탓에 형사처벌이 아닌 소년법에 따른 보호처분을 받는다. 미국의 경우 협박글을 올린 네티즌은 체포 및 구금, 기소를 피하기 어렵다. 특히 10대 미성년자라도 '중범죄'로 기소된 사례가 적잖다. 테러 협박이라는 흉악한 소년범죄로부터 국민을 안전하게 보호하기 위하여 중범죄로 처벌해야 할 것을 주장하는 보도를 하고 있다.

10) https://www.seoul.co.kr/news/society/accident/2025/08/06/20250806500188?wlog_tag3=naver

Ⅳ. 소년범죄의 정상화 방안

1. 최근의 논의에 대한 비판

소년범죄는 사회 내에서 촉법소년이 범하는 특정 사건에 대한 언론의 감정적 대응과 자극적인 제목으로 구체적인 사건 상황을 자세하게 언론 기사를 통해 반복적으로 노출되고 있다. 그러나 검증되지 않은 저연령화, 흉포화라는 개념에 근거해서 범죄소년에게 엄벌화의 책임을 부과해서는 안 될 것이다. 형사책임의 연령은 대상소년의 일생에 영향을 미치는 법적 제재의 하한을 몇 살로 할 것인지 여부를 결정하는 것으로 책임주의 원칙과 소년에 대한 보호주의가 교차하는 영역의 문제이자 결과적으로 형법에서의 대원칙인 책임능력을 수정하는 문제이기도 하기 때문이다. 인지과학적인 측면에서 형사책임연령의 한계점을 높여야 하는 명백한 이유가 객관적이면서도 과학적으로 규명 가능하다면 그 결과를 받아들일 수 있을 것이다.[11] 위의 통계에서 촉법소년의 범죄가 최근 2~3년간 증가하는 추세이기는 하나 몇 년간의 소폭 증가에 대한 대책으로 엄벌화해야 한다고 주장한다면 성급한 대책이라 하지 않을 수 없으며, 흉포화 되었다는 것은 더욱 더 근거를 찾을 수 없다.

한편, 소년범에 대한 엄벌의 요구와 촉법소년 연령의 하향 조정을 요구하는 여론의 근거로 과거보다 현저히 높아진

---

11) 이덕인, 형사책임연령 하향에 대한 비판적 고찰, 형사정책연구 제23권 제 1호, 2012, 32면

신체적·정신적 성숙도와 정보접근매체의 다양화로 인한 정보의 취득 등을 들고 있다.[12] 이러한 신체적·정신적 성숙도로 인하여 엄벌에 처해야 한다는 견해에 대해서도 정신적 성숙도가 과거에 비해 얼마나 달라졌는지에 대하여는 구체적인 결과는 제시되고 있지 않으며, 소년범죄의 예방과 재범방지는 소년보호주의가 우선시되어야 한다는 원칙에도 반하는 것이다.

2. 치료적 사법(Therapeutic Jurisprudence)의 도입

(1) 개념과 형태

치료적 사법은 범죄의 결과보다는 원인에 중점을 두고 범죄자가 범죄에 이르게 된 원인을 분석하여 범죄를 예방하고 재범을 방지하고자 하는 '예방적/치유적/보호적 사법'이라고도 한다. 치료적 사법에서의 '치료'는 범죄를 행할 수 밖에 없는, 범죄와 범죄 피해로부터 벗어나지 못하게 하는 문제들을 해결하는 방안을 의미한다고 한다.

치료적 사법의 취지는 소년사법제도에서는 소년범죄를 사회적 질병으로 보고, 소년범죄를 발생시키는 소년의 현실 및 사법절차를 감소시키는 것을 목표로 한다. 즉 가해자의 적법한 처벌과 교화, 피해자 등의 적절한 치료와 보호, 관련자의 교육, 과정과 결과에 대한 지속적인 점검, 재범의 방지 및 범

12) 김두상/박상식, 형사처벌 대상자의 연령인하와 치유사법에 관한 고찰, 법학연구 제24권 제2호, 2016, 5면

죄자의 사회복귀 및 사후관리 등과 같은 구체적인 실천을 통해 소년범죄의 악순환을 끊고자 하는 진화된 형태의 사법체계이다.[13)]

치료적 사법은 범죄를 심판하는 것만으로는 사회적 병리현상을 제대로 해결할 수 없다는 것에 착안한 형사사법 패러다임의 전환으로 미국에서 시작되었다. 법원이 범죄자를 단순히 처벌하는 역할에서 나아가 범죄를 예방하고 범죄를 짓게 된 원인을 찾아내어 범죄의 악순환을 끊어내며, 특히 개선가능성이 큰 소년범죄자의 경우 적극적으로 법원이 개입하여 치료하는 법원으로서의 기능을 강화하고자 하는 것이다.[14)] 치료적 사법의 개념은 치료 대상으로서의 범죄소년이나 피고인, 피해자에게 국한되는 것이 아니고, 사법기관과 사법제도를 포함하여 모두가 협력하여 문제 해결을 위한 합리적인 방법을 찾고자 하는 것이다.[15)] 대중들의 관심과 지역사회의 적극적인 참여는 치료가 필요한 소년에게 적절한 치료가 이루어지게 도울 것이며, 재범을 방지함으로써 사회방위에 기여하게 될 것이다.[16)]

치료적 사법의 원리를 반영하여 실무상 미국에서는 '문제

13) 박상완, 드라마 〈소년심판〉에 나타난 치료적 사법의 가능성에 대한 연구, 드라마연구 제67호, 2022, 104면
14) 김연지, 소년의 형사책임능력과 치료사법에 관한 연구, 한국외국어대학교 박사학위논문, 2018, 141면
15) 김연지, 144면
16) 김연지, 163면

해결법원'이 등장하였는데, 전통적인 법원과는 달리 법원의 절차를 새롭게 구성하여 법원을 중심으로 다양한 전문기관들과 협력하여 법원이 각종 사회 문제 해결의 중심지로의 역할을 담당한다. 이는 정신질환을 가진 자가 범죄행위를 한 경우 주로 약물에 의한 치료를 목적으로 설립된 치료법원과는 차이를 가지며, 법원뿐만 아니라 변호사, 검사, 판사 등 재판에 관여하는 모든 당사자가 피고인에게 최상의 이익이 되는 방향으로 서로 근본적으로 문제된 원인을 효과적으로 치료하도록 돕는 역할을 수행한다. 미국에서는 치료적 사법의 대표적인 사례로 '소년정신건강법원(JMGC)'이 설립되었다. 최초의 소년정신건강법원으로 소년을 위한 맞춤형 치료를 위한 법원(CITA)이 2001년도에 산타클라라에 설립되었고, 이후 로스앤젤레스의 '소년정신건강법원(LAJMGC)'을 비롯하여 현재에는 15 개 주에서 41곳의 '소년정신건강법원(JMGC)'이 운영되고 있다. 이러한 소년정신건강법원에서는 치료의 동의에 관하여 부모의 역할이 문제가 되기도 하나, 소년에 대한 치료가 효과적이기 위해서는 소년의 적극적 참여와 능동적 역할이 중요하다. 따라서 소년에 대한 치료가 효과적이고 재사회화가 성공적으로 이루어지기 위해서는 범죄보다는 범죄소년에게 초점을 두고 판단하여야 한다. 또한 소년정신건강법원에 대한 이미지를 변화시킴으로써 소년들이 이곳에 대한 거부감을 가지지 않도록 하는 것이 중요하다.[17)]

(2) 시행방안

치료적 사법의 시행방안으로는 문제해결법원의 도입과 의료소년원의 개선 및 확충, 6호 처분의 활용 등의 방법들을 고려할 수 있다. 그러나 소년에 대한 문제해결법원을 도입하기 위해서는 소년을 전담하는 법원의 설립이 우선되어야 한다.

우리나라의 경우 소년에 대해서는 보호처분과 형사처분이 이원화되어 있고, 이러한 처분을 결정하는 기관이 검찰인 검사우선주의를 취하고 있기 때문에 소년을 전담하는 법원이 설립되어 있지 않다. 보호처분절차를 관할하는 법원 역시 소년전담법원이 아니기 때문에 범죄소년의 문제를 중심으로 판사, 검사, 변호사가 협력하여 근본적인 범죄의 원인을 치료하는 역할을 수행하기 어렵다. 또한 소년사법절차의 지연으로 인해 대상 소년뿐만 아니라 지역사회에 피해를 야기하는 사례도 종종 언론을 통해 보도되고 있기 때문에 문제해결법원을 도입하기 이전에 소년전담법원의 설립이 우선되어야 한다.

의료소년원의 확충 및 효율적인 운영도 고려되어야 할 것이나, 치료사법의 기본 이념은 범죄소년의 범죄 원인을 분석하여 대상 소년에게 가장 적합한 처우를 통해 치료와 교육을 제공해야 한다는 것이다. 이러한 점을 고려한다면 조사 기능의 강화와 촉법에게 적합한 집중보호관찰 프로그램을 개발하여 시행하는 것이 더 적절한 치료사법이라 할 것이다.

17) 김연지, 169면

Ⅴ. 결

최근 소년법의 개정에 관한 필요성은 이슈가 되는 소년범죄 사건이 발생할 때마다 더욱 지지를 받으며 부각되고 있다. 언론에서는 소년범죄가 증가하고 저연령화, 흉포화 된다고 주장하며, 촉법소년의 연령 하향, 소년법 폐지 등 엄벌해야 한다는 주장이 나타나고 있다.

그러나 현행 소년사법절차에서 14세 미만이라도 10세 이상 소년의 소년원 송치, 보호처분이 가능하므로 처벌이 불충분한 것이 아니고, 소년을 교도소에 수감할 경우 성인범죄자에 의한 감염효과가 우려되며, 교육을 통한 교화 기회를 박탈하게 될 우려가 있다. 또한 현재 소년범죄에 대한 엄벌화가 필요하다는 주장의 근거가 되는 최근 몇 년간의 촉법소년의 범죄의 증가에 대한 대책으로서 타당한지 의문이며, 흉포화는 위의 통계에 의할 때 적절하지 않다는 점이 드러났고, 치료와 교육을 중심으로 보호주의 정책에 기본 가치를 두고 문제를 해결하도록 하여야 할 것이다.

소년범죄의 예방과 재범방지는 소년보호주의의 핵심이고, 미국·영국 등의 소년사법절차에서 다시 그 중요성이 부각되고 있다. 이러한 소년범죄의 예방과 재범방지는 우리나라 국민들이 우려하는 소년범죄의 흉포화, 저연령화에 대한 대책인 동시에 성인으로 이어지는 강력범죄를 줄이는 가장 효과적인 방법인데, 이를 추진하기 위해서는 우선 소년범죄 현상과 원인에 대한 진단이 필요하고, 소년사법절차의 구조적 문제와 효율적 운영 방안에 대한 다양한 검토가 필요하다.

소년범죄의 예방과 재범방지라는 소년보호주의를 달성하기 위해서는 먼저 소년범죄에 대한 신속한 개입과 관리, 신속하고 효율적인 운영을 위한 제도개선 외에, 궁극적으로는 치료와 교육의 확대, 지역사회 연계라는 비사법적인 노력이 수반되어야 할 것으로 보인다.

특히, 촉법소년에 대해서는 형사책임에 따른 처분과 더불어 소년들의 복지를 고려한 교육적이고 보호적 대책을 병행하는 소년보호체계를 정립하는 것이 엄벌화보다 우선시되어야 하며, 이러한 치료와 교육을 중심으로 하는 대책의 중요성은 촉법소년의 경우 더욱 중요시되고 있다. 따라서 촉법소년에 대해서는 연령 하향을 통한 엄벌화 그리고 획일적, 형식적 처우를 지양하고 개개 소년에 따라 그 가능성을 찾아 처우를 개별화하여 치료와 교육이 우선적으로 이루어져야 할 것이다.

■ 참고자료 ■

김두상/박상식, 형사처벌 대상자의 연령인하와 치유사법에 관한 고찰, 법학연구 제24권 제2호, 2016

김연지, 소년의 형사책임능력과 치료사법에 관한 연구, 한국외국어대학교 박사학위논문, 2018

박상기/손동권/이순래, 형사정책 한국형사정책연구원 제12판, 2019

박상완, 드라마 〈소년심판〉에 나타난 치료적 사법의 가능성에 대한 연구, 드라마연구 제67호, 2022

배종대, 형사정책, 홍문사 제10판, 2016

원혜욱, 소년비행 예방을 위한 입법정책－우범소년에 대한 규정을 중심으로, 형사정책 제18권 제2호, 2006

이덕인, 형사책임연령 하향에 대한 비판적 고찰, 형사정책연구 제23권 제1호, 2012

■ 국문초록 ■

소년이란 19세 미만인 자를 말한다. 최근의 일반적인 생각처럼 소년범죄가 저연령화, 흉포화되고 있으며 재범률이 높아지고 있는지, 이에 근거하여 소년법상 소년범죄의 적용 대상연령을 낮춘 입법 논의가 적절한지 살펴보고 최근 통계 자료의 분석을 통하여 우리의 현실에 비추어 적절한 연령을 제안하였다.

소년법의 개정에 찬성하는 입장을 종합하면 소년범죄의 저연령화, 흉포화, 높은 재범률과 함께 범행 내용도 사회적으로 문제되는 경우가 적지 아니하여 소년의 비행에 대처하고 교화·선도 중심으로 소년사법체계를 개선하려는 목적에서 연령을 낮출 필요가 있다고 한다. 그러나 최근의 소년범죄의 변동 추이, 특히 14세 미만의 범죄율의 변동율을 보면 이러한 주장의 근거는 타당성이 결여되었다고 여겨진다.

이 연령의 소년에게 저연령화, 흉포화, 높은 재범률이라는 부당한 누명을 씌우고 사회방위라는 명분으로 소년법의 대상 연령을 낮추는 것은 타당하지 않다. 그리고 소년기의 정신적·신체적 발달과정상의 특성과 보호처분으로 인한 낙인효과 등의 관점을 고려하여 과학적이고 합리적인 근거도 부족하다.

소년범죄에 대한 예방과 방지 대책으로 치료적 사법을 도입할 필요가 있다. 치료적 사법은 소년범죄를 사회적 질병으로 보고, 소년범죄를 발생시키는 소년의 현실 및 사법절차를 감소시키는 것을 목표로 한다. 즉 가해자의 적법한 처벌과 교화, 피해자 등의 적절한 치료와 보호, 관련자의 교육, 과정과 결과에 대한 지속적인 점검, 재범의 방지 및 범죄자의 사회복귀 및 사후관리 등과 같은 구체적인 실천을 통해 소년범죄의 악순환을 끊고자 하는 진화된 형태의 사법체계이다.

주제어 : 범죄소년, 소년법, 치료적 사법

■ ABSTRACT ■

The current situation of the juvenile delinquency and a way for normalization

Lee, Sang−Ryeol *

The juvenile means people who under 19 years of age. As common belief, I looked through that the juvenile delinquency is low−aging, savagerying and second conviction rate grossing and on the basis them, legislation lowered age of the juvenile delinquency under Juvenile Act is appropriate. And then, through the analysis of recent statistic, I suggested proper age.

A supporting argument about revision of Juvenile Act think that the age of upper limit and the lowest limit are need to be lowered to reform and lead the juvenile delinquency. Because of low−aging, savagerying and sccond conviction rate grossing and the contents of criminal behaviors has recently come to the fore as a serious social issue. But recent changes of the juvenile delinquency, especially if we look through the chages of the crime rate of under 14 years of age, the ground had doubts about the validity of these argument.

Therefore, a supporting argument about revision of Juvenile

* ABD of Department of Law, Pusan National University

Act puts the blame called low−aging, savagerying and sccond conviction rate grossing on them and on the pretext of the scciety defense they lowered the age is not reasonable.

Therefore, as an alternative to prevent and ruduce the juvenile delinquency, it emphasizes the cause rather than the result of the crime, and suggests a therapeutic justice to resolve the cause of crime. As a representative form of therapeutic justice, there is a problem−solving court, which aims to make courts a central for solving various sccial problems by cooperating with various professional organizations in order to achieve common goals. Thus, it requires a paradigm shift in the traditional way of courts and judicial systems. As shown in the example of introduction of therapeutic judicial system in the United States, the ideology and system of therapeutic judicial system should be introduced in Korea as well.

Key Words : Juvenile Act, the juvenile delinquency, therapeutic justice

공정거래법상 조사방해죄 성립의 한계

이재호 *

Ⅰ. 서 론

공정거래위원회는 공정거래법에 근거하여 사업자의 법위반 행위에 대하여 시정조치를 할 수 있는 권한을 가지고 있고, 이러한 행정 목적을 달성하기 위하여 법위반 행위에 대한 조사를 할 수 있는 권한을 가지고 있다. 일반적으로 공정거래위원회의 조사를 행정조사 중 임의조사에 해당하는 것으로 보고 있다. 그러나 「독점규제 및 공정거래에 관한 법률」(이하 "공정거래법"이라 한다) 제124조 및 제125조는 공정거래위원회의 조사를 방해하는 행위에 대해서 조사방해죄로서 형사처벌 대상으로 규정하고 있다. 그 행위 유형으로 폭행·폭언을 통한 현

* 감사원, 변호사, 부산대학교 법학전문대학원 박사과정 수료

장조사를 방해하는 것에서부터 허위의 자료나 물건 제출 및 자료의 은닉·폐기·위조·변조 행위에 이르기까지 폭넓게 규정하고 있다.

공정거래위원회의 조사가 임의조사인 점을 고려한다면 별다른 이유 없이 조사를 거부하더라도 조사방해죄가 성립하지 않는 것으로 보아야 할 것이나, 실제 조사방해죄 기소 사례를 보면 그렇지 않다.

그러므로 본 논문에서는 공정거래법상 조사방해죄 성립의 한계에 대해서 검토하고자 한다. 공정거래위원회의 조사방해죄 성립과 관련한 선행 연구로는 2024년 2월 대한변호사협회에서 발행하는 인권과 정의에서 경제법 특집을 마련하여 '공정거래법의 형사적 집행'을 주제로 공정거래법의 형사적 집행절차에 있어서 실무상 쟁점, 공정거래법상 조사방해죄의 해석과 판단기준 및 그 한계를 다룬 것이 있다. 그 외에도 형사상 증거수집절차 및 피의자 인권 보호장치를 공정거래위원회 조사(절차)와 비교하여 행정조사에 있어서 개선점을 도출하는 연구들이 다수 있다. 본 논문은 공정거래법상 조사방해죄 성립을 다룬 선행 연구 내용에 대해서 문헌적 조사를 거쳐 형법상 공무방해죄와 비교를 통해 조사방해죄 성립의 한계를 검토하고, 실제 사례에 대한 판결 내용을 분석하고자 한다.

Ⅱ. 공정거래위원회 조사의 법적 성질 및 조사방해 유형

1. 공정거래위원회 조사의 법적 성격

(1) 공정거래위원회 조사 권한 및 단계

공정거래위원회는 「독점규제 및 공정거래에 관한 법률」(이하 "공정거래법"이라 한다) 제80조 제1항에 따라 공정거래법 위반 혐의가 있다고 인정하는 사건에 대해서 직권으로 필요한 조사를 할 수 있다. 공정거래위원회의 조사는 계획수립, 조사개시, 조사실시, 조사종료, 사건처리 단계로 진행된다. 각 단계를 구체적으로 살펴보면 다음과 같다. 우선 계획수립단계에서는 신고 또는 직권에 따라 공정거래법 위반 혐의가 있는 조사대상자를 선정하고 조사계획서를 작성한다. 조사개시단계에서는 조사대상자의 사무소 또는 사업장에 출입하여 조사대상자에게 조사공문을 교부하고 공문에 기재된 범위를 벗어난 조사를 거부할 권리가 있음을 설명한다. 조사실시단계에서는 조사대상자로부터 협조를 받아 보관하는 서류, 업무수첩 등 공정거래법 위반 혐의를 확인할 수 있는 자료의 사본을 확보하고 현장조사 종료 즉시 수집·제출자료 목록을 교부하여야 하는데, 그 과정에서 조사와 관련된 자는 언제든지 의견을 제출할 수 있다. 조사종료단계에서는 조사대상자에게 이후 사건처리절차에 대해서 설명하는데, 조사대상자는 현장조사 종료 후 7일 이내 수집·제출된 자료 중 조사목적과 관련성이 없는 자료에 대해서 반환 및 폐기를 요청할 수 있다. 사건처리단계에서는 조사한 내용을 바탕으로 심의·의결이 필요한지 심사한 후 심의·의결 절차를 거치게 된다.[1)]

(2) 공정거래위원회 조사의 법적 성격

공정거래위원회 조사는 강학상 행정조사에 해당하지만, 일반적인 행정조사가 행정기관이 정책을 결정하거나 직무를 수행하는데 필요한 정보나 자료를 수집하는 것으로 법령 등을 준수하도록 유도하는데 중점을 두는 활동[2)]임에 반하여, 공정거래위원회 조사는 주로 법위반 혐의를 확인하기 위한 목적으로 하는 활동으로 그 과정에서 실력행사가 수반될 수 있고 조사결과에 따라 조사대상자에게 침익적 처분이 부과될 수 있다는 점에서 구별된다.[3)]

행정조사는 강제성 여부, 실효성 확보 수단, 조사대상에

1) 이상의 공정거래위원회의 조사과정은 공정거래위원회, “2025년 한눈에 보는 공정거래제도”, 2025, 40~41면 참조.

2) 「행정조사기본법」 제2조 제1호, 제4조 제4항 참조.

3) 강수진, “공정거래위원회의 조사권 행사와 형사절차상 원칙과의 관계”, 대검찰청, 형사법의 신동향 통권 제37호, 2012, 5~6면; 한편 법위반 행위에 대한 행정조사와 수사를 비교하면, 수사란 범죄혐의를 밝혀 공소 제기 및 유지 여부를 결정하기 위하여 범인을 확보하고 증거를 수집·보전하는 수사기관의 활동을 의미하는 것으로 사실관계를 명확하게 밝히기 위한 정보수집이라는 측면에서 행정조사와 공통되는 점이 있으나, 수사는 수사기관에 의하여 행하여지고 이를 거부하는 경우 직접적인 실력행사가 가능하며 헌법과 형사소송법 등에 인권보장을 위한 다양한 통제절차가 규정되어 있으며 제3의 기관인 법원의 통제를 받는다는 점에서 차이가 있다(백상진, “수사절차와 관련된 행정조사의 통제방안에 관한 연구”, 한국경찰학회보 18권 1호, 2016, 111~114면).

따라 여러 유형으로 분류될 수 있다. 강제성을 가지는 권력적 행정조사(강제조사)와 상대방의 동의를 전제로 하는 비권력적 행정조사(임의조사)가 있고, 신체나 재산에 직접 실력을 행사하여 자료를 수집하는 직접적 조사와 출입이나 조사를 거부하거나 방해한 경우 제재수단(벌칙, 행정형벌 등)을 부과하는 간접적 조사, 조사대상에 따라 대물적 · 대인적 · 대가택적 조사가 있다. 이러한 행정조사 중 강제성을 가지는 권력적 행정조사는 법률유보원칙에 따라 반드시 법률적 근거가 필요하지만, 비권력적 행정조사는 법적 근거가 반드시 필요한 것은 아니다(행정조사기본법 제5조).[4)]

공정거래위원회 조사의 법적 성격을 살펴보면 공정거래위원회의 조사를 거부하거나 방해하는 행위에 대해서 형사처벌(제124조 제1항 제13호, 제125조 제1항 제6호 · 제7호) 및 과태료(제130조 제1항 제5호, 제6호, 제7호)를 부과하고 있다는 점에서 간접적 강제수단에 의한 행정조사 또는 비권력적 행정조사(임의조사)로 볼 수 있다.[5)] 공정거래위원회는 피조사업체의 동의와 협조를 전제로 하는 임의조사에 해당한다고 명시하고 있는데[6)], 헌법재판소 및 대법원도 아래와 같이 판시하여 임의조사

4) 행정기관은 법령등에서 행정조사를 규정하고 있는 경우에 한하여 행정조사를 실시할 수 있다. 다만, 조사대상자의 자발적인 협조를 얻어 실시하는 행정조사의 경우에는 그러하지 아니하다.
5) 조성훈, “공정거래위원회 조사와 적법절차: 조사방해죄의 제한해석을 중심으로”, 저스티스 통권 제198호, 2023, 350면; 강수진, 앞의 논문, 7면.
6) 공정거래위원회, 앞의 자료, 40면.

로 보고 있다.

피청구인(공정거래위원회)은 기본적으로 사법경찰권을 가지고 있지 아니하여 수사기관이 가진 이른바 강제수사권이 없으므로 참고인 조사 등을 함에는 많은 제약이 따른다.[7)]

하도급 거래와 관련한 부당한 단가 결정의 중요한 단서가 되는 서류가 회사의 내부전산망을 통하여 전달·보관되고 있다는 의심을 가지게 된 경우 그 서류 내지 전산 자료에 대한 제출을 요구하여 이를 열람할 권한까지는 부여되어 있지 아니할 뿐만 아니라, 내부전산망에 대한 무제한적인 열람권의 부여로 인하여 회사의 영업비밀이나 관련 직원의 개인정보 등이 외부로 노출될 우려도 있어 이를 공정거래법 제50조의2에 규정된 '필요한 최소한의 범위 안에서의 조사'라고 보기 어려우므로, 상대방이 내부전산망에 대한 공정거래위원회 조사공무원의 열람요구를 거부한 행위에 대하여 구 하도급거래 공정화에 관한 법률 제30조의2 제1항 제3호 소정의 과태료를 부과할 수 없다는 원심의 판단을 수긍하였다.[8)]

이상의 내용을 살펴보면, 공정거래법은 조사대상자가 거부하는 경우에도 조사를 할 수 있도록 하는 강제조사권을 부여하는 규정을 두고 있지 않으며, 조사거부행위에 대해서 형

7) 헌법재판소 2005. 5. 27. 선고 2004헌마800 결정.
8) 대법원 2014. 10. 30.자 2010마1362 결정.

사처벌 및 과태료 부과 규정을 두고 있으나 이는 공정거래위원회 조사가 조사대상자의 동의를 요하는 임의조사임을 전제로 실효성을 확보하기 위한 수단으로 규정된 것으로 보이고, 이러한 간접강제규정으로 도출되는 것은 조사대상자에게 자신의 의사에 반하는 조사를 수인할 의무가 아니라 조사에 대해서 적법한 방법으로 협조할 의무라는 것을 고려하면 공정거래위원회의 조사는 조사대상자의 동의를 전제로 하는 임의조사라고 보아야 할 것이다.

2. 공정거래법상 조사방해행위 유형

2012년 이전 공정거래법은 공정거래위원회가 요청하는 자료를 제출하지 않거나 허위자료를 제출하거나, 현장조사 시 자료를 은닉·폐기, 접근 거부, 위조·변조하는 행위를 과태료 부과 대상으로 규정하고 있었으나, 현장조사 시 폭언·폭행, 고의적인 현장진입을 저지·지연하는 행위는 포함되어 있지 않았다. 이후 2012. 3. 21. 개정을 통해 폭언·폭행, 고의적인 현장진입을 저지·지연하는 등의 행위로 조사를 거부·방해 또는 기피하는 행위에 대해서 3년 이하의 징역 또는 2억원 이하의 벌금에 처하도록 하여 형사처벌 대상으로 규정하였다.

또한 2017. 4. 18. 개정을 통해서 공정거래위원회의 조사에 필요한 자료·물건 제출명령을 불이행하거나 조사를 거부 및 방해한 행위에 대해서 2년 이하의 징역 또는 1억 5천만원

이하의 벌금에 처하도록 하여 형사처벌 대상으로 변경하였다.

위와 같은 개정을 통해 현행 공정거래법에서 규정하고 있는 조사방해행위 유형을 살펴보면 아래 표와 같다.

[표] 공정거래법상 조사방해행위와 그 법정형

<table>
<tr><th>조문</th><th>조사방해행위</th><th>법정형</th></tr>
<tr><td>제124조
제1항
제13호</td><td>제81조 제2항(위반행위의 조사 등)에 따른 조사 시 폭언·폭행, 고의적인 현장진입 저지·지연 등을 통하여 조사를 거부·방해 또는 기피</td><td>3년 이하의 징역 또는 2억원 이하의 벌금</td></tr>
<tr><td>제125조
제6호</td><td>제81조 제1항 제3호 또는 같은 조 제6항에 따른 보고 또는 필요한 자료나 물건을 제출하지 아니하거나 거짓의 보고 또는 자료나 물건을 제출</td><td rowspan="2">2년 이하의 징역 또는 1억 5천만원 이하의 벌금</td></tr>
<tr><td>제125조
제7호</td><td>제81조 제2항에 따른 조사 시 자료의 은닉·폐기, 접근 거부 또는 위조·변조 등을 통하여 조사를 거부·방해 또는 기피</td></tr>
</table>

한편, 공정거래법 제130조 제1항은 아래와 같은 행위에 대해서 1억원 이하 또는 1천만원 이하의 과태료를 부과하도록 규정하고 있다.

① 제11조 제1항, 제2항 또는 제6항에 따른 기업결합의 신고를 하지 아니하거나 거짓의 신고를 한 자 또는 같은 조 제8항을 위반한 자

② 제20조 제3항 제2호·제3호를 위반하여 금융업 또는 보험업을 영위한 자

③ 제20조 제4항·제5항에 따른 보고를 하지 아니한 자 또는 주요내용을 누락하거나 거짓으로 보고를 한 자

④ 제26조부터 제29조까지의 규정에 따른 공시를 하는 경우에 이사회의 의결을 거치지 아니하거나 공시를 하지 아니한 자 또는 주요 내용을 누락하거나 거짓으로 공시한 자

⑤ 제32조 제3항에 따른 자료제출 요청에 대하여 정당한 이유 없이 자료를 제출하지 아니하거나 거짓의 자료를 제출한 자

⑥ 제81조 제1항 제1호를 위반하여 정당한 이유 없이 출석을 하지 아니한 자

⑦ 제87조 제2항에 따른 자료제출 요구에 대하여 정당한 이유 없이 자료를 제출하지 아니하거나 거짓의 자료를 제출한 자

(1) 공정거래법 제124조 제1항 제13호의 행위

공정거래법 제124조 제1항 제13호는 공정거래위원회의 현장조사에 대해서 폭언 또는 폭행을 하거나, 고의적인 현장진입을 저지·지연 등을 함으로써 조사를 거부·방해·기피하는 행위를 조사방해행위로 규정하고 있다.

위 행위 태양과 관련하여 폭언 또는 폭행이 어느 정도를 의미하는지 명시적으로 규정하고 있지 않으므로 형법상 공무집행방해죄와 비교하여 그 정도를 파악할 필요가 있다. 조사에 대한 저지 또는 지연의 정도를 어떻게 파악해야 하는지도 마찬가지이다.

한편, 공정거래법 제124조 제1항 제13호는 조사를 위한 현장진입을 저지·지연하는 것을 고의적으로 할 것을 요구하고 있다. 이때 '고의적인'의 의미에 대해서는 현장진입을 저지·지연으로 조사가 방해된다는 사실에 대한 인식과 의사가 필요함을 뜻하는 것으로 해석하는 견해[9]가 있다. 생각해보면 과실로 조사를 방해하는 행위에 대해서 별도의 처벌규정을 두고 있지 않은 이상 고의로 조사를 방해한 행위만을 처벌대상으로 하는 것이므로 '고의적인'이라는 문구는 위 견해와 같이 형법상 고의의 내용인 객관적 구성요건요소에 대한 인식과 실현의사라고 해석하지 않을 수 없다. 그렇다면 위 규정에서 '고의적인' 문구 해석이 조사방해죄의 성립범위에 유의미한 영향을 미치지 않는 것으로 보이므로 불필요하다고 생각된다.[10]

위 규정에서 '조사를 거부·방해 또는 기피'의 의미는 앞선 작위 또는 부작위에 따른 조사방해행위의 결과를 의미하는 것으로 볼 수 있다. 어느 정도의 결과가 발생하여야 조사방해죄가 성립하는지는 조사방해죄의 법적 성격을 위험범과 침해범 중 어디로 분류해야 하는지에 따라서 달라질 수밖에 없다. 이에 대해서 공정거래법상 조사방해죄의 무분별한 확장과 이를 통한 공정거래위원회 조사 권한의 강제조사화를 방지하기 위

9) 조성훈, 앞의 논문, 371면.
10) 과실범의 경우 별도의 처벌규정이 있어야 성립 가능한데, 공정거래법은 조사방해죄의 과실범에 대해서 별도로 규정하고 있지 않다. 따라서 '고의적인'이라는 문구가 조사방해죄의 성립범위에서 과실범을 배제하는 의미를 가진다고 보기도 어렵다.

하여 침해범으로 해석해야 한다고 주장하는 견해[11]가 있다. 이러한 견해는 일반적인 공무방해에 관한 죄의 법적 성격과 달리 보는 것으로 아래 형법상 공무방해에 관한 죄와 비교를 통해 검토해볼 필요가 있다.

(2) 공정거래법 제125조 제6호의 행위

공정거래법 제125조 제6호는 공정거래법 위반 여부를 조사하는 공무원이 사업자, 사업자단체 또는 이들의 임직원에게 조사에 필요한 자료나 물건의 제출을 명하였음에도 필요한 자료나 물건을 제출하지 아니하거나 거짓의 자료나 물건을 제출하는 행위를 조사방해행위로 규정하고 있다.

이러한 행위는 앞서 살펴본 공정거래법 제124조 제1항 제13호에서 규정하고 있는 적극적 방해와 달리 소극적 방해에 해당하는 것으로 볼 수 있고, 이러한 적극적 방해와 소극적 방해 사이에 불법의 정도에서 차이가 있으므로 제124조 제1항 제13호의 행위보다 경하게 처벌하도록 규정하고 있는 것으로 보인다.

(3) 공정거래법 제125조 제7호의 행위

공정거래법 제125조 제7호는 공정거래위원회 소속 조사공무원이 조사대상자의 사무소 또는 사업장에 출입하여 업무 및 경영상황, 장부·서류, 전산자료·음성녹음자료·화상자료 등

11) 조성훈, 앞의 논문, 370면.

을 조사함에 있어서 해당 자료를 은닉·폐기, 접근 거부 또는 위조·변조함으로써 조사를 거부·방해 또는 기피하는 행위를 조사방해행위로 규정하고 있다.

자료의 은닉·폐기 및 위조·변조는 형법 제155조 제1항의 증거인멸죄 행위 태양과 유사하므로 조사방해죄 성립에 있어 증거인멸죄와 마찬가지로 타인성이 요구되는지 문제될 수 있다.

자료에 대한 접근 거부와 관련하여 조사자에 대하여 무한한 접근이 허용되지 않고, 조사대상자(기업 등 포함)가 가진 자료에는 영업비밀이나 조사범위와 직접적 관련성이 없는 자료들이 있으므로 단순히 접근을 거부하였다는 것만으로 조사방해죄가 성립한다고 본다면 영장주의 등 헌법상 원칙과 충돌할 가능성이 높으므로 삭제되어야 한다고 주장하는 견해[12]가 있다. 이러한 견해는 자료에 대한 접근 거부의 의미가 추상적이고 법관이 발부한 영장을 통한 강제수사와 달리 행정조사는 당사자의 동의를 전제로 한 임의조사에 해당하므로 조사대상자가 조사에 따른 불이익을 회피하기 위하여 자료에 대한 접근을 거부할 수 있다는 점을 생각하면 일응 타당한 지적으로 생각된다. 다만, 행정조사의 목적이 공익 실현에 있다는 것을 고려하면 자료에 대한 접근 거부의 범위를 합리적으로 제한하여 불합리한 공익 실현과 함께 사익 침해를 방지할 수 있는 방안을 마련할 필요가 있다.

---

12) 조성훈, 앞의 논문, 373면.

Ⅲ. 공정거래법상 조사방해죄 성립의 한계

1. 형법상 공무집행방해죄, 위계에 의한 공무집행방해죄 및 증거인멸죄와 비교

공정거래법상 조사방해죄는 조사대상자에게 조사에 대한 협조의무의 근거가 되므로 그 성립범위를 한정하여 조사대상자의 방어권을 보장하는 것이 필요하다. 즉 조사대상자에게 공정거래위원회의 요구에 대한 적법한 협조와 관련하여 협조와 방해 사이의 한계가 되는 기준을 제공하고 자신의 행위에 따른 결과에 대해서 예측가능성을 부여하는 것이 필요하다.

한편, 형법은 공정거래법상 조사방해죄와 유사한 행위 태양에 대해서 처벌규정을 두고 있는데, 이에 해당하는 것이 형법상 공무집행방해죄(제136조), 위계에 의한 공무집행방해죄(제137조) 및 증거인멸죄(제155조)이다.

따라서 위 형법상 유사범죄와 비교를 통해 문제 될 수 있는 법적 쟁점을 도출하고 이를 검토함으로써 공정거래법상 조사방해죄 성립범위의 한계를 파악하고자 한다.

(1) 공무집행방해죄와 비교

형법 제136조는 직무를 집행하는 공무원에 대하여 폭행 또는 협박하거나 공무원에 대하여 그 직무상의 행위를 강요 또는 저지하거나 그 직을 사퇴하게 할 목적으로 폭행 또는 협박하는 행위를 공무집행방해죄로 규정하고 있다.

공정거래법 제124조 제1항 제13호의 조사방해죄와 비교하여 볼 때 행위 태양에 폭행을 공통적으로 규정하고 있으나, 그 외 행위 태양으로 공무집행방해죄는 협박을 규정하고 있음에 반하여 위 조사방해죄에서는 폭언을 규정하고 있다는 점에서 차이가 있다. 그렇다면 양죄에서 규정하고 있는 폭행의 정도가 동일한 것인지, 폭언과 협박은 다른 행위유형인지 살펴볼 필요가 있다.

우선 폭행의 정도와 관련하여, 공무집행방해죄에 있어서 폭행은 사람의 신체에 대한 직접·간접의 유형력의 행사를 의미하는데, 그 정도는 공무원의 직무집행을 방해할 만한 것이어야 하고 경미하여 공무원이 개의치 않을 정도라면 공무집행방해죄의 폭행에 해당하지 않는다.[13] 공무집행방해죄에서 협박은 상대방에게 공포심을 일으킬 목적으로 해악을 고지하는 행위를 말하는데, 그 정도는 객관적으로 상대방으로 하여금 공포심을 느끼게 하는 것이어야 하고 그 정도가 경미하여 상대방이 전혀 개의치 않을 정도인 경우에는 공무집행방해죄의 협박에 해당하지 않는다.[14]

공정거래법 제124조 제1항 제13호의 조사방해죄에서 규정하고 있는 폭행의 의미 및 정도에 대하여 명시하고 있는 규정

13) 대법원 1972. 9. 26. 선고 72도1783 판결 등 참조.
14) 대법원 2011. 2. 10. 선고 2010도15986 판결 등 참조.

이나 판례는 없는 것으로 보인다. 다만, 공정거래위원회의 현장조사를 방해하는 행위는 공무집행을 방해하는 행위로도 볼 수 있으므로 공무집행방해죄에 있어서 폭행의 의미 및 정도와 같은 것으로 보아야 할 것이다.

한편, 공정거래법 제124조 제1항 제13호의 폭언이 공무집행방해죄의 협박과 같은 의미 및 정도에 해당하는지는 살펴볼 필요가 있다. 이때 폭언의 의미에 대해서 난폭하게 말하는 것으로 폭행에 준하는 수준의 행위이어야 한다고 해석하는 견해[15)]가 있다. 이러한 견해에 따르면 협박과 차이가 있게 된다. 폭언의 경우에는 상대방에게 공포심을 일으킬 것이 요구되지 않게 되고, 단지 현장진입을 통한 조사를 저지하거나 방해할 정도이면 된다. 다른 견해로는 폭언을 협박의 수준에 이르지 않는 위협이나 모욕적 언사를 포함할 경우 형법상 공무집행방해죄보다 성립범위가 넓어지게 되어 그 결과 지나치게 형사책임을 부과하게 될 우려가 있으므로 공무집행방해죄의 협박과 동일하게 해석하여야 한다고 주장[16)]한다.

생각건대, 공정거래법 제124조 제1항 제13호에서 공무집행방해죄와 달리 협박이 아닌 폭언을 규정한 것은 폭행 및 협박에 이르지 않는 정도의 조사방해행위에 대해서도 형사처벌의 필요성이 있다고 보았기 때문인 것으로 보인다. 그것이 타

15) 정재훈, “공정거래법상 조사방해죄의 해석 판단기준 및 한계”, 인권과 정의 제519호, 2004, 116면.
16) 조성훈, 앞의 논문, 369면.

당한지는 별론으로 하고 문언의 해석상 폭언은 협박과 달리 해악의 고지, 상대방의 공포심을 요구하지 않으면서 현장조사가 정상적으로 이루어질 수 없도록 하는 언사라면 해당하는 것으로 보아야 할 것이다.

(2) 위계에 의한 공무집행방해죄와 비교

형법 제137조는 위계로써 공무원의 직무집행을 방해하는 행위를 위계에 의한 공무집행방해죄로 규정하고 있다. 앞서 살펴본 공무집행방해죄와 차이점은 폭언·협박이 아닌 위계를 행위 태양으로 한다는 점이다. 이때 위계란 행위자가 목적을 이루기 위하여 상대방에게 오인, 착각, 부지를 일으키게 한 후 그 오인, 착각, 부지를 이용하는 행위를 말한다. 그 정도는 구체적인 직무집행을 저지하거나 현실적으로 곤란하게 할 정도여야 하고, 이에 이르지 못한 경우에는 위계에 의한 공무집행방해죄가 성립하지 않는다.[17)]

이러한 위계에 의한 공무집행방해죄와 비교하여 볼 수 있는 공정거래법상 조사방해죄의 유형으로는 제125조 제6호에서 규정하고 있는 '거짓의 자료나 물건을 제출하는 행위'가 있다. 즉 사실과 다른 자료나 물건을 제출함으로써 조사공무원으로 하여금 법위반 사실이 없다고 오인이나 착각을 불러일으키거나 법위반 사실을 알 수 없도록 하는 것이 이에 해당한다.

17) 대법원 2009. 4. 23. 선고 2007도1554 판결 등 참조.

이와 관련하여 공정거래법은 특정 범위를 정하지 않고 거짓의 자료나 물건을 제출하는 행위를 모두 처벌의 대상으로 하고 있어 조사대상자에게 지나치게 넓은 범위의 진실한 자료 작성 의무를 부과하게 된다고 비판하는 견해[18]가 있다.

한편, 법원은 위계에 의한 공무집행방해죄에 대해서 '위계'와 '직무집행 방해'라는 구성요건요소의 해석을 통해 그 성립범위를 제한하여 왔는데, 업무담당자가 사실을 충분히 확인하지 아니한 채 신청인이 제출한 허위의 신청사유나 허위의 소명자료를 가볍게 믿고 이를 수용하였다면 이는 업무담당자의 불충분한 심사에 기인한 것이므로 위계에 의한 공무집행방해죄를 구성하지 않는다. 신청인이 허위 주장에 부합하는 허위의 소명자료를 제출하여 업무담당자가 요건의 존재 여부에 관하여 나름대로 충분한 심사를 하였으나 허위인 것을 발견하지 못할 정도에 이르렀다면 위계에 의한 공무집행방해죄를 구성한다.[19]

그렇다면 공정거래법 제125조 제6호의 조사방해죄도 거짓의 자료나 물건을 제출한 행위만으로는 불충분하고 조사공무원이 충분한 조사를 하였음에도 법위반 사실을 확인할 수 없을 정도의 거짓의 자료나 물건을 제출할 것이 요구되는 것인지 검토할 필요가 있다.

---

18) 조성훈, 앞의 논문, 376면. 이 견해는 입법적으로 해결하기 위한 방법으로 공정거래법에서 진실의무가 인정되는 자료의 범위를 미리 한정하여 제시하고, 위계에 의한 공무집행방해죄와 같이 직무집행 방해라는 구성요건요소를 추가할 것을 제시한다.

19) 대법원 2011. 4. 28. 선고 2010도14696 판결 참조.

3. 공정거래법상 조사방해죄 성립의 한계

(1) 위험범 또는 침해범인지 여부

공정거래법상 조사방해죄의 성립과 관련하여 조사방해행위로 인하여 방해의 결과가 현실적으로 발생하여야 하는 것인지 아니면 그러한 결과를 초래할 위험이 있으면 충분한 것인지 문제된다.

법원은 조사방해행위는 조사를 거부·방해 또는 기피하는 행위를 하여 공정거래위원회 조사활동의 원활한 수행에 장애가 될 수 있는 행위를 하는 것으로, 현장조사 개시 전이라도 향후 있을 현장조사를 대비하여 그 조사활동을 방해하려는 의도와 목적을 가지고 관련 자료나 물건을 위·변조, 은닉, 훼손하는 등의 행위를 하여 조사활동 방해의 결과를 초래할 위험이 발생하면 조사방해행위에 포함되는 것으로 보고 있다. 또한 조사방해행위는 조사공무원에 대한 물리적·정신적 위해는 물론 조사대상 자료나 물건에 대한 위·변조, 은닉, 훼손 등 관련 조사의 원활한 수행을 어렵게 하거나 어렵게 할 가능성이 있는 모든 형태의 방해를 포함하는 것으로 조사활동 방해의 결과를 초래할 위험이 발생하면 되고 그 행위로 인하여 실제 방해의 결과가 발생해야 하는 것은 아니라고 판시하였다.[20)]

법원은 위계에 의한 공무집행방해죄 성립과 관련하여 위

20) 서울중앙지방법원 2023. 4. 3. 선고 2020과120 결정 참조.

계에 의한 행위가 구체적인 공무집행을 저지하거나 현실적으로 곤란하게 하는데까지 이르지 아니하고 미수에 그친 경우에는 위계에 의한 공무집행방해죄로 처벌할 수 없다고 판시한 바 있다.[21] 이러한 법원의 입장은 위계에 의한 공무집행방해죄에 있어서 방해는 구체적이고 현실적일 것을 요구하는 것이라고 볼 수 있다. 이러한 판례 태도에 대해서 구체적 위험범으로 해석하는 견해[22], 침해범으로 해석하는 견해[23]가 있다. 한편, 공정거래법상 조사방해죄의 무분별한 확장과 이를 통한 공정거래위원회의 조사 권한의 강제조사화를 방지하기 위하여 침해범으로 해석하여야 한다고 주장하는 견해[24]가 있다.

그러나 법원은 형법상 공무집행방해죄 성립과 관련하여서는 직무를 집행하는 공무원에 대하여 폭행 또는 협박한 경우에 성립하는 범죄로서 그 폭행은 사람에 대한 유형력의 행사로 족하고 반드시 그 신체에 대한 것임을 요하지 않으며, 추상적 위험범으로서 구체적으로 직무집행의 방해라는 결과발생도 요하지도 않는다고 판시하여 위계에 의한 공무집행방해죄와 달리 보고 있다.[25]

21) 대법원 2013. 4. 11. 선고 2011도157 판결 등 참조.

22) 박동률, "판례를 통해 본 위계공무집행방해죄－법적 성격과 위계의 범위를 중심으로－", 경북대학교 법학논고 29집, 2008, 184면.

23) 신동운, 형법각론 제2판, 법문사, 2018, 192~193면. 신동운 교수님은 위계에 의한 공무집행방해죄에 있어서 방해는 공무원의 직무집행에 지장을 주거나 지장을 줄 위험을 야기하는 것을 말한다고 정의하시면서 그 죄가 성립하려면 '구체적이고 현실적인 직무집행이 방해되어야 한다'는 입장이다.

24) 조성훈, 앞의 논문, 370면.

25) 대법원 2018. 3. 29. 선고 2017도21537 판결 참조.

생각건대, 법원이 공무집행방해죄와 위계에 의한 공무집행방해죄를 달리 판단하는 것은 공무집행방해죄의 경우 폭행 또는 협박을 행위 태양으로 하고 있어 그러한 행위 자체로 공무집행이 방해되는 것으로 볼 수 있는 반면, 위계에 의한 방해는 폭행 또는 협박보다 불법의 정도가 낮다고 볼 수 있고 위계뿐만 아니라 담당 공무원의 직무수행 태도에 따라 결과가 달라질 수도 있기 때문인 것으로 보인다.

한편, 조사방해죄를 침해범으로 본다는 것은 방해행위로 조사가 불충분하게 이루어진 경우 어떻게 판단해야 하는지 문제 될 수 있다. 공정거래법 위반행위에 대하여 불충분한 조사로 시정조치가 이루어지지 못하였다고 했을 때 방해의 결과가 현실적으로 발생한 것이라고 할 수 있는지 아니면 증거자료가 충분히 확보되지 못한 것만으로 현실적 방해가 있다고 할 수 있는지 의문이다.

생각건대, 공정거래법상 조사방해죄도 공무집행방해죄와 유사한 성격을 가지고 있고 특별하게 달리 침해범으로 보아야 할 사정이 없다면 공무집행방해죄 및 위계에 의한 공무집행방해죄에 견주어 판단하는 것이 타당하다. 즉, 공정거래법 제124조 제1항 제13조에서 규정하고 있는 현장조사에 대한 거부·방해·기피죄는 폭언·폭행·저지·지연 등 조사공무원에 대한 직·간접적 유형력 행사를 포함하고 있으므로 형법상 공무집행방해죄와 마찬가지로 폭언·폭행·저지·지연 등 행위가 있으면 성립하는 것으로서 추상적 위험범으로 보아야 할 것이다.

그러나 공정거래법 제125조 제6호의 자료 미제출행위와 거짓의 보고나 자료 및 물건을 제출한 행위는 위에서 살펴본 현장조사 거부·방해·기피보다 불법의 정도가 낮다고 볼 수 있고, 이러한 행위만으로 조사 목적을 달성할 수 없을 정도의 방해가 이루어졌다고 보기 어렵기 때문에 형법상 위계에 의한 공무집행방해죄와 마찬가지로 구체적이고 현실적인 위험이 초래된 경우에 있어서 조사방해죄가 성립한다고 보아야 할 것인데 이는 결국 구체적 위험범에 해당한다고 할 것이다.

한편, 공정거래법 제125조 제7호의 자료 은닉·폐기·위조·변조행위는 행위유형을 고려할 때 형법상 증거인멸죄에 비추어 살펴볼 필요가 있다. 법원은 형법상 증거인멸행위는 증거의 현출방해는 물론 그 효력을 멸실·감소시키는 일체의 행위를 의미하는 것으로 그 행위로 인하여 현실적으로 국가의 사법기능을 방해하는 결과가 초래될 것을 요구하지 않고 인멸된 증거를 대체하는 다른 증거가 존재하는 사정이 증거인멸죄의 성립을 좌우하는 것도 아니라고 하면서 위험범에 해당한다고 판시하였다.[26] 그러나 법원은 이러한 판시를 하면서 증거인멸행위로 인한 국가의 사법기능 방해에 대한 구체적이고 현실적 위험이 초래되어야 한다고 판시한 바 없다. 따라서 법원은 증거인멸죄 성립과 관련하여 추상적 위험범으로 판단한 것으로 이해된다.

26) 대법원 1961. 10. 19. 선고 4294형상347 판결, 서울중앙지방법원 2014. 11. 28. 선고 2014노2134 판결 참조.

생각건대, 공정거래법 제125조 제7호에서 말하는 자료 은닉·폐기·위조·변조행위는 앞서 살펴본 자료 미제출행위, 거짓의 보고나 거짓의 자료 또는 물건을 제출하는 행위와 비교하여 보면 원본 자료를 훼손함으로써 증거가치를 하락시키게 되므로 불법의 정도가 중하다고 볼 수 있다. 또한 이러한 증거자료 훼손이 있게 되면 조사공무원의 충분한 조사행위로도 공정거래법 위반행위에 대한 입증이 어렵고 그 경우 조사 목적을 달성할 수 없게 되므로 자료를 은닉·폐기·위조·변조한 행위만으로 조사방해죄가 성립하는 것으로 보아 추상적 위험범에 해당한다고 보아야 할 것이다.

(2) 적법한 조사행위를 전제로 하는지 여부

형법상 공무집행방해죄와 공정거래법상 조사방해죄의 구성요건에는 공무원의 적법한 직무집행을 명시적으로 규정하고 있지 않다. 그러나 형법상 공무집행방해죄와 관련하여 일반적으로 위법한 직무집행에 대해서까지 형법으로 보호할 수 없고 그에 대해서는 정당방위와 저항권이 인정될 수 있다는 점에서 적법한 직무집행만 보호하는 것으로 해석한다.[27] 이때 적법한 공무집행이란 그 행위 공무원의 추상적 권한에 속할

---

27) 신동운, 앞의 책, 173~174면; 이창섭, "공무집행방해죄에서 직부집행의 적법성에 관한 몇 가지 고찰", 법조 제74권 제2호, 법조협회, 2025, 233면; 조성훈, 앞의 논문, 367면; 정재훈, 앞의 논문, 109면; 안태준, "공정거래법상 조사방해행위에 대한 연구", 법조 제61권 제10호, 법조협회, 2012, 219면.

뿐만 아니라 구체적으로도 그 권한 내에 있어야 하고 직무행위로서의 중요한 방식을 갖추어야 할 뿐만 아니라 행위 당시의 구체적 상황에 기초하여 객관적·합리적이라고 판단되어야 한다.[28]

법원은 형법상 공무집행방해죄 성립과 관련하여 적법한 직무일 것을 요구한다. 특히 체포과정에서 범죄사실의 요지, 구속의 이유와 변호인을 선임할 수 있음을 말하고 변명의 기회를 주어야 함에도 이를 이행하지 않는 등 절차적 적법성이 침해되는 경우 직무집행은 위법하게 되어 공무집행방해죄는 성립하지 않는다는 입장이다.[29]

생각건대, 공정거래법상 조사방해죄는 형법상 공무집행방해죄와 유사한 성격을 가지고 있고 그 보호법익은 공무이며, 공정거래위원회의 조사는 원칙적으로 상대방의 동의를 전제로 하고, 행정조사에 따른 국민의 권익을 보호하기 위하여 2007년 행정조사기본법을 제정하여 시행하고 있는 점에 비추어보면 공정거래법상 조사방해죄의 성립에서도 조사행위의 적법성이 요구된다고 할 것이다.

(3) 사건의 타인성 요구 여부

공정거래법 제125조 제7호의 자료 은닉·폐기·위조·변조

28) 대법원 2021. 9. 16. 선고 2015도12632 판결 참조.
29) 대법원 2000. 7. 4. 선고 99도4341 판결, 대법원 2011. 5. 26. 선고 2011도3682 판결 등 참조.

행위를 형법상 증거인멸죄와 비교하게 되면 형법상 증거인멸죄 성립은 타인의 사건을 전제로하여 성립할 수 있는 범죄라는 점에서 공정거래법 제125조 제7호에서 규정하는 조사방해죄도 타인의 사건을 전제로 하여서만 인정될 수 있는 것이 아닌지 검토가 필요하다.

형법상 증거인멸죄에서 타인의 사건을 전제로 하는 것은 범인이나 징계대상자가 자기의 형사사건이나 징계사건에 관한 증거를 인멸하지 않으리라고 기대할 수 없다는 판단에 따라 입법자가 자기 사건에 대한 증거인멸행위를 구성요건에서 제외한 것이다.[30)]

이와 관련하여 공정거래법 제125조 제7호에서 증거인멸죄와 달리 타인의 사건이라는 제한을 두지 않아 행위 객체의 범위를 넓히고 있고, 형법과 달리 자료의 은닉·폐기까지 형사처벌의 대상으로 하고 있다는 점에서 형법상 위조·변조의 개념과 동일하게 해석하여 타인성을 요구된다고 해석하는 견해[31)]가 있다.

그런데 공정거래법 위반행위에 대한 조사는 일반적으로 사업자에 해당하는 기업을 대상으로 이루어지는데, 기업에 해당하는 법인은 그 기업에 속한 임직원과는 별도의 법인격에 해당한다는 점에서 기업 자체는 자신의 사건에 대하여 조사를

30) 신동운, 앞의 책, 250면.
31) 조성훈, 앞의 논문, 373면.

방해한 것으로 볼 수 있는 반면, 그 임직원은 타인의 사건에 대하여 조사를 방해한 것으로 볼 수 있다. 그러므로 공정거래법상 조사방해죄의 구성요건에 타인의 사건을 명시적으로 규정하고 있지 않다고 하더라도 그 해석상 당연히 타인의 사건으로 볼 수밖에 없다는 점에서 문제되지 않는다고 할 것이다.

4. 실제 사례

(1) 세아베스틸의 자료 은닉 · 폐기 사례

1) 사실관계

공정거래위원회는 2010년부터 2019년까지의 기간 동안 세아베스틸을 포함한 11개 제강사가 철스크랩의 구매를 담합하여 부당한 공동행위를 하였다는 혐의와 관련하여, 세아베스틸을 상대로 2020. 5. 14부터 다음날까지 군산공장에 대해서, 같은 해 5. 20부터 다음날까지는 서울 마포구 본사에 대해서 사업장 조사(현장조사)를 실시하였다.

피고인 A는 군산공장 자재관리팀 부장으로 근무하면서 대부분의 근무기간 동안 철스크랩 구매업무를 담당하였는데, 군산공장에 대한 사업장 조사기간 동안 철스크랩 구매업무를 담당하며 작성한 2019년 업무수첩 1권과 약 20년 전부터 업무나 일상생활 관련 내용을 기재하였던 다이어리 1권의 각 속지를 분리하여 문서세단기에 파쇄하고 업무수첩 및 다이어리 겉

표지와 철스크랩 구매 관련 서류철를 회의실 쓰레기통에 버림으로써 자료의 은닉·폐기를 통하여 조사를 방해하였다.

피고인 B는 구매1팀 팀장, 피고인 C는 구매1팀 차장으로 각 근무하면서 철스크랩 구매업무를 담당하였는데, 본사에 대한 사업장 조사기간 동안 업무용으로 사용하였던 PC운영체제를 전산외주용역업체 직원을 통해 업그레이드하게 함으로써 C드라이브를 포맷하여 그곳에 저장된 구매1팀원들의 단체채팅방 대화 내용을 비롯한 PC 카카오톡 대화 내용, 업무 관련 내용 등이 기재된 메모장 등의 파일을 삭제함으로써 자료의 폐기를 통하여 조사를 방해하였다.

이에 공정거래위원회는 세아베스틸과 함께 피고인 A, B, C를 검찰에 고발하였다. 이는 공정거래법 제124조 제1항 제13조의 현장조사방해죄가 과태료 대상에서 형사처벌 대상으로 개정된 이후 첫 고발 및 기소된 사례이다.

2) 제1심 일부 유죄 판결[32)]

제1심은 피고인 A가 업무수첩 및 다이어리 속지를 파쇄한 행위와 업무수첩 및 다이어리 겉표지를 쓰레기통에 버린 행위에 대해서 조사대상인 철스크랩 구매 담합과 관련한 업무 내용이 기재되어 있었을 것으로 볼 수 있음을 이유로 조사방해행위에 해당한다고 판단하였다. 그리고 이를 세아베스틸에도

32) 서울서부지방법원 2022. 2. 10. 선고 2021고단1671 판결.

그대로 적용하여 유죄에 해당한다고 보았다.

그러나 피고인 A의 철스크랩 구매 관련 서류철을 쓰레기통에 버린 행위와 피고인 B와 C가 업무용 PC의 C드라이브를 포맷한 행위에 대해서는 회수하여 제출된 서류철에 철스크랩 구매담합과 관련된 내용이 포함되어 있지 않고, 삭제된 PC카카오톡 대화내용에 대해서는 B와 C의 휴대폰을 압수하였으므로 그 대화내용을 확인할 수 있었음에도 검찰에서 카카오톡 대화 내용을 증거로 제출하지 않아 조사대상 사건에 관한 내용이 포함되어 있지 않은 것으로 보이고, PC에 저장된 메모장 등 파일과 관련해서 업그레이드를 담당한 외주업체 직원의 증언에 따르면 B와 C의 PC에 저장된 메모장에는 아무런 내용이 없었고 기타 파일들은 특정되지 않아 조사대상 사건과 업무관련성을 확인할 수 없다는 점을 들어 조사방해행위에 해당하지 않는다고 보아 이 부분에 대한 공소사실에 대해서는 무죄를 선고하였다.

3) 항소심 전부 유죄 판결[33]

항소심은 원심과 달리 피고인 A의 철스크랩 구매 관련 서류철을 쓰레기통에 버린 행위에 대해서 피고인 A가 철스크랩 구매 파트장을 담당하였던 핵심적인 조사대상으로 위 서류철에 조사대상과 관련성 있는 것으로 객관적으로 추정되는 자료

33) 서울서부지방법원 2022. 11. 7. 선고 2022노271 판결.

로 보는 것이 타당하고, 서류철에 구매에 관한 내용이 있는 이상 담합행위를 인정할 만한 내용이 공정거래위원회 조사를 통해 확인되지 않았다고 하여 조사와 관련성이 없는 자료로 단정할 수 없음을 이유로 위 서류철을 쓰레기통에 버린 행위도 조사방해행위에 해당한다고 보아 제1심과 달리 판단하였다.

또한 항소심은 피고인 B와 C에 대해서도 철스크랩 구매 업무를 담당하여 사용하였던 업무용 PC는 철스크랩 담합 조사에 중요한 자료로 볼 수 있고, 해당 업무용 PC를 포맷하여 저장되어 있던 파일 등이 삭제된 이상 이를 표현하기 위한 '메모장 등의 파일'에서 특정이 반드시 필요하다고 볼 수 없으며, 그 PC에 저장되었던 문서 등 데이터 파일은 디지털 포렌식을 통해 복구될 수 있는 부분이 있어 관련성이 없다고 단정할 수 없으므로 업무용 PC를 포맷한 것은 조사방해행위에 해당한다고 판단하였다.

그리고 세아베스틸은 현장조사의 주요 대상인 피고인들이 조사방해행위를 하지 않도록 주의·감독을 게을리하지 않았어야 함에도 이를 확인할 자료가 부족하므로 양벌규정에 따라 조사방해죄가 성립한다고 판단하였다.

4) 상고심 상고기각 판결[34)]

피고인들은 항소심 유죄판결에 대하여 상고를 제기하였으

---

34) 대법원 2023. 2. 23. 선고 2022도14731 판결.

나, 상고심은 원심판결에 논리와 경험의 법칙을 위반하여 자유심증주의의 한계를 벗어나거나 공정거래법상 조사방해죄의 성립, 유죄판결에 요구되는 증명의 정도와 검사의 증명책임, 증거재판주의, 공소사실의 특정 등에 관한 법리를 오해한 잘못이 없음을 이유로 상고를 모두 기각하였다.

(2) HD현대중공업의 자료 은닉 · 폐기 사례

1) 사실관계

공정거래위원회는 2019년 말경 HD현대중공업에게 2014년부터 2018년까지 사내 하도급 협력업체 약 200여곳에 선박·해양플랜트 제조작업 4만8000여건을 위탁하면서 계약서를 작업 시작 후에 발급하고 하도급 대금을 일방적으로 부당하게 인하하거나 낮은 단가로 결정하는 등 하도급거래 공정화에 관한 법률(이하 "하도급법"이라 한다) 위반행위를 하였음을 이유로 과징금 208억원을 부과하고 이를 검찰에 고발하였다.[35]

공정거래위원회가 위 HD현대중공업의 하도급법 위반행위에 대해서 현장조사를 하는 과정에서 HD현대중공업 내 조선사업부 조선협력사지원팀 및 해양플랜트사업부 해양노사협력사지원팀 담당 임원 A, 조산사업부 조산협력사지원팀 팀장 B, 해양플랜트사업부 해양노사협력사지원팀 팀장 C가 2018년

35) 이상의 사실관계에 대해서는 뉴스웨이, "'공정위 조사 방해' 현대중공업 임직원 3명 불구속 기소" 2021. 12. 31.자 기사 등 참조.

7월부터 같은 해 10월까지 중요한 자료가 담긴 PC와 하드디스크를 교체하였으며 문제가 될 수 있는 자료를 삭제하고 별도로 보관하는 등의 조사방해행위를 하였다.

이에 공정거래위원회는 위 조사방해행위에 대해서 HD현대중공업에게 1억원, 위 임직원에게 2500만원의 과태료를 부과하였다. 그러나 참여연대와 민주사회를 위한 변호사 모임 등은 2020년 6월경 HD현대중공업이 관련 자료를 조직적으로 은닉 및 파기하였음에도 과태료 처분에 그쳤다며 서울중앙지방검찰청에 증거인멸죄로 검찰에 고발하였고[36], 검찰은 A에 대해서는 증거인멸교사죄로 나머지 B와 C에 대해서는 증거인멸죄로 공소를 제기하였다.

2) 제1심 무죄 판결[37]

우선 공정거래법 제125조 제7호에서 자료의 은닉·폐기 등의 행위에 대해서 2년 이하의 징역 또는 1억5천만원 이하의 벌금이라는 형사처벌을 규정하고 있는 것과 달리 하도급법 제30조의2 제2항에서는 공정거래위원회의 조사를 거부·방해·기피한 경우 사업자 또는 사업자단체에 대해서는 2억원 이하, 사업자 또는 사업자단체의 임원, 종업원과 그 밖의 이해관계인의 경우 5천만원 이하의 과태료를 부과하도록 규정하고 있

36) 이상의 사실관계에 대해서는 문화저널21, "현대중공업의 공정위 조사방해…"처벌 이뤄져야"" 2020. 6. 30.자 기사 참조.
37) 서울중앙지방법원 2023. 6. 20. 선고 2022고단5 판결.

을 뿐 형사처벌 대상으로 규정하고 있지 않다. 따라서 HD현대중공업 임직원의 조사방해행위에 대해서는 형법 제155조 제1항에 따른 증거인멸죄로 고발이 이루어졌고 수사를 거쳐 기소에 이르게 되었다.

제1심에서 증거인멸죄 관련 공소사실에 대해서 무죄라고 판단한 이유는 형법 제155조 제1항 증거인멸죄 성립을 위하여 요구되는 '타인의 형사사건에 관한 증거를 인멸'하려는 고의가 존재하는지와 관련하여 당시 제반사정[38] 등을 종합적으로 고려하여 볼 때 그러한 고의가 존재할 가능성이 있었을 것으로 의심이 되지만 합리적 의심을 배제할 정도로 증명에 이르지 못하였다고 판단하였기 때문이다. 즉 제1심은 HD현대중공업 임직원에게 증거인멸죄의 고의가 있음이 증명되지 못하였으므로 헌법 제27조 제4항에 따른 무죄추정원칙에 따라 무죄라고 판단한 것이다.

다만, 이 판결에서 법원은 증거인멸죄에서 요구되는 사건의 타인성과 관련하여 HD현대중공업의 하도급법 등 위반사실

38) 제1심은 피고인들의 조사방해행위가 이루어진 시점까지 공정거래위원회에서 하도급법 위반과 관련하여 고발하는 경우가 드물었던 점, 피고인들의 마지막 조사행위가 이루어진 2018년 10월을 기점으로 약 1년 2개월이 경과하여 고발이 이루어졌으므로 행위 당시 형사고발이 될 것으로 예상하기 어려웠던 점, 공정거래위원회가 2018년 8월 조선3사 중 하나에 대해서 불공정하도급거래행위를 이유로 검찰에 고발하는 것으로 논의하여 2019년 2월 고발을 결정한 것과 관련하여 공정거래위원회 내부적으로 고발의 필요성을 보고한 시점이 피고인들의 행위 이후에 대부분 이루어져 행위 당시 형사고발을 예측하기 어려웠던 것으로 보이는 점, 피고인들이 행위 당시 주된 관심사는 형사대응이 아닌 공정거래위원회 조사를 대비하는 것으로 보이는 점 등을 고려하여 피고인들에게 형사사건에 대한 증거인멸의 고의가 있다고 보기 어렵다고 판단하였다.

과 관련된 자료를 HD현대중공업 임직원이 은닉 및 폐기한 행위는 타인에 해당하는 HD현대중공업의 하독급법 등 위반과 관련된 것이므로 타인성에 대해서 별도로 문제 삼지 않았다.[39)]

3) 항소심 유죄 판결[40)]

항소심은 피고인 B와 피고인 A 및 C에 대해서 달리 판단하였는데, 피고인 B에 대해서는 원심과 같이 무죄라고 판단하였으나 그 이유가 상이하였고, 피고인 A와 C에 대해서는 원심과 달리 증거인멸에 대한 고의가 존재한다고 보아 증거인멸교사죄 및 증거인멸죄에 대하여 유죄라고 판단하였다.

우선 피고인 B와 관련하여, 항소심은 피고인 B가 개별계약서에 대한 승인 및 결재하는 지위에 있고 HD현대중공업을 대리하여 계약을 체결하는 업무를 담당하였다는 점에서 공정거래위원회가 조사한 주요사실인 하도급법상 서면발급의무 위반과 관련되어 있고 이를 위반한 것으로 인정되는 경우 하도급법 제31조 양벌규정에 따라 처벌을 받을 수 있으므로 B의 증거인멸행위(조사방해행위)는 자신의 이익을 위한 것으로서 타인(HD현대중공업) 형사사건의 증거를 인멸한 것에 해당하지 않는다고 판단하였다. 설령, B의 증거인멸행위(조사방해행위)에

39) 이는 제1심 판결문 별지에 첨부된 이 사건 공소사실을 보면 검찰도 HD현대중공업 임직원 A, B 및 C의 입장에서 볼 때 HD현대중공업의 하도급법위반 및 파견법위반 사건은 타인의 사건에 해당한다고 판단하였다.

40) 서울중앙지방법원 2024. 9. 25. 선고 2023노1677 판결. 항소심 판결에 대하여 검찰과 유죄 판결이 선고된 피고인들이 상고를 하였으나 상고심 판결은 아직 선고되지 않은 것으로 보인다.

자신뿐만 아니라 타인(HD현대중공업)의 형사사건 증거가 포함되어 있었다고 하더라도 자신의 이익을 위한 행위에 부수(수반)된 것이므로 달리 판단할 것은 아니라고 보았다.

다음으로 피고인 A와 C에 대해서 항소심은 원심이 증거인멸의 고의가 입증되었다고 보기 어려운 근거로 제시된 것이 불충분하고 부적합하다고 판단하였다. HD현대중공업이 2015년과 2017년에도 공정거래위원회로부터 하도급법상 서면발급의무 위반을 이유로 시정명령을 받은 사실이 있고, 2017년 말경의 교육자료에 이러한 사정을 언급하면서 향후 과징금, 형사처벌 등 강도 높은 처벌이 취해질 가능성이 있다고 기재하고 있는 점, 공정거래위원회는 피고인들의 증거인멸행위(조사방해행위)가 이루어진 시점과 밀접한 시점에 HD현대중공업을 포함한 조선사들의 하도급법 위반행위에 대해서 강력한 조치를 취할 예정이라는 입장을 밝혔던 점, 피고인들은 협력사 법률문제에 대해서 사전예방 및 대응 등 관련 업무를 담당하고 하도급법 관련 교육과 전파사항 전달 등을 담당하였으며 공정거래위원회가 강도 높은 조사와 제재를 할 예정이라는 상황 등을 보고받아 충분히 인식하고 있었던 점, 피고인들은 검찰조사에서 공통적으로 공정거래위원회가 하도급법 위반 등 혐의가 인정될 경우 검찰에 고발할 수 있다는 점을 알고 있었다는 취지로 진술한 점 등을 고려하면 피고인들이 충분히 공정거래위원회 조사를 통해 고발 가능성이 있다는 사실을 인식하고 있었으므로 타인(HD현대중공업)의 형사사건에 관한 증거를 인멸한다는 사실에 대한 인식과 의사가 있었다고 볼 수 있다고 판단하였다.

한편, 항소심은 원심이 피고인들의 주된 관심사가 수사기관의 수사가 아닌 공정거래위원회의 조사에 있었다는 점을 근거로 하여 형사사건에 대한 증거인멸의 고의가 없다고 판단한 것에 대해서 공정거래위원회 조사가 검찰에 대한 고발보다 선행되는 것인 이상 당연한 것일 뿐이고, 비록 피고인들의 증거인멸행위(조사방해행위)와 검찰에 대한 고발 사이에 시간적 간격이 있었다고 하더라도 이는 증거인멸행위(조사방해행위)로 인하여 지체된 것으로도 볼 수 있고 단순히 시간적 간격이 존재한다는 것만으로 형사사건에 대한 증거를 인멸한다는 것을 예상할 수 없었다고 보기 어렵다고 판단하였다.

또한 항소심은 피고인 A와 C는 B와 달리 하도급법상 서면발급의무와 관련한 업무를 직접 담당하지 않았으므로 하도급법 제31조 양벌규정에 따라 처벌받는 자에 해당하지 않으므로, A와 C의 증거인멸행위(조사방해행위)는 타인(HD현대중공업)의 형사사건에 관한 증거를 인멸하는 행위로 볼 수 있어 증거인멸교사 및 증거인멸에 대해서 유죄라고 판단하였다.

(3) 민주노총 공공운수노조 화물연대본부의 현장진입 저지 사례

1) 사실관계

공정거래위원회는 2022. 12. 2.부터 같은 해 12. 6.까지 민주노총 공공운수노조 화물연대본부(이하 "화물연대"라 한다)가 집단 운송거부를 실행하는 과정에서 공정거래법 제51조 제1항에서 규정하는 사업자단체의 금지행위(소속사업자에 대한 운송거부 강제 및 비소속사업자의 운송방해)를 한 것인지 확인하기 위하여 현장조사에 착수하였다. 화물연대는 자신의 행위가 노동조합의 파업행위에 해당하고, 조사 혐의사실이 불특정되어 있어 부당함을 이유로 조사공무원들의 사무실 진입을 3차례 저지하였다.

이에 공정거래위원회는 2023년 1월경 화물연대를 공정거래법 제124조 제1항 제13호에 따른 현장조사방해 혐의로 검찰에 고발[41]하였고, 검찰은 2023년 8월경 공정거래위원회의 고발과 같이 현장조사방해죄로 기소하였다. 이는 피조사인의 조사거부로 조사가 이루어지지 않은 행위에 대한 첫 고발 사례이다.

41) 공정거래위원회는 이봉주 화물연대 위원장을 함께 고발하는 것을 검토하였지만, 위원장이 직접 조사방해를 결정·지시했다고 볼 근거가 없어 화물연대만 고발하기로 하였다(한국경제, "공정우, 화물연대 검찰 고발…"운송거부 조사 고의 방해"" 2023. 1. 18.자 기사).

2) 제1심 무죄 판결[42)]

제1심은 우선 화물연대 구성원(화물차주)이 사업자 외 노동조합법상 근로자의 지위를 가지고 있다고 하더라도 공정거래법에서 정의하는 2인 이상의 독립된 사업자가 공동의 이익을 증진할 목적으로 조직한 결합체라는 특징을 가지고 개별 구성사업자인 화물차주와 구별되는 단체성 및 조직성을 갖추고 있는 이상 공정거래법상 사업자단체에 해당한다고 판단하였다.

다음으로 화물연대의 집단운송거부행위가 헌법 및 노동조합법으로 보호되는 단체행동에 해당하여 공정거래법이 적용되지 않는 것인지와 관련하여, 제1심은 화물연대의 단체행동이 이미 체결되었거나 향후 체결될 계약관계에 관한 근로조건의 유지·개선을 목적으로 하는 경우 노동조합법에 따른 정당한 행위로서 공정거래법이 적용되지 않으나, 근로조건과 무관한 거래조건에 관한 것이거나 법령에서 정하는 절차를 명백히 위반하였거나 폭력적이거나 파괴적인 수단을 행위로 하는 경우에는 노동조합법에 따른 정당한 행위로 볼 수 없어 공정거래법이 적용될 수 있다고 판단하였다. 해당 사건에서 공정거래위원회는 조사 목적 중 화물연대가 구성원에 대한 운송거부를 강제하거나 비소속 사업자의 운송을 방해하는 것이 포함되

42) 서울중앙지방법원 2025. 6. 5. 선고 2023고단4519 판결.

어 있는데, 이는 거래조건과 관계되는 것으로 볼 수 있어 조사대상이 될 수 있다고 보았으나, 다음과 같은 사정을 고려하여 조사대상이 불특정하므로 공정거래법 제124조 제1항 제13호에 따른 조사방해죄가 적용될 수 없다고 판단하여 무죄를 선고하였다.43)

공정거래위원회가 조사범위 및 혐의사실을 구체적으로 특정하지 않는 경우 사실상 영장 없는 강제수사를 허용하는 것과 다름없으므로 조사 목적 및 조사대상을 피조사자가 인지할 수 있을 정도로 특정하여야 하는데, 공정거래위원회가 2022. 12. 2. 화물연대에 교부한 조사공무의 조사목적란에는 '공정거래법 제40조 제1항(사업자의 부당한 공동행위), 제51조 제1항(사업자단체의 금지행위)'라고만 기재되어 있어 구체적으로 화물연대가 어떠한 위반행위로 조사를 받는 것인지 혐의사실이 특정되어 있지 않고, 2022. 12. 2.자 첫 현장조사가 사전 통보나 협조 요청 없이 이루어졌고, 이는 화물연대가 집단 운송거부(파업)을 실행한 지 3일 만에 이루어졌으며, 달리 화물연대가 구성원에 대한 운송거부를 강제하거나 비소속 사업자의 운송을 방해하였다는 객관적인 자료가 없는 점 등을 종합하여 보면, 공정거래위원회의 조사대상이 사업자단체의 금지행위 중 어떤 행위에 관한 것인지 구체적으로 특정되었다고 볼 수 없다.

'공정거래위원회 조사절차에 관한 규칙' 제10조 제1항은

43) 검찰은 제1심 판결에 대해서 불복하여 항소하였고 현재 항소심 계류 중인 것으로 보인다.

조사공무원이 현장조사를 개시하기 이전에 피조사업체의 임직원에게 공무원증을 제시하고 조사 기간, 조사 목적, 조사 대상, 조사 방법 등을 기재한 조사공문을 교부하고, 이와 함께 조사공문의 내용 및 피조사업체의 권리에 대하여 상세히 설명하도록 규정하고 있다. 같은 규칙 제10조 제2항은 조사공문에 기재된 조사 목적에 관련 법조항과 조사의 대상이 되는 기간의 범위와 거래분야 등이 포함된 법위반혐의를 함께 기재하도록 규정하고 있다. 또한 같은 규칙 제13조에서는 조사공무원이 조사공문에 기재된 조사 목적 범위 내에서 조사를 실시하여야 한다고 규정하고 있다.

제1심은 공정거래위원회의 화물연대에 대한 현장조사가 위 규칙에 따른 절차를 준수하지 않은 것으로 판단한 것으로 이는 공무집행방해죄 성립을 위해서 적법한 공무집행이 요구되는 것과 같은 이치로서 위법한 공무 수행을 법으로써 보호할 필요성이 없다는 점에서 타당하다.

Ⅳ. 결 론

이상 살펴본 바와 같이 공정거래법상 조사방해죄 성립은 공정거래위원회 조사가 피조사자의 동의를 전제로 하는 임의조사라는 점, 피조사자의 방어권 보장을 위한 장치가 형사절차보다 미흡한 점, 조사방해죄 성립을 넓힌다면 형사처벌을 통해 피조사자에게 진술을 강요하는 결과가 될 수 있는 점 등을 고려하여 볼 때 그 성립에 있어서 제한적 한계를 설정할 필요가 있다.

공정거래법상 조사방해죄의 행위 태양은 형법상 공무집행방해죄, 위계에 의한 공무집행방해죄 및 증거인멸죄와 유사하다. 그러므로 위 형법상 유사범죄의 성립범위를 살펴봄으로써 공정거래법상 조사방해죄 성립의 한계를 도출할 수 있다. 우선 공무집행방해죄는 적법한 공무집행을 전제로 하는데 행정조사기본법은 적법한 행정조사를 전제로 한다는 점에서 공정거래위원회의 조사 역시 공정거래법, 같은 법 시행령 및 공정거래위원회 조사절차에 관한 규칙을 준수하지 못한 경우에는 조사방해죄가 성립할 수 없다고 보아야 한다. 다음으로 위계에 의한 공무집행방해죄에서 위계는 행위의 목적을 달성하기 위하여 상대방에게 오인, 착각, 부지 등을 일으키고 이를 이용하는 것으로, 이러한 위계가 성립하기 위해서는 상대방의 충분한 검토에도 불구하고 행위자의 위계로 인하여 오인, 착각, 부지에 이를 수밖에 없다는 것이 증명되어야 한다는 점을 고려하면, 허위의 자료나 물건을 제출함으로써 조사방해죄가 성립하기 위해서는 조사공무원의 충분한 조사에도 불구하고 그러한 자료나 물건의 제출로 인하여 조사공무원에게 법위반 행위가 존재하지 않는다는 오인, 착각, 부지를 일으켜야 한다. 그러므로 조사공무원의 충분한 조사가 없거나 다른 증거를 통해 법위반 행위를 확인할 수 있었다면 조사방해죄가 성립할 수 없다고 보아야 한다. 마지막으로 증거인멸죄와 관련하여 형법상 증거인멸죄 성립에 있어서 사건의 타인성이 요구되지만, 공정거래법 위반행위의 주체는 사업자로서 법인에 해당하는 경우 그 임직원은 타인에 해당하는 법인의 형사처벌을 면하게 하기 위한 목적에서 자료의 은닉·폐기·위조·변조를 하는 것으로 볼 수 있어 이 경우 조사방해죄 성립과 관련하여서는 사건의 타인성이 특별히 문제 되지 않는다고 할 것이다.

최근 공정거래법상 조사방해죄 성립과 관련한 판결이 선고되고 있고 그 판결에 대한 불복절차가 진행 중에 있어 관심을 가지고 추적하여 살펴볼 필요가 있다. 특히 제1심에서 무죄 또는 일부 무죄가 항소심에서 유죄 또는 전부 유죄로 변경되는 사례가 나오고 있는 만큼 추후 확정되는 판결 내용을 분석하여 조사방해죄 성립의 한계를 명확히 설정할 필요가 있다. 대체로 제1심은 조사방해의 결과 발생을 엄격하게 해석함으로써 조사방해죄 성립의 한계를 설정하는 것으로 보이나 항소심은 형법상 공무방해죄와 같이 추상적 위험범의 법리에 기초하여 제1심보다 조사방해죄의 성립범위를 넓게 판단하는 것으로 보인다. 이러한 판결 내용에 대한 자세한 분석은 후속 연구에 맡기고자 한다.

■ 참고자료 ■

<단행본>

공정거래위원회, "2025년 한눈에 보는 공정거래제도", 2025.

신동운, "형법각론" 제2판, 법문사, 2008.

<논문>

강수진, "공정거래위원회의 조사권 행사와 형사절차상 원칙과의 관계", 대검찰청, 형사법의 신동향 제37호, 2012.

김민배, "행정조사제도의 실무적 절차와 쟁점 -일본의 독점금지법상 조사절차를 중심으로-", 인하대학교 법학연구소, 법학연구, 제22집 제4호, 2019.

김용주, "행정조사와 특별사법경찰관리의 수사의 경계획정 -특별사법경찰관리의 직무를 중심으로-", 경찰학연구 제14권 제4호, 2014.

류송·윤정근·나후연, "공정거래법의 형사적 집행절차의 주요 쟁점 -실무상 쟁점을 중심으로-", 대한변호사협회, 인권과 정의, 제519호, 2024.

안태준, "공정거래법상 조사방해행위에 대한 연구", 법조협회, 법조 제61권 제10호, 2012.

이성일, "업무방해죄, 위계공무집행방해죄의 법적 성격과 '방해'의 의미에 관한 통일적 이해", 사법발전재단, 사법 제1권 제60호, 2022.

이재구·이호용, "수사로 활용될 수 있는 행정조사의 법적 쟁점 -실무자의 관점에서-", 한양대학교 법학연구소, 법학논총 제35집 제2호, 2018.

이재영, "권력적 행정조사의 쟁점 및 개선 과제", 국회입법조사처, NARS 현안분석, 제255호, 2022.

이창섭, "공무집행방해죄에서 직무집행의 적법성에 관한 몇 가지 고찰", 법조협회, 법조 제74권 제2호, 2025.

정재훈, “공정거래법상 조사방해죄의 해석, 판단기준 및 그 한계”, 대한변호사협회, 인권과 정의, 제519호, 2024.
조성훈, “공정거래위원회 조사와 적법절차: 조사방해죄의 제한해석을 중심으로”, 저스티스 통권 제198호, 2023.

■ 국문초록 ■

공정거래위원회 조사는 행정조사로서 피조사자의 동의를 전제로 하는 임의조사에 해당한다. 그러나 공정거래법은 조사방해행위에 대해서 형사처벌을 규정하고 있어 피조사자의 권리침해를 방지하기 위해서는 조사방해죄 성립의 한계에 대해서 검토할 필요가 있다. 특히 공정거래법상 조사방해죄의 행위 태양은 형법상 공무집행방해죄, 위계에 의한 공무집행방해죄 및 증거인멸죄의 행위 태양과 유사하다. 그러므로 형법상 유사범죄의 성립범위를 살펴본다면 공정거래법상 조사방해죄 성립의 한계를 도출할 수 있다. 특히 적법한 공무집행으로서 행정조사의 적법성이 전제되는지 여부, 위계의 의미를 통한 허위의 자료나 물건 제출에 따른 조사방해죄 성립의 한계, 자료의 은닉·폐기·위조·변조 행위에 있어서 사건의 타인성이 요구되는지 여부, 조사방해행위를 통한 조사방해의 결과는 현실적으로 발생하여야 하는 것인지 아니면 그 추상적 위험만 발생해도 충분한지 등이 문제 된다. 본 논문은 공정거래법상 조사방해죄 성립과 관련한 선행 연구들을 분석하고 형법상 공무방해죄와 비교를 통하여 공정거래법상 조사방해죄 성립의 한계를 도출하고자 한다. 그리고 최근 공정거래법상 조사방해죄 성립과 관련한 판례가 선고되고 있어 그 성립에 관한 법원의 판단에 대해서 분석하고자 한다. 그 결과 공정거래법상 조사방해죄가 성립하기 위해서는 관련 법령을 준수한 조사 및 조사공무원의 충분한 조사가 전제되어야 하고, 공정거래법 위반행위는 사업자를 주체로 한다는 점에서 조사방해죄 성립에 있어서 사건의 타인성은 특별히 문제 되지 않는다. 조사방해 결과 발생과 관련하여서는 행위 태양에 따라 행위 자체만으로 방해에 해당한다고 볼 수 있다면 추상적 위험범으로 볼 수 있을 것이나, 방해행위 외에 다른 요소가 추가되어야 방해의 결과에 이른다면 최소한 구체적 위험범에 해당한다고 보아야 할 것이다.

주제어 : 공정거래위원회, 행정조사, 행정조사방해죄, 공무집행방해죄, 위계에 의한 공무집행방해죄, 증거인멸죄

■ ABSTRACT ■

Limitations on the establishment of the crime of the illegal obstruction of investigation of Monopoly Regulation And Fair Trade Act

Jae-Ho Lee *

The Fari Trade Commission's investigation is an administrative investigation and a voluntary investigation that requires the consent of the person under investigation. However, the Fair Trade Act provides for criminal punishment for acts of obstruction of investigation, so it is necessary to review the limits of the crime of obstruction of investigation in order to prevent infringement of the right to the subject of investigation. In particular, the types of acts of obstruction of investigation under the Fair Trade Act are similar to the types of acts of obstruction of official duties, obstruction of official duties by hierarchy, and destruction of evidence under the Criminal Act. If we examine the scope of the crime of quasi-crime under criminal law, we can derive the limits of the crime of obstruction of investigation under the Fair Trade Act. In particular, issues arise regarding whether the legality of administrative investigations is presupposed as a legitimate execution of public

* The Board of Audit and Inspection of Korea, Lawyer

duties, the limits of establishing the crime of obstruction of investigation due to the submission of false data or objects through the meaning of hierarchy, whether the act of concealing, destroying, forging, or altering data requires the knowledge of another person in the case, and whether the result of obstruction of investigation through an act of obstruction of investigation must actually occur or whether it is sufficient if only the abstract risk occurs. This paper analyzes previous studies on the establishment of the crime of obstruction of investigation under the Fair Trade Act and compares it with the crime of obstruction of official duties under the Criminal Act to derive the limitations of the crime of obstruction of investigation under the Fair Trade Act. And, as a recent case has been handed down regarding the establishment of the crime of obstruction of investigation under the Fair Trade Act, we would like to analyze the court's judgment regarding its establishment.

Key Words : fair trade commission, obstruction of investigation, the legality of investigation, criminal penalty, obstruction of official duties, destruction of evidence

이른바 '대작(代作) 미술작품 판매 사건'의 형법적 재검토
- 대법원 2020. 6. 25. 선고 2018도13696 판결과 관련하여 -*

정재환**

Ⅰ. 들어가며

몇 해 전 유명 가수의 미술작품이 실제로는 다른 사람이 그린 것으로 밝혀지며, 이 그림들을 자기 작품으로 판매한 그의 행위가 사기죄에 해당하느냐에 이목이 쏠렸다. 이른바 '대작 미술작품 판매 사건'은 1심에서 사기죄가 인정되었으나, 항소심과 대법원은 사기죄에 대해서 무죄라고 판결하였다.[1] 이

* 이 글은 형사정책 제34권 제4호(한국형사정책학회, 2023. 1.)에 수록된 것이다. 저자가 박사학위 취득 이후 처음으로 공개 석상(한국형사법학회·경상국립대학교 지식재산전문인력양성사업단 공동학술대회[2022년 11월 형사법학회 신진학자 포럼])에서 발표하고 게재한 논문이다.

** 부산대학교 강사. 법학박사.

사건을 계기로 미술계에서는 대작 미술작품 판매행위가 사기죄에 해당한다는 주장과 이를 사기죄로 기소한 검찰의 행태는 현대미술의 흐름을 전혀 이해하지 못한 데서 비롯한 잘못된 조치라는 주장이 격렬하게 부딪쳤다.[2)] 법학계에서도 이 사건은 특히 저작권법과 형사법을 연구하는 학자에게 흥미로운 연구 대상으로 다루어졌다.[3)]

미술작품과 관련된 미학적·윤리적 평가는 예술계 전문가와 구성원에게 자율적으로 맡기고 사법 판단은 되도록 자제해야 한다는 대법원의 견해는 대체로 공감을 얻고 있다.[4)] 그렇지만 결과적으로 '대작 미술작품 판매'는 사기죄가 성립하지 않는다는 사법 판단이 이루어진 셈이다. 이 사건 판결 전후로 달라진 것이 무엇인가를 생각해보면, '대작 미술작품 판매'에 면죄부가 부여되었을 뿐이라는 인상을 지울 수 없다. 그런 점에서 조금 더 신중하고 정교하게 사안에 접근했어야 한다고 본다.

1) 서울중앙지법 2017. 10. 18. 선고 2016고단5112 판결; 서울중앙지법 2018. 8. 17. 선고 2017노3965 판결; 대법원 2020. 6. 25. 선고 2018도13696 판결.

2) 예컨대, 반이정, "조영남 대작 사건 읽는 법 '관행'을 해명한다", 미술세계 제44권, 2016, 45쪽 이하 및 "조영남을 변호하는 두 번째 글: 질 수 없는 싸움", 미술세계 제63권, 2017, 95쪽 이하; 임근준, " '조영남 대작 사건'의 주요 논점을 정리한다", 미술세계 제63권, 2017, 97쪽 이하.

3) 대표적으로, 계승균, "저작권법 연구자가 본 대작 사기 사건 -대법원 2020. 6. 25. 선고 2018도13696 판결을 소재로-", 일감법학 제48호, 건국대학교 법학연구소, 2021, 197쪽 이하; 장진환, "대작(代作)미술품 거래와 사기죄: 대법원 2020. 6. 25.선고 2018도13696 판결을 소재로", 법과사회 65호, 법과사회이론학회, 2020, 211쪽 이하.

4) 계승균, 앞의 글(각주 3), 213쪽; 남형두, "법과 예술 -조영남 사건으로 본 주리스토크라시(Juristocracy)-", 정보법학 제20권 제2호, 한국정보법학회, 2016, 51쪽 이하 등.

그렇게 생각하는 가장 큰 이유는 이 사건을 포괄하여 하나의 사기죄로 검토한 것이 타당했느냐에 있다. 이 사안은 여러 개의 사기죄가 실체적 경합을 이루는 사건이어서 그림 판매행위별로 사기죄 성립 여부를 검토했어야 한다.[5] 이에 더해 각 그림에 대한 저작자 판단을 검토했어야 하는 사안이다. 즉 이 사건은 저작권법과 밀접한 관련이 있는데도,[6] 검찰은 이에 관해 기소하지 않았고, 대법원은 이를 이유로 사기죄 성립 여부를 판단할 때마저도 저작자가 누구인지를 검토하지 않은 채 피고인의 모든 대작 미술작품 판매행위를 일괄하여 무죄라고 판결하였다는 데 문제가 있다. 일괄하여 유죄로 본 제1심판결도 같은 의미에서 문제라고 본다. 아래에서는 이런 의문을 중심으로 사안을 재검토하고자 한다.[7]

II. 사건개요와 판결내용

1. 사건개요[8]

피고인 1(이하 '甲')은 가수 겸 화가로서 1973년 첫 개인전

5) 이런 지적과 그에 대한 상세한 분석·논증으로는 박경규, "미술품거래에서 사기죄의 성립범위 -대법원 2020. 6. 25. 선고 2018도13696 판결의 평석 및 형법과 법원의 역할에 관한 고찰", 「사법(54호)」, 사법발전재단, 2020, 89쪽 이하(특히 96쪽 이하).

6) 남형두, 앞의 글(각주 4), 37쪽은 이 사건에서 사기죄와 저작권법위반죄는 동전의 양면과 같은 관계에 있다고 한다.

7) 이 글의 목적은 저작권법의 해석에 따라 사기죄 성립 여부를 유형별로 나누어 검토하는 데 제한되어 있다. 그런 이유로 그밖에 문제가 제기되는 지점에서는 기본적으로 다수의 견해를 기초로 삼았다. 또한 위법성인식, 공동정범 문제는 다루지 않는다.

8) 이하에서는 사건의 핵심 인물인 피고인 1과 공소외 1을 중심으로 기술한다.

을 개최한 이후 지금까지 약 40회의 전시회를 개최하였고, 약 20년 전부터 자신을 화수(畫手, 화가 겸 가수)라고 자칭한 사람으로, 여러 언론매체와의 인터뷰와 방송출연 과정에서 자신이 직접 그림을 그린다는 취지로 말하거나 직접 그림 그리는 모습을 여러 차례 보여줌으로써 그림 구매자들에게 자신이 판매하는 그림을 직접 그린 것처럼 믿게 하였다.

甲은 2009년 화가 공소외 1(이하 '乙')을 만나기 전에는 주로 화투 등을 직접 잘라서 붙이는 콜라주 기법의 작품을 제작하였으나, 화랑 관계자들이나 작품 구매를 원하는 사람들이 콜라주 작품보다는 회화를 선호하고, 작품의 예술성이 높아져 그림 가격이 올라가자, 2009년경 乙에게 1점당 10만 원 상당의 돈을 주고 자신의 기존 콜라주 작품을 회화로 그려오게 하거나, 자신이 추상적인 아이디어만 제공하고 이를 乙이 임의대로 회화로 표현하게 하거나, 기존 자신의 그림을 그대로 그려달라고 하는 등의 작업을 지시하였다.

甲은 2012. 4. 4.경부터 같은 달 21.경까지 서울 종로구 경운동에 있는 '○○○ 화랑'에서 『甲 초대전』을 개최하면서 "극동에서 온 꽃" 등의 그림을 전시하였다. 그곳에 전시된 "극동에서 온 꽃" 그림은, 甲이 2012년경 乙에게 '용무늬 꽃병 위에 오광과 이파리를 배열하여 그림을 그려보라'라고 추상적인 아이디어를 제공하고, 乙이 임의대로 오광을 배치하고 이를 회화로 표현하여 완성한 것이고, 甲은 이 완성된 그림 외곽에 이파리와 빈 사각형 몇 개를 그려 넣고 배경에 경미한 덧칠 작업만 추가한 다음 그림 하단에 자신의 서명을 한 작품으로서, 사실상 乙이 그린 그림이었으나 甲은 전시장을 방문한 사람들에게 마치 자신이 직접 그린 것처럼 행세하면서 전시하고, 위와 같은 사실을 고지하지 않았다.

甲은 2012. 4.경 甲이 직접 그렸다고 믿은 피해자에게 "극동에서 온 꽃"(30호) 1점을 1,200만 원에 판매하였다. 그 밖에도 甲은 2011. 9.경부터 2015. 12.경까지 별지 범죄일람표 (1) 기재와 같이 피해자들을 기망하여 그림 21점을 판매하고, 총 17명의 피해자로부터 판매대금으로 합계 1억 5,355만 원 상당을 교부받았다.

2016. 3. 1.경 또 다른 피해자로부터 甲의 그림을 구매하고 싶다는 연락을 받고, 2016. 3. 2. 서울 강남구 청담동에 있는 甲의 주거지에 방문한 피해자에게 "극동에서 온 꽃"(용무늬 화병, 15호), "극동에서 온 꽃"(트럼프 화병), "항상영광"을 판매하였다.

그러나 사실 위 "극동에서 온 꽃"(용무늬 화병) 작품은, 2016. 2.경 '기존에 乙이 용무늬 화병 위에 오광과 이파리를 임의로 배열하여 그려주었던 그림을 15호 크기로 다시 그려달라'라는 甲의 요청에 따라 乙이 완성한 후, 이를 건네받은 甲이 그림의 배경에 경미한 덧칠 작업만 추가한 다음 그림 하단에 자신의 서명을 한 작품으로서 사실상 乙이 그린 그림이었다. 위 "극동에서 온 꽃"(트럼프 화병) 작품 및 "항상영광" 작품은 2015년경 공소외 2[9]에게 기존의 "극동에서 온 꽃"(트럼프 화병)과 "항상영광" 사진을 보고 그대로 그려달라고 요청하여 건네받은 그림의 배경 부분 등에 경미한 덧칠 작업만 추가한 다음 그림 하단에 자신의 서명을 한 작품들로서 사실상 乙이 그린 그림이었으나, 甲은 피해자에게 마치 위 그림을 자신이 직접 그린 것처럼 행세하면서 위와 같은 사실을 고지하지 아니하였다.

甲은 2016. 3. 2. 피해자에게 위 작품 3점을 판매하고, 이에 속은 피해자로부터 판매대금으로 780만 원을 받은 것을 비롯하여 2015. 9.경부터 2016. 4. 초순경까지 별지 범죄일람표(2) 기재와 같이 피해자들을 기망하여 작품 5점을 판매하고 총 3명의 피해자로부터 판매대금으로 합계 2,680만 원 상당을 교부받았다.

2. 판결내용

가. 1심판결(서울중앙지법 2017. 10. 18. 선고 2016고단5112 판결)

1심은 부작위에 의한 기망행위 여부와 관련하여 "이 사건 미술작품의 창작적 표현작업이 주로 乙에 의하여 이루어졌다는 사실은 이 사건 미술작품 거래에 있어서 설명가치 있는 정보에 해당되고, 甲은 신의칙상 사전에 구매자들에게 그와 같

9) 이하에서 소위 '대작 화가'(공소외 1, 공소외 2)는 '乙'로 통칭한다.

은 사실을 고지할 의무가 있으며, 이를 고지하지 않고 판매한 것은 그 사실을 알지 못한 구매자들을 부작위에 의하여 기망한 것"이라고 보았다.

(1) 친작(親作) 여부가 작품 거래에서 중요한 정보인가: 긍정

"이 사건 미술작품의 양식인 회화에 있어서는 아이디어나 소재를 제공한 작가가 창작적 표현작업에까지 전적으로 관여한 '친작(親作)'과 그렇지 않은 작품 사이에는 구매자의 입장에서 그 선호도에 차이가 있을 수 있음은 물론이고 구매 여부의 판단이나 가격의 결정에까지 영향을 미칠 수 있으므로, 그와 관련된 내용은 작품 거래에 있어서 중요한 정보라고 보는 것이 일반적인 거래관념에 부합"한다.

(2) 乙은 '조수'인가 '작가'인가: 작가임을 인정

"회화는 작가가 구상한 아이디어나 소재를 붓, 물감 등의 도구와 재료를 이용하여 형상화하는 작업을 거쳐 완성되기 때문에, …… 창작적 표현과정에서는 관여한 작가의 개성이나 화풍이 필연적으로 드러날 수밖에 없으며, 작가의 붓 터치, 전문적인 숙련도, 예술적인 감각, 집중력과 노력의 정도 등에 따라 작품의 예술적 심미감이나 완성도가 달라질 수 있다. …… 따라서 회화작품의 예술적·경제적 가치를 평가함에 있어서는 그 작품의 아이디어나 소재의 독창성 또는 창의성 못지않게 아이디어나 소재를 외부로 표출하는 창작적 표현작업도 중요

한 요소로 작용”한다.

“甲과 乙의 관계는 ‘노무의 제공’을 목적으로 그에 대한 보수를 지급하는 ‘고용’이라기보다는 일의 완성을 목적으로 그 일의 결과에 대하여 보수를 지급하는 ‘도급’에 가깝다. …… [직업화가 또는 회화 전공자로서 乙의 작업 숙련도나 예술적 수준, 이 사건 미술작품 제작에 기여한 정도 등을 고려하면, 이들이] 甲에게 고용되어 그의 지휘·감독하에 甲의 창작활동을 수족처럼 돕는 데 그치는 ‘조수’에 불과하다고 보기는 어렵고, 오히려 독립적으로 이 사건 미술작품의 창작적 표현 형식에 기여한 ‘작가’로 보는 것이 타당하다.”

(3) 대작 미술작품 제작 및 판매가 관행인가: 부정

“甲과 乙은 사제관계에 있지 않았고, 이 사건 미술작품이 도제교육 과정에서 제작된 것도 아니었다. …… 비록 甲이 작품의 제작과정에서 아이디어나 소재를 제공하고 마무리 작업에 일부 관여하였다고 하더라도, 대부분의 창작적 표현작업을 다른 작가에게 의뢰하여 완성하는 이 사건 미술작품의 제작방식이라든가 그와 같은 방식으로 제작된 작품을 온전히 자신의 창작적 표현물로 판매하는 거래형태가 우리 미술계에서 일반적으로 통용될 수 있는 관행이라고 보기는 어렵[다.] …… 甲은 주거지 이외에 보조인력들과 함께 작업이 가능한 별도의 작업실을 마련하거나 정식으로 고용된 조수나 보조인력을 체계적으로 관리하면서 작품활동을 하지 않았[다는 점을 고려하더라도] …… 이 사건 미술작품의 평가나 거래를 현대미술의 주류적인 흐름 속에서 파악하여야 한다는 주장은 수긍하기 어렵다."

(4) 甲의 보증인지위 긍정

"이 사건 미술작품의 거래에 있어서 '乙의 존재와 제작에 관여한 정도'는 구매 여부를 판단하는 기초가 되거나 설명가치가 있는 정보라고 보는 것이 타당하고, 따라서 甲은 사전에 충분한 정보의 제공과 설명을 통하여 이 사건 미술작품이 甲의 친작으로 인식하고 있었던 피해자들의 착오를 제거해주어야 할 보증인적 지위에 있었다."

나. 2심판결(서울중앙지법 2018. 8. 17. 선고 2017노3965 판결)

2심판결은 乙을 작가라기보다는 조수로 보았다. 또한 친작 여부는 미술작품 거래에서 중요한 정보가 아니고, 고지의무 및 보증인지위를 부정함으로써 부작위에 의한 기망행위를 부정하였다.

(1) 乙은 '조수'인가 '작가'인가: 조수임을 인정

"乙은 보수를 받고 甲의 창작물에 대한 아이디어를 작품으로 구현하기 위해 작품 제작에 도움을 준 기술적인 보조자일 뿐, 그들 각자의 고유한 예술적 관념이나 화풍 또는 기법을 이 사건 미술작품에 구현한 이 사건 미술작품의 작가라고 평가할 수는 없다. …… 이 사건 미술작품의 주요 컨셉트와 소재는 甲이 결정하였고, 乙은 甲의 의뢰에 따라 甲의 기존 회화작품을 그대로 그리거나 甲의 지시 혹은 설명에 따라 기존 콜라주 작품을 그림으로 그려서 제공하였고, …… 그 과정에서 한 보조자들의 위와 같은 작업을 '밑그림 제작'이 아닌 '작품의 완성'을 전제로 한 도급계약의 이행으로 보기는 어렵다."

"甲은 1986년경부터 '화투'를 작품의 소재로 선택하여 자신만의 독창적인 아이디어 또는 컨셉트로 삼아왔고, 이 사건 미술작품 역시 '화투라는 소재' 혹은 '화투를 꽃으로 표현하는 등의 아이디어 또는 컨셉트'가 그 핵심을 이루고 있는바, 이는 甲 작품에 고유한 것이다."

"甲이 乙과 사제관계 혹은 도제교육 과정에 있는지의 여부, 乙의 회화실력 및 독자적으로 작품활동을 하는 화가인지의 여부, 乙이 이 사건 미술작품 제작에 관여한 정도 및 수령한 보수의 유무나 그 액수 등에 관한 사정은, …… 乙이 이 사건 미술작품의 '작가'인지 아니면 '보조자'인지 여부를 결정하는 기준이라고 할 수는 없다. …… 보조자를 사용한 제작방식이 미술계에 존재하고 있는 이상, 이 사건 미술작품이 미술 분야의 특정한 장르(회화)에 해당함을 전제로 위와 같은 제작방식이 적합한지의 여부나 그러한 제작방식이 미술계의 관행에 해당하는지의 여부 혹은 일반인이 이를 용인할 수 있는지의 여부 등은 법률적 판단의 범주에 속하지 아니한다."

(2) 부작위에 의한 기망: 고지의무 및 보증인지위 부정

"작품을 구매하려는 사람들은 그 작품이 '해당 작가의 작품'인지 여부, 즉 '다른 사람의 작품임에도 자신의 작품으로 속인 것이 아닌 진품'인지 여부는 일반적으로 확인하고자 할 것이나, 그 작품이 해당 작가의 '친작'인지의 여부는 구매자에 따라 고려 요소가 될 수도 있고 그렇지 않을 수도 있는 것이어서, 언제나 '진품' 여부와 같은 정도의 비중을 갖는 것은 아니다. 따라서 작가의 친작인지 여부가 일반적으로 작품 구매자들에게 반드시 필요하거나 중요한 정보라고 단정할 수는 없다.

한편 미술작품에 관한 거래에 있어서, 구매자가 개별 작품의 친작 여부를 알고자 하는 경우에도 그 고지 여부나 고지 범위는 전적으로 작가(혹은 화랑)의 자유로운 의사에 따르게 되는 것이 일반적이므로, 작가(혹은 화랑)에게 일률적으로 작품의 친작 여부에 관한 고지의무를 부담시키는 것도 적절하지 아니하다. ……

피해자들이 이 사건 미술작품 제작에 보조자인 乙을 사용한 사실을 알았다면 이 사건 미술작품을 해당 가격에 구매하지 않았을 것임이 명백하지 아니한 이 사건에서, 일부 구매자의 주관적인 의도에 근거해 바로 작가의 고지의무를 인정할 수는 없다. ……

고지의무의 내용인 '보조자의 사용사실'에 관하여, …… 그 내용을 명확히 정할 수 없는 난점이 있는바, 이는 구성요건에 해당하는 고지의무가 불명확하고 자의적인 기준에 따라 결정될 수 있음을 의미한다. ……

[친작 여부라는 사정 외에도 투자할 목적 등 다양한 사정을 고려하여 미술작품을 구입한 것으로 볼 수 있고, 친작이어서 구매하였다는 동기가 구매계약 단계에서 표시되었거나 작가 혹은 화랑 측에 그에 관한 문의를 한 바도 없다는 점 등에 비추어 보면,] 검사가 제출한 증거만으로는 피해자들이 이 사건 미술작품을 甲의 친작으로 착오한 상태에서 구매한 것이라고 단정하기 어렵다."

다. 대법원판결(대법원 2020. 6. 25. 선고 2018도13696 판결)

대법원은 검사의 공소사실에 비추어 볼 때 미술작품의 저작자가 누구인지는 불고불리 원칙상 심판 대상이 아니고, 부작위 사기죄에 대해서는 검사가 제출한 증거만으로는 피해자들이 이 사건 미술작품을 甲의 친작으로 착오한 상태에서 구매한 것이라고 단정하기 어렵다며 甲에게 무죄를 선고하였다.

(1) 저작권법: 불고불리

"검사는 이 사건을 사기죄로 기소하였을 뿐 저작권법위반으로 기소하지 않았을 뿐 아니라, 이 사건 공소사실에서 누가 이 사건 미술작품의 저작자라는 것인지 표시하지도 않았다. …… 물론 미술저작물의 저작자 아닌 자가 마치 저작자인 것처럼 행세하여 그 미술품을 판매하였다면 이는 형법상 사기죄에 해당할 수 있다. 그렇지만 이 사건 공소사실의 기재내용을 위와 같은 사정에 비추어 자세히 살펴보면, 검사는 甲이 이 사건 미술작품의 창작과정, 특히 조수 등 다른 사람이 관여한 사정을 알리지 않은 것이 사기죄에서의 기망행위에 해당한다고 보아 이 사건 공소제기를 하였음을 알 수 있다. 그렇다면 이 사건 형사재판에서 이 사건 미술작품의 저작자가 누구인지가 정면으로 문제 되었다고 볼 수 없다. 원심이 이 사건 미술작품의 저작자가 甲이라고 본 것이나 그와 같은 창작방식이 미술계에 존재한다고 기술한 데에 논란이 있을 수는 있지만 이제 와서 검사가 원심에 저작물·저작자 등에 관한 법리를 오해한 위법이 있다고 주장하는 것은 형사소송법상 심판의 대상에 관한 불고불리 원칙에 반하는 것이다."

(2) 사기죄의 기망: 부정

"부작위에 의한 기망은 법률상 고지의무 있는 자가 일정한 사실에 관하여 상대방이 착오에 빠져 있음을 알면서도 이를 고지하지 않는 것을 말한다. 여기에서 법률상 고지의무는 법령, 계약, 관습, 조리 등에 의하여 인정되는 것으로서 문제가 되는 구체적인 사례에 즉응하여 거래실정과 신의성실의 원칙에 의하여 결정되어야 한다. 그리고 법률상 고지의무를 인정할 것인지는 법률문제로서 상고심의 심판 대상이 되지만 그 근거가 되는 거래의 내용이나 거래관행 등 거래실정에 관한 사실을 주장·증명할 책임은 검사에게 있다. ……

조수 등 다른 사람이 관여한 사정을 알리지 않은 것은 신의칙상 고지의무위반으로서 사기죄에서의 기망행위에 해당[한다고 보려면,] …… 미술작품의 거래에서 창작과정을 알려주는 것, 특히 작가가 조수의 도움을 받았는지 등 다른 관여자가 있음을 알려주는 것이 관행이라는 것[,] …… 이 사건 미술작품을 구매한 사람이 이러한 사정에 관한 고지를 받았더라면 그 거래에 임하지 아니하였을 것이라는 관계가 인정되어야 한다. 그리고 미술작품의 거래에서 기망 여부를 판단할 때에는 그 미술작품에 위작 여부나 저작권에 관한 다툼이 있는 등의 특별한 사정이 없는 한 법원은 미술작품의 가치 평가 등은 전문가의 의견을 존중하는 사법자제 원칙을 지켜야 한다. ……

피해자들의 구매 동기 등 제반 사정에 비추어 보면, 검사가 제출한 증거만으로는 피해자들이 이 사건 미술작품을 甲의 친작으로 착오한 상태에서 구매한 것이라고 단정하기 어렵다."

III. 사안 판단

1. 저작권법위반죄 성립 여부

甲이 乙의 작품에 자신의 서명을 하고 공표한 것이라면 저작권법상 저작자명의 허위표시·공표죄(저작권법 제137조 제1항 제1호)가 성립할 수 있다.[10] 그러나 검찰은 이에 대해 기소

10) 저작권법 제137조 제1항 제1호는 "저작자 아닌 자를 저작자로 하여 실명·이명을 표시하여 저작물을 공표한 자"를 처벌하도록 규정하고 있는데, 대작의 경우 이에 해당하는지에 대해 견해의 대립이 있다. 이는 본 조항의 보호법익이 무엇인가에 대한 견해 대립이기도 하다.
① 긍정설: 저작명의인의 인격적 이익 외에 사회적 신용 보호도 본 조항의 보호법익에 포함된다는 견해에 따르면, 대작에 관한 당사자 간의 합의가 있다고 하더라도 그러한 저작명의인의 동의 여부는 요건이 아니며, 문화계의 잘못된 관행을 바로잡아 사회 일반의 신용을 보호해야 한다는 실천적 의미도 있다는 점에서 저작자명의 허위표시·공표죄를 긍정한다(이해완, 저작권법, 제4판, 2019, § 8-13).
② 부정설: 대작이 상당히 일반화 되어 있는 사회적인 실태에 비추어 일괄하여 본 조항 위반죄로 보는 것은 무리한 해석이라고 한다. 본 조항은 부정경쟁방지법상 상품의 출처혼동행위를 금지하는 것과 같은 취지라는 점에서(부정경쟁방지법 제2조 제1호 가목), 대작 합의에 따른 대작 명의자의 실명이나 이명으로의 표시·공표가 공중에 대한 신용보호에 위해를 가져온다거나 혼동의 우려가 발생하는 등 부정경쟁의 결과를 초래하지 않는다면 위법성이 없어 범죄가 성립하지 않는다는 견해이다(오승종, 저작권법 강의, 제3판, 2020, 188~189쪽).
③ 성명표시권은 저작인격권의 하나로서 저작자 일신에 전속한다는 강행규정(저작권법 제14조 제1항)에 따라 대작계약을 했다고 해서 대작명의인에게 양도되는 것은 아니다. 즉 저작권은 대작화가에게 원시적으로 귀속되며, 다만 저작의 소유권이 대작명의인에게 귀속될 수 있을 뿐이다(최현숙, "개념미술과 저작권 귀속에 관한 법적 고찰 -조영남 미술 대작 사건(2020. 6. 25. 선고 2018도13696 판결)을 중심으로-", 가천법학 제13권 제4호, 가천대학교 법학연구소, 2020, 87쪽 이하). 대작 합의를 형법 제20조의 정당행위 중 사회상규에 위배되지 않는 행위에 해당한다고 보기도 어려우므로 위법성이 조각된다고 할 수도 없다(계승균, 앞의 글[각주 3], 210쪽 이하). 긍정설이 타당하다.
④ 대법원 2017. 10. 26. 선고 2016도16031 판결도 저작권법 제137조 제1항 제1호는 "…… 실제 저작자의 인격적 권리뿐만 아니라 저작자 명의에 관한 사회 일반의 신뢰도 보호하려는 데 목적이 있다. 이와 같은 입법 취지 등을 고려하면, 저작자 아닌 자를 저작자로 표시하여 저작물을 공표한 이상 위 규정에 따른 범죄는 성립하고, 사회통념에 비추어 사회일반의 신뢰가 손상되지 않는다고 인정되는 특별한 사정이 있는 경우가 아닌 한 그러한 공표에 저작자 아닌 자와 실제 저작자의 동의가 있었더라도 달리 볼 것은 아니 ……"라고 하여 기본적으로 긍정설의 태도를 보인다.

하지 않았고,[11] 그에 따라 재판에서 다뤄지지 않았다(불고불리 원칙).[12] 여기에서도 사기죄 성립 여부를 검토하는 범위 안에서 저작자 문제를 다루도록 한다.

2. 사기죄 성립 여부

가. 사기죄 성립요건

사기죄란 사람을 기망하여 재물 또는 재산상의 이익을 취득하거나 제3자가 취득하게 함으로써 성립하는 범죄다(형법 제347조). 따라서 사기죄가 성립하려면 ① 행위자가 기망행위를 하고, ② 이로 인해 피기망자가 착오를 일으켜 ③ 재산을 처분하여 ④ 재산상 손해가 발생하고, ⑤ 행위자나 제3자가 재물 또는 재산상의 이익을 취득하여야 한다. 주관적 구성요건으로서 고의와 불법영득의사도 필요하다.

한편, 기망이란 "사람을 착오에 빠뜨리는 일체의 행위"[13] 또는 "널리 거래관계에서 지켜야 할 신의칙에 반하는 행위로서 사람으로 하여금 착오를 일으키게 하는 것"[14]을 말하는데,

11) 저작권법위반으로 기소하지 않은 이유는 공소유지에 대한 확신이 없었기 때문이 아니었겠느냐는 추측이 있다(남형두, 앞의 글[각주 4], 37쪽). 그러나 이 사건에서 사기죄와 저작권법위반죄는 불가분의 관계에 있다고 할 수 있는데(남형두, 같은 글, 37쪽), 저작권법위반에 대한 공소유지에 확신이 없었다고 보기는 무리다. 검찰은 사기죄 기소로 충분하며, 저작권법위반은 부차적인 문제라고 판단했던 것으로 보인다.

12) 사기죄가 아니라 저작권법위반으로 다루었어야 한다는 지적으로는 계승균, 앞의 글(각주 3), 203쪽 이하(특히 213쪽).

13) 김성돈, 형법각론, 제7판, 2021, 377쪽; 임웅, 형법각론, 제11정판, 2020, 409쪽.

14) 이재상/장영민/강동범, 형법각론, 제11판, 2019, § 18/12.

이러한 기망은 부작위로는 불가능하므로 부작위에 의한 사기죄는 성립하지 않는다는 견해도 있지만,[15] 부작위에 의한 사기죄도 가능하다고 보는 것이 일반적이다.[16] 이 사안에서 부작위에 의한 기망으로 사기죄가 인정되려면 ① 상대방이 착오상태에 있어야 하고,[17] ② 부작위자에게는 보증인으로서 착오에 빠진 상대방의 착오를 제거해야 할 고지의무가 있는데도 ③ 고지하지 않았어야 하며, ④ 상대방의 착오는 사실을 제대로 알았더라면 당해 법률행위를 하지 않았을 것이 명백할 정도로 중대한 것이어야 한다.

나. 사안의 유형화

본건은 작품 판매행위마다 사기죄 성립 여부를 검토해야 하는 사안이고, 작품마다 저작자가 누구인지를 밝혀야 한다.[18] 甲의 행위에 대한 올바른 형법적 평가를 위해서는 몇 가지 기준에 따라 유형을 나누어 보는 것이 효율적일 것이다. 그

15) 김준혁, "부작위에 의한 사기죄의 성립가능성에 대한 새로운 접근", 법학연구 제18권 제2호, 연세대학교 법학연구소, 2008, 250쪽 이하.

16) 이재상/장영민/강동범, 앞의 책(각주 14), § 18/19; 강미영, "부작위에 의한 사기죄에서의 기망행위와 신의성실의 원칙", 아주법학 제9권 제3호, 아주대학교 법학연구소, 2015, 240~241쪽. 이는 독일에서도 압도적 다수설이다(Kindhäuser/Hilgendorf, LPK-StGB, 8. Aufl., 2020, § 263 Rn. 87).

17) 강미영, 앞의 글(각주 16), 239~240쪽; 류화진, "부작위에 의한 사기죄 인정에 관한 비판적 고찰", 법학연구 제44권 제1호, 부산대학교 법학연구소, 2003, 319쪽(다만, 319~320쪽에 따르면, 재산상 손해라는 결과를 향한 실행행위도 부작위인 아주 예외적인 경우에만 부작위 사기죄가 성립한다고 한다).

18) 범죄일람표 (1)(피해자 17명, 작품 21점)과 범죄일람표 (2)(피해자 3명, 작품 5점)에 따르면, 피해자는 총 20명에 작품 수는 총 26점이다.

기준은 다음과 같다.

(1) 우선 작품 판매방식과 관련하여 ㉮ 개인전을 비롯한 전시회나 갤러리를 통한 작품 판매였는지(이하 '전시 판매'),[19] ㉯ 작품구매자의 요구에 응해 甲의 집에 방문한 구매자에게 작품을 판매한 것이었는지(이하 '비전시 판매')[20]를 기준으로 분류할 수 있다. 이는 피해자의 착오가 작위의 기망에 의한 것인지 아닌지를 판단할 척도가 될 것이다.

(2) 다음으로 甲이 乙에게 한 지시 내용의 구체성을 기준으로 삼을 수 있다. 이에 따르면, ⓐ 甲이 자신의 기존 콜라주 작품을 회화로 그려오게 하거나, 자신의 그림을 그대로 그려달라고 하는 등의 작업을 지시한 경우와 ⓑ 추상적인 아이디어만 제공하고 이를 乙이 임의로 회화로 표현한 경우로 나눌 수 있다. ⓐ, ⓑ 모두 저작자를 乙로 봐야 하는지, ⓐ와 ⓑ의 저작자가 달라질 수 있는지에 따라 사기죄 인정 여부도 다른 결론에 이를 수 있다.

19) 피해자가 누군가의 소개로 작품을 구매한 사례(범죄일람표 (1) 순번 6의 2점)도 여기에 포함했다. 그림이 甲의 작품이라는 것이 어떤 식으로든(명시적/묵시적) 표현되었을 가능성이 크기 때문이다.

20) 그림을 구매하고 싶다며 甲의 주거지에 방문한 피해자에게 그림을 판매한 때(비전시 판매)에도 묵시적 기망으로 볼 수 있는 경우가 얼마든지 있을 수 있다는 점에 주의할 필요가 있다. 특히 그림에 甲이 자신의 서명을 하였다는 점, 자기 작품인 것처럼 그림을 보여주는 상황을 고려하면 더 그렇다. 그러나 이 경우 기망과 착오 사이의 인과관계 입증이 '전시 판매'와 비교했을 때 상대적으로 어려울 수 있다는 점을 고려했다(이 사건을 모두 부작위에 의한 사기죄로 기소한 것도 이런 점이 고려되었던 것 같다). 구매자 측에서 적극적으로 작품 구매 의사를 먼저 밝힌 사례에서는 법적 비난의 중점이 자기의 작품임을 밝히지 않았다는, 즉 고지의무의 불이행에 있다고 판단하였다. 전시·비전시가 작위·부작위의 구별기준인 것은 아니다. 유형화를 위한 명칭부여의 의미만 있을 뿐이다.

(3) 마지막 기준으로는 작품구매자의 입장 또는 태도다. ㉠ 甲이 직접 그린 그림이 아니라는 사실을 알았다면 미술작품을 구매하지 않았거나 높은 가격으로 구매하지 않았을 것이라는 구매자와 ㉡ 미술계에서 보조 조수가 있다는 것을 몇십년 전부터 들어서 알고 있으며, 구입한 그림이 대작이라고 생각하지 않는다('항상영광' 구매자의 진술)는 구매자 및 작품의 아이디어는 甲의 것이므로 구입한 작품이 甲의 것이 아니라고 단정짓지는 못한다('병마용갱'을 구입한 □□□미술관 큐레이터의 진술)는 구매자[21]로 나눌 수 있다. 이 척도는 기망으로 피해자가 착오를 일으켰는가 또는 피해자가 착오에 빠져 있었는가와 관련이 있다.

(4) 위 기준에 따라 사안을 분류하면 다음과 같다(이하 '8유형화').[22]

21) 이들의 진술은 "피해자들이 대작 사실을 알았다면 작품을 구매하지 않았을 것임이 명백하지 않다"라는 법원 판단의 강력한 근거가 되었다. 그러나 (하나의 사기죄를 전제로) 전체 피해자 20명 중 2명의 진술이라는 양적 측면에서뿐만 아니라 '어렸을 적부터 甲의 팬이라는 자'와 '권위와 신뢰 등의 직접적 이해관계가 걸려있는 작품 구매 미술관' 소속 큐레이터의 진술이라는 점을 고려하면 진술의 신뢰성 측면에서도 상대적으로 부족한 것으로 평가했어야 한다.

22) 1·2심판결문과 범죄일람표 (1), (2)를 기초로 정리한 것이다. 작품 판매 과정에 관한 구체적이고 상세한 상황이나 정황이 드러나 있지 않은 관계로 실제 사실과 다를 수 있다. '대략의 유형화' 내지 '거친 유형화'로 보면 되겠다. 작품명 뒤에 [(범죄일람표 번호)－순번]을 부기했다.

〈표 1〉 甲의 미술작품 판매행위 유형화

판매방식 / 피해자의 입장 / 지시의 구체성	㉮ 전시 판매		㉯ 비전시 판매	
	㉠ 구매하지 않았을 것이다	㉡ 대작이라고 생각하지 않는다	㉠ 구매하지 않았을 것이다	㉡
ⓐ 기존 작품을 회화로 제작할 것을 지시	가족여행[(1)-11] 등 총 12점	항상영광[(1)-12]	극동에서 온 꽃 (트럼프 화병)[(1)-17] 등 총 6점	X
ⓑ 甲이 아이디어만 제공	극동에서 온 꽃 (용무늬 화병)(30호) [(1)-3] 등 총 5점	병마용갱[(1)-5]	극동에서 온 꽃 (용무늬 화병)(15호) [(2)-2]	X

다. 작위와 부작위의 구분

(1) 묵시적 기망과 부작위에 의한 기망

사기죄에서 기망이 작위에 의해 이루어졌는지 아닌지는 우선 검토사항이다. 대상 판례에서 법원은 일련의 '대작 미술작품 판매' 행위에 대하여 일괄적으로 부작위에 의한 사기죄 성립 여부를 검토하고 있으나, 이를 모두 부작위로 볼 수 있는가에 대해서는 신중한 접근이 필요하다. 작위와 부작위를 구별하는 기준을 어디에 둘 것인가에 대해 학설의 다툼이 있고,[23] 특히 사기죄에서는 이른바 '묵시적 기망'과 '부작위에 의

23) 작위와 부작위의 구별 방법에는 ① 작위인지 부작위인지가 의심스러울 때는 작위범을 우선해서 검토하고 작위범이 부정되면 다시 부작위범을 검토해야 한다는 견해(이재상/장영민/강동범, 형법총론, 제11판, 2022, § 10/4; 안원하, "부진정부작위범과 보증인지위 -판례가 다룬 사례를 중심으로-", 형사법논집 제2권 제1호, 문창형사법학회, 1999, 101쪽), ② 사회적 의미나 비난의 중점이 어디에 있는가에 따라 구별해야 한다는 견해(임웅, 형법총론, 제13정판, 2022, 589~590쪽; Wessels/Beulke/Satzger, AT, 45.

한 기망'의 구별이 쉽지 않기 때문이다.

먼저, 전시 판매는 묵시적 기망에 해당한다고 보아야 한다.[24] 이는 가장 대표적인 미술작품 판매방식 중 하나이며, 자신의 이름으로 진시회를 열었던 경우는 물론이고 작품이 갤러리에 전시되었다면 거기에 전시된 것이 자기 작품임을 말하지 않았다 하더라도 묵시적으로 표현한 것이기 때문이다. 따라서 전시 판매의 경우에는 작위에 의한 사기죄 성립 여부를 판단하는 것이 타당하다.

그러나 비전시 판매는 부작위에 의한 사기죄를 검토해야 한다고 본다. 甲의 기망행위로 인하여 피해자가 착오에 빠진 것이 아니며, 이 경우 甲에게 판매 미술작품이 자기 작품인지를 고지할 의무가 있느냐가 중요한 쟁점이 되기 때문이다.[25]

(2) 묵시적 기망에 의한 사기죄 검토

묵시적 기망에 의한 사기죄 성립 여부를 검토할 때는 행위자가 기망행위를 하고 이에 따라 피기망자가 착오를 일으켰는지가 관건이다. 그렇다면 甲의 미술작품 판매가 기망에 해당하는지가 중요한 쟁점이 될 수밖에 없다. 甲에게 기망행위

Aufl., 2015, Rn. 987), ③ 일정한 방향으로 에너지가 투입되었으면 작위이고, 그런 에너지 투입이 없으면 부작위라고 보는 견해(김성돈, 형법총론, 제8판, 2022, 561~562쪽; Engisch, Gallas-FS, 170쪽 이하), ④ 의심스러울 때는 부작위를 우선적으로 검토해야 한다는 견해(이상돈, 치료중단과 형사책임, 제2판, 2003, 68~70쪽) 등이 있다.

24) 방송, 인터뷰, 그림의 서명, 전시를 근거로 묵시적 기망으로 보는 견해로는 박경규, 앞의 글(각주 5), 97쪽.

25) 작위의 기망으로 판단할 수 있는 사례가 얼마든지 있을 수 있다는 점은 이미 지적하였다. 앞의 각주 20 참조.

가 있었다고 인정된다면 그러한 기망행위로 피기망자가 착오를 일으켰는지가 다투어질 것이다. 따라서 작품의 저작자가 누구인지가 핵심 사안이라고 할 수 있다.

(3) 부작위에 의한 사기죄 검토

부작위에 의한 사기죄 성립 여부를 판단할 때는, 보증인으로서 상대방의 착오를 제거해야 할 고지의무를 신의칙상 인정할 수 있는지가 중요한 쟁점이 된다.[26] 상대방이 착오에 빠져 있는가, 甲이 신의칙에 기한 고지의무가 있는 보증인인가를 판단하기 위해서는 묵시적 기망의 경우와 마찬가지로 甲이 판매한 작품의 저작자가 누구인지를 밝혀야 한다.

라. 본건 미술작품의 저작자

결국, 이 사건에서는 미술작품이 甲의 작품이냐 아니냐가 핵심 쟁점이 될 수밖에 없다.[27]

(1) '불고불리 원칙' 주장의 부당성

그런데 대법원은 불고불리 원칙을 이유로 저작자에 관한 판단을 하지 않았다. 검사의 공소제기가 없으면 법원은 심판하지 못한다는 불고불리 원칙에 비추어 볼 때, 검사가 기소하지 않은

26) 방송, 인터뷰, 그림의 서명, 전시를 근거로 선행행위에 기한 보증인지위가 인정되는지를 검토해야 한다는 견해로는 박경규, 앞의 글(각주 5), 101쪽. 보증의무 발생근거에 대해서는 안원하, 앞의 글(각주 23), 105쪽 이하 참조.

27) 누구의 작품이냐가 핵심이라는 점에 한해서는 작위·부작위 구별에 큰 실익이 있지는 않다(장진환, 앞의 글[각주 3], 225쪽[인과관계 판단에 차이가 있다는 점도 지적하고 있다]).

저작권법위반 여부는 심판 대상이 될 수 없다(앞의 III. 1. 참조).

그러나 불고불리 원칙은 형사소송법상 심판 대상에 관한 원칙일 뿐이다. 이 사건에서 저작권법상 저작자 판단은 저작권법위반죄 성립 여부를 검토할 때만 필요한 것이 아니다. 사기죄 성립 여부를 판단하는 데에도 필요하다. 불고불리 원칙에 따르더라도 사기죄 성립 여부를 판단할 때 필요한 저작자 판단이 금지된다고 볼 수는 없다.[28]

한편, 각급 법원은 이 사안과 관련하여 친작 여부가 고지 의무의 대상인지를 주요 쟁점으로 다루고 있으나, 자기가 전부 그린 것인지 또는 다른 사람의 도움을 받았는지, 받았다면 어느 정도 받은 것인지 등과 관련한 친작 여부는 이 사건 미술작품이 甲의 것임을 전제로 했을 때만 제기될 수 있고 유의미한 문제이다. 그러나 이에 관한 판단은 하지 않았다. 논리적 모순이라고 할 수밖에 없다.

(2) 저작물

'저작물'이란 "인간의 사상 또는 감정을 표현한 창작물"을 말하며(저작권법 제2조 제1호), 미술저작물도 그중 하나다(저작권법 제4조 제1항 제4호). 이러한 저작권법상 저작물 정의 규정에 따르면, 저작물이 되기 위해서는 ① 창작의 주체가 '인간'이어야 하고, ② 인간의 '사상 또는 감정'이 표출되어야 하며, ③ 이러한

28) 박경규, 앞의 글(각주 5), 102쪽 이하.

인간의 사상 또는 감정이 어떤 형태로든지 '표현'되어야 한다. 마지막으로 ④ '창작성'이 있어야 한다.

저작물 성립요건 중 가장 중요한 개념이 창작성이다. 여기서 말하는 창작성이 남의 것을 베끼지 않고 독자적으로 작성한 것만을 의미하는지,[29] 독자적 작성만으로는 부족하고 이에 더해 최소한의 창조적 개성이 있어야 하는지[30]에 대해서는 견해가 나뉠 수 있다. 하지만 저작권법 제1조가 저작권법의 목적을 "문화 및 관련 산업의 향상발전"이라고 규정한 점,[31] 저작물이 지적 활동의 소산이어야 한다는 점,[32] 창작물이라는 일반적 말뜻[33]에 따르더라도 최소한의 창조적 개성(문화발전을 유인할 수 있을 정도의 최소한의 가치)이 필요하다고 보는 것이 타당하다. 예컨대 다른 사람의 소설이나 그림을 통째로 베낀 때에는 창작성이 부정된다.[34] 따라서 창작성이란 기존의 다른 저작물을 베끼지 않았다는 것, 개인적인 정신활동의 결

29) 대법원 1995. 11. 14. 선고 94도2238 판결: "창작성이란 완전한 의미의 독창성을 말하는 것은 아니며 단지 어떠한 작품이 남의 것을 단순히 모방한 것이 아니고 작자 자신의 독자적인 사상 또는 감정의 표현을 담고 있음을 의미할 뿐이어서 이러한 요건을 충족하기 위하여는 단지 저작물에 그 저작자 나름대로의 정신적 노력의 소산으로서의 특성이 부여되어 있고 다른 저작자의 기존의 작품과 구별할 수 있을 정도이면 충분하다."

30) 대법원 2005. 1. 27. 선고 2002도965 판결: "저작물로서 …… 필요한 창작성이란 완전한 의미의 독창성을 말하는 것은 아니며 단지 어떠한 작품이 남의 것을 단순히 모방한 것이 아니고 작자 자신의 독자적인 사상 또는 감정의 표현을 담고 있음을 의미하므로, 누가 하더라도 같거나 비슷할 수밖에 없는 표현, 즉 저작물 작성자의 창조적 개성이 드러나지 않는 표현을 담고 있는 것은 창작성이 있는 저작물이라고 할 수 없다."

31) 오승종, 앞의 책(각주 10), 26쪽.

32) 박성호, 저작권법, 2014, 43쪽.

33) 이해완, 앞의 책(각주 10), § 3-7.

34) 박성호, 앞의 책(각주 32), 43쪽.

과로 작성되었다는 것을 의미하며,[35] 다만 완전한 의미의 독창성이나 신규성을 요구하지는 않는다.[36]

한편, 저작권법상 저작물 보호는 구체적으로 외부에 표현된 창작적 표현형식에 한하므로, 표현이 아닌 아이디어 영역에만 기여한 자, 즉 창작의 힌트나 테마 또는 소재만을 제공한 자는 저작자로 인정되지 않는다.[37] 저작권법의 보호대상은 '아이디어'가 아니라 '표현'이다.[38]

2인 이상이 저작물 작성에 관여한 때도 마찬가지로 창작적인 표현형식 자체에 기여한 자만이 저작자가 되고, 아이디어나 소재 또는 필요한 자료만을 제공한 자는 저작자가 되지 않는다.[39] 이처럼 저작자 여부는 창작적 표현에 실질적으로 관여한 자인지 아닌지에 따라 결정되는 것이지, 그 사람의 '지위나 역할 · 명칭'에 의해 결정되는 것은 아니다.[40]

(3) 저작권법상 저작자 판단의 일반견해

이상의 조건을 충족하는 저작물을 창작한 자를 '저작자'라

35) 오승종, 앞의 책(각주 10), 24쪽.
36) 박성호, 앞의 책(각주 32), 42쪽.
37) 이해완, 앞의 책(각주 10), § 8-3 이하.
38) 남형두, 앞의 글(각주 4), 41쪽.
39) 2009. 12. 10. 선고 2007도7181 판결: "2인 이상이 저작물의 작성에 관여한 경우 그 중에서 창작적인 표현형식 자체에 기여한 자만이 그 저작물의 저작자가 되는 것이고, 창작적인 표현형식에 기여하지 아니한 자는 비록 저작물의 작성 과정에서 아이디어나 소재 또는 필요한 자료를 제공하는 등의 관여를 하였다고 하더라도 그 저작물의 저작자가 되는 것은 아니며, 설사 저작자로 인정되는 자와 공동저작자로 표시할 것을 합의하였다고 하더라도 달리 볼 것이 아니다."
40) 이해완, 앞의 책(각주 10), § 8-5.

고 하고(저작권법 제2조 제2호), 저작자는 "저작물을 창작한 때로부터 저작권을 취득"한다(저작권법 제10조 제2항). 이처럼 저작권법은 사실행위로서의 창작행위를 통해 저작물을 실제로 창작한 자연인, 즉 '구체적 창작행위를 한 자'만이 저작권을 원시적으로 취득한다는 '창작자원칙' 내지 '창작자주의'를 천명하고 있다.[41]

저작권법은 구체적 창작행위를 한 사람의 권리를 보호한다. 저작권법의 보호대상은 '아이디어'가 아니라 '표현'이라는 것도 이를 염두에 둔 것이다. 저작권법상 저작자 판단에 관한 일반견해에 따른다면, 甲의 추상적 아이디어를 乙이 임의대로 회화로 표현한 작품은 물론이고 甲의 콜라주 작품이나 기존의 작품을 乙이 회화로 그대로 그린 작품 모두 저작자는 乙이라고 봐야 한다.[42] 작품의 저작자가 乙이라고 하면, 대작(代作)의 법적 문제가 발생하게 된다(저작형법에 관해서는 앞의 III. 1. 각주 10 참조).[43] 이렇게 보면 8유형화(위의 <표 1>) 가운데 ⓐ, ⓑ의 구별은 무의미하고, 결국 다음과 같은 유형화만 유의미하다(이하 '4유형화').

41) 박성호, 앞의 책(각주 32), 190쪽.

42) 계승균, 앞의 글(각주 3), 212쪽 이하; 최현숙, 앞의 글(각주 10), 89쪽 이하; 최우령, "회화의 아이디어와 저작권", 법학연구 제30권 제4호, 충남대학교 법학연구소, 2019, 353쪽.

43) 대작의 법적 효력에 대해서는 계승균, "대작과 저작권", 사법 59호, 사법발전재단, 2022, 3쪽 이하(특히 18쪽 이하); 최현숙, 앞의 글(각주 10), 87쪽 이하.
대작계약은 허용된다는 견해(오승종, 앞의 책[각주 10], 187쪽), 대작계약이 있다 하더라도 저작재산권만 양도된다는 견해(이해완, 앞의 책[각주 10], § 8-12), 당사자 사이에 대작계약은 가능하며 기본적으로 유효하지만, 가능하면 명시적으로 서면으로 작성되어야 하고, 다만 학위논문이나 학술논문, 순수예술이나 문학과 같은 영역에서는 민법 제103조 반사회질서의 법률행위를 근거로 무효라는 견해(계승균, 같은 글, 30쪽) 등이 있다.

〈표 2〉 저작자 판단의 일반견해에 따른 甲의 미술작품 판매행위 유형화

판매방식 / 피해자의 입장 / 지시의 구체성	㉮ 전시 판매		㉯ 비전시 판매	
	㉠ 구매하지 않았을 것이다	㉡ 대작이라고 생각하지 않는다	㉠ 구매하지 않았을 것이다	㉡
ⓐ, ⓑ 구별 무의미	가족여행[(1)-11], 극동에서 온 꽃(용무늬 화병)(30호)[(1)-3] 등 총 17점	항상영광[(1)-12], 병마용갱[(1)-5]	극동에서 온 꽃(트럼프 화병)[(1)-17], 극동에서 온 꽃(용무늬 화병)(15호)[(2)-2] 등 총 7점	X

(4) 4유형화에 따른 사기죄 성립 여부

① ㉮-㉠의 경우

甲이 乙의 저작물을 甲의 작품으로 전시 판매했다면 묵시적 기망에 해당한다. 甲 이름으로 개최된 전시회나 그 밖에 갤러리에 전시된 작품을 보고 피해자가 그것을 甲의 작품으로 생각하는 것은 너무나 당연하다. 따라서 기망과 피기망자의 착오 사이에 인과관계도 인정할 수 있다. 작품 거래로 인해 피기망자의 재산 처분과 재산상의 손해가 발생하였고, 甲은 재물 또는 재산상 이익을 취득하였다. 주관적 구성요건도 부정할 사유는 보이지 않는다. 따라서 이 경우는 묵시적 기망에 의한 사기죄가 인정된다.

② ㉮-㉡의 경우

이 경우도 묵시적 기망에 해당한다. 그러나 "작품 경향이 독특하고 甲 작품의 경우 수집가치가 있다고 판단하여 구입하

게 되었다. 대강의 구도나 작품에 대한 자신의 구상을 乙에게 말한 것이라면 이는 명백히 작품의 아이디어는 甲의 것이라고 보아야 하기 때문에 이 작품이 甲의 것이 아니라고 단정 짓지는 못한다"('병마용갱'[(1)－5]을 구입한 □□□미술관 큐레이터의 진술)라는 구매자, "어렸을 적부터 甲의 팬이라서 甲의 좋은 그림을 하나 갖고 싶었다. 구매한 작품의 '오광'과 '말 자체'에 의미가 있는 것이다. 미술계에서 보조 조수가 있다는 것을 몇십 년 전부터 들어서 알고 있다. 구입한 그림이 대작이라고 생각하지 않는다"('항상영광'[(1)－12] 구매자의 진술)라고 하는 구매자를 두고 甲의 묵시적 기망으로 인해 착오에 빠져 처분행위를 했다고 말하기는 쉽지 않다. 즉 이 경우 묵시적 기망과 착오 사이 또는 착오와 처분행위 사이의 인과관계를 입증하기가 쉽지 않을 것이다. 판례도 사기죄를 부정할 때 이 점을 염두에 두었다. 인과관계가 인정되지 않는다면 사기미수죄가 될 수 있을 뿐이다.

③ ㉯-㉠의 경우

비전시 판매의 경우에는 부작위에 의한 사기죄 여부를 검토해야 할 것이다. 이 경우 甲에게 보증인으로서 착오에 빠진 상대방의 착오를 제거해야 할 고지의무가 있는지가 쟁점이다. 부작위에 의한 사기죄에서 신의칙을 근거로 보증인의무를 인정할 때는 엄격한 해석이 필요하다.[44] 본건 2심판결도 이 점을 강조하고 있다.[45]

작품 거래에서 자신이 저작자인지, 즉 거래되는 작품이 자신의 저작물인지 아닌지는 다른 어떤 사항과도 견줄 수 없는 핵심 고려사항이라고 할 수 있다. 위작이냐 아니냐가 문제될 경우에 고지의무가 인정되는 것도 작품의 저작자가 누구인지가 거래의 핵심 고려사항이기 때문이다. 따라서 이에 대한 고지의무를 인정하는 데는 어려움이 없다고 본다. 이러한 사항을 고지하지 않았던 점도 인정되고, 작품구매자가 이러한 사실을 제대로 알았더라면 구매하지 않았을 것이라는 점도 명백하다. 따라서 이 경우는 부작위에 의한 사기죄가 성립한다고 해야 할 것이다.[46]

(5) 저작자 판단에 관한 새로운 시도

저작권법은 아이디어·표현 이분법이라는 기본원칙, 즉 저작권법의 보호 대상은 '아이디어'가 아니라 '표현'이라는 원칙을 통해 창작을 보호해 왔다. 그러나 변화하고 다양해지는 저작물 창작 환경 속에서 이 원칙만을 고수하는 법해석은 지속해서 도전받고 있는 듯하다. 본건의 사안도 기존의 법리와 현

44) 장진환, 앞의 글(각주 3), 229쪽. 죄형법정주의에 반하므로 신의칙은 보증인 작위의무의 근거가 될 수 없다는 견해로는 강미영, 앞의 글(각주 16), 243쪽 이하.

45) 서울중앙지법 2018. 8. 17. 선고 2017노3965 판결: "부작위에 의한 기망행위에 있어 고지의무의 근거는 법령이나 계약, 신의성실의 원칙 등이 있고, 이 사건의 경우 피고인들에게 고지의무를 인정할 법령이나 계약상 근거가 없음은 명백하다. 한편 신의성실의 원칙에 근거한 고지의무의 인정은 그 기준이 명확하지 아니하므로, 엄격한 증명이 요구되는 형사재판에 있어서 신의성실의 원칙에 근거하여 고지의무를 인정하는 것은 특별한 경우가 아닌 한 신중을 기할 필요가 있다."

46) 부작위 사기죄에서 상응성 조건의 의미에 대해서는 Klawitter, Die Grenzen des Betruges durch Unterlassen, 1993, 76쪽 이하.

실이 충돌하는 영역에 자리하고 있다. 그렇다면 창작의 보호라는 저작권법의 이념을 유지하면서도 현실의 사안에 적절한 해결책을 제시할 수 있는 해석을 고민해보는 것도 의미가 있을 것이다. 특히 형벌이라는 강력한 제재를 동반하는 형법의 적용 여부를 판단함에 있어서는 가벌성의 제한 효과를 가져올 수 있는 해석의 가능성이 열려 있다고 본다.

① 甲의 추상적 아이디어를 乙이 임의대로 회화로 표현한 작품

甲이 추상적인 아이디어만을 제공하고 이를 乙이 임의대로 회화로 표현한 작품의 경우, 작품의 저작자는 저작권법상 명백하게 乙이다. 이 경우 甲은 공동저작자가 될 여지도 없다. 이 경우에는 대작(代作)의 법적 문제가 발생한다(저작형법에 대해서는 각주 10, 대작의 법적 문제에 대해서는 각주 43 참조).

② 甲의 콜라주 작품이나 기존의 작품을 乙이 회화로 그대로 그린 작품

그러나 甲이 乙에게 지시한 내용의 구체화 정도에 따라 아이디어가 아니라 표현으로까지 포섭할 수 있는 예는 없을까? 甲이 자신의 기존 콜라주 작품을 회화로 그려오게 하거나, 기존 자신의 그림을 그대로 그려달라고 하는 등의 작업지시에 따라 乙이 제작한 작품의 저작자 판단을 종래의 저작권법 해석과는 다르게 전개할 여지는 없는가?

이 경우에 乙을 저작자로 본다면, '남의 것을 베끼지 않고 독자적으로 작성한 것'이라고 평가할 수 있는지, 그리고 '최소한의 창조성'을 갖추었다고 보는 것이 정당한지가 의심스럽다. 다양한 창작 기법이 나타나고 있고, 새로운 창작 환경이 조성되고 있는 현시점에서 종래의 해석이 "문화 및 관련 산업의 향상 발전"이라는 저작권법의 목적에 부합하는지도 고민스럽다.

한편, 저작권법은 저작물의 성립요건으로 외부에 '표현'될 것만을 요구할 뿐, 유형적 매체에 '고정화'될 것을 요구하지는 않는다. 그렇다면 기존의 작품을 제시하여 그대로 그리게 하는 것은 단순한 아이디어 제공에 그치지 않고 표현까지도 한 것으로 볼 여지가 있다.[47] 이 경우는 근력이 떨어진 노화가가 자신의 작품을 제자에게 지시하여 그리는 것과 본질적으로 차이가 없다고 본다. 기존의 작품 제시를 통해 자기 아이디어를 아주 구체적으로 표현하였을 뿐만 아니라, 상세하고 구체적으로 지시하였다고 볼 수 있고, 이에 따라 단순히 그림을 완성한 乙은 공동저작자[48]도 아닌 보조자의 역할을 했다고 보는 것이 타당하다.[49] 그림 실력이 누가 더 좋은지는 고려사항이 아니

47) 남형두, 앞의 글(각주 4), 43쪽 이하는 위 ①의 경우를 예로 들어 '표현'으로 볼 수 있다고 하지만 여기에 동의하기는 어렵다. 오히려 ②의 경우가 가능한 사안이라고 본다.

48) 본건 미술작품을 甲과 乙의 공동저작물로 보더라도 사기죄 성립 여부에서는 甲을 저작자로 보는 경우와 결론이 달라지지 않을 것으로 판단한다. 甲이 저작자(중 한 사람)인 것은 맞고, 단독저작이냐 공동저작이냐는 기망 또는 고지의무에 있어서 본질적인 문제가 안 되기 때문이다. 甲이 저작소유권을 가지므로 판매와 관련하여 甲과 乙 사이에도 문제는 발생하지 않을 것이다.

49) 이 경우 2차적 저작물로서 乙이 저작자로 인정될 수 있는지도 문제가 될 것이다. 저작권법 제5조 제1항에 따르면, 원저작물을 번역·편곡·변형·각색·영상제작 그 밖의 방법으로 작성한 창작물을 2차적 저작물이라고 하며, 이런 2차적 저작물은 독자적인 저작물로서 보호된다. 이러한 2차적 저작물이 성립하기 위해서는 원저작물을 기초로 하여

다. 따라서 이 경우에는 乙이 아니라 甲을 저작자로 평가하는 것이 타당하다고 본다. 이렇게 보면 8유형화가 유의미하다.

(6) 8유형화에 따른 사기죄 성립 여부

① ⓐ의 경우

甲 자신의 기존 콜라주 작품을 회화로 그려오게 하거나, 기존 자신의 그림을 그대로 그려달라고 하는 등의 작업지시에 따라 乙이 제작한 작품의 저작자는 甲이다. 따라서 이 경우에는 미술작품이 어떤 형태로 거래가 이루어졌건, 구매자가 어떤 태도나 관점을 취하고 있건, 이와는 무관하게 甲은 甲의 미술저작물을 판매한 것이다. 여기에는 어떠한 기망도 존재하지 않으며, 사기죄가 적용될 여지가 없다.

② ⓑ-㉮-㉠의 경우

甲이 추상적인 아이디어만 제공하고 이를 乙이 임의대로 회화로 표현한 작품은 어떤 해석론을 취하더라도 乙이 저작자다.

작성된 것으로 원저작물과 실질적 유사성이 있어야 하고, 새로운 창작성이 부가되어야 한다. 이와 관련해 대법원은 "2차적 저작물로 보호를 받기 위하여는 원저작물을 기초로 하되 원저작물과 실질적 유사성을 유지하고, 이것에 사회통념상 새로운 저작물이 될 수 있을 정도의 수정·증감을 가하여 새로운 창작성이 부가되어야 하는 것이며, 원저작물에 다소의 수정·증감을 가한 데 불과하여 독창적인 저작물이라고 볼 수 없는 경우에는 저작권법에 의한 보호를 받을 수 없다"고 판시한 바 있다(대법원 2002. 1. 25. 선고 99도863 판결). 2차적 저작물의 성립요건으로서 창작성은 저작물의 성립요건으로서의 창작성과 본질적으로 다른 개념은 아니지만, 그 정도의 면에서는 더 높은 기준이 적용된다(이해완, 앞의 책[각주 10], § 5－10). 즉 2차적 저작물이 되려면 원저작물이 가지고 있는 원래의 창작성에 더해 별도의 창작성이 있어야 하며, 사회통념상 별개의 저작물이라고 할 정도로 사소한 변형을 넘어선 실질적인 개변이 있어야 한다(오승종, 앞의 책[각주 10], 97~98쪽). 그런 점에서 이 작품을 2차적 저작물이라고 할 수도 없다.

결국, 甲은 乙의 저작물을 자신의 작품으로 전시 판매한 것이고, 묵시적 기망에 의한 사기죄가 성립한다[위 (4) ① 참조].

③ ⓑ-㉮-ⓛ의 경우

乙의 저작물을 자신의 저작물로 전시 판매한 甲은 묵시적 기망을 한 것이다. 하지만 이 경우에는 묵시적 기망과 착오 또는 착오와 처분행위 사이의 인과관계를 입증하기가 쉽지 않을 것이다. 인과관계가 인정되지 않는다면 사기미수죄가 될 수 있을 뿐이다[위 (4) ② 참조].

④ ⓑ-㉯-ⓖ의 경우

乙의 작품을 甲의 작품이라고 착오한 피해자의 작품판매 요구에 응한 비전시 판매의 경우 부작위에 의한 사기죄가 성립한다[위 (4) ③ 참조].

마. 소결(정리)

지금까지의 내용을 정리하면 다음 <표 3>, <표 4>와 같다.

그러나 이러한 결론은 어디까지나 사고의 효율을 위해서 대략의 유형화를 통해 도출한 '거친 결론'일 뿐이다. 정확한 법적 결론의 도출은 앞서 제시한 기준에 대한 더 구체적이고 상세한 정보, 작품별로 甲과 乙이 각각 구체적으로 창작에 어느 정도 기여했는지에 대한 법적·미학적 평가 등을 기초로 해야

〈표 3〉 4유형화(저작자 판단에 관한 일반견해)에 따른 甲의 사기죄 성립 여부

<table>
<tr><th colspan="2" rowspan="2">판매방식
피해자의 입장
지시의 구체성</th><th colspan="2">㉮ 전시 판매</th><th colspan="2">㉯ 비전시 판매</th></tr>
<tr><th>㉠ 구매하지 않았을 것이다</th><th>㉡ 대작이라고 생각하지 않는다</th><th>㉠ 구매하지 않았을 것이다</th><th>㉡</th></tr>
<tr><td rowspan="2">ⓐ, ⓑ 구별 무의미</td><td rowspan="2">저작자 乙</td><td>가족여행[(1)-11] 등 총 17점</td><td>항상영광[(1)-12], 병마용갱[(1)-5]</td><td>극동에서 온 꽃 (트럼프 화병)[(1)-17] 등 총 7점</td><td rowspan="2">X</td></tr>
<tr><td>묵시적 기망에 의한 사기죄</td><td>묵시적 기망에 의한 사기(미수)</td><td>부작위에 의한 사기죄</td></tr>
</table>

〈표 4〉 8유형화(저작자 판단에 관한 독자견해)에 따른 甲의 사기죄 성립 여부

<table>
<tr><th colspan="2" rowspan="2">판매방식
피해자의 입장
지시의 구체성</th><th colspan="2">㉮ 전시 판매</th><th colspan="2">㉯ 비전시 판매</th></tr>
<tr><th>㉠ 구매하지 않았을 것이다</th><th>㉡ 대작이라고 생각하지 않는다</th><th>㉠ 구매하지 않았을 것이다</th><th>㉡</th></tr>
<tr><td rowspan="2">ⓐ의 경우</td><td rowspan="2">저작자 甲</td><td>가족여행[(1)-11] 등 총 12점</td><td>항상영광[(1)-12]</td><td>극동에서 온 꽃 (트럼프 화병)[(1)-17] 등 총 6점</td><td rowspan="2">X</td></tr>
<tr><td colspan="3">무죄</td></tr>
<tr><td rowspan="2">ⓑ의 경우</td><td rowspan="2">저작자 乙</td><td>극동에서 온 꽃 (용무늬 화병)(30호) [(1)-3] 등 총 5점</td><td>병마용갱[(1)-5]</td><td>극동에서 온 꽃 (용무늬 화병)(15호) [(2)-2]</td><td rowspan="2">X</td></tr>
<tr><td>묵시적 기망에 의한 사기죄</td><td>묵시적 기망에 의한 사기(미수)</td><td>부작위에 의한 사기죄</td></tr>
</table>

가능하다. 대법원이 "거래의 내용이나 거래관행 등 거래실정에 관한 사실을 주장·증명할 책임은 검사에게 있다"라고 한 것은 이를 지적한 것이라고 볼 수도 있다. 또한 저작권법의 독자적 해석도 더 많은 논의와 연구가 필요한 주장이다. 다만 이

러한 유형화를 통한 검토 결과 乙을 저작자로 보아야 할 작품이 다수 있으며, 甲에게 사기죄를 인정할 여지가 충분한 사안이 분명히 존재한다는 사실을 확인할 수는 있다.

Ⅳ. 나오며

한때 떠들썩했던 유명 가수의 '대작 사기 사건'은 무죄로 결론이 나며 대중의 관심에서 이내 멀어졌다. 대중의 관심이야 원래 그런 것이라지만, 소위 전문가들은 무엇 때문에 그렇게 열띠게 논쟁을 벌였는지 생각해 볼 일이다.

대작이 예술계의 관행인지, 그리고 그것이 개념미술로 대표되는 현대미술의 특징인지, 이 사건 작품이 현대미술의 범주에 들어가는 것인지는 판단할 수 없지만, 대부분의 작품제작을 대작 화가에게 일임하는 것이 정당해 보이지는 않는다. 대작 화가에게 합당한 대가가 지급되지 않는 경우라면 더 그럴 것이다. 이 사건 초기 여론조사에서 다수가 사기라고 답변했다는 사실이 이를 잘 보여준다.[50] 그러나 이것은 어디까지나 대중의 도덕감정 내지 법감정이 그렇다는 말이다. 세상의 모순을 비판적 관점에서 미학적으로 잘 표현한 작품을 훌륭하다고 평가하는 예술의 세계에서 이런 부당하고 모순적인 일이

50) 여론조사 기관 리얼미터의 조사(2016. 5. 18.)에 따르면, 조수가 그림 대부분을 그린 작품임을 밝히지 않고 전시 혹은 판매했다면 사기라고 생각한다는 의견이 73.8%라고 한다(http://www.realmeter.net/조영남-대작代作-논란-사기-73-8-vs-관행-13-7/, 2022. 11. 15. 검색).

그런 작품 제작과정에서 일어나고 있다는 것에 대한 대중의 당연한 반응을 두고 '현대미술을 이해하지 못해서 그렇다(오해해서 그렇다)', '예술의 시계를 100년 전으로 돌려야 할 것'이라는 식의 말은 아무런 의미가 없다. 그런 말로써 예술계의 상황을 정당화할 수도, 공감을 불러일으킬 수도 없다.

그렇다 하더라도 이 문제는 사법의 영역, 특히 형법의 영역에 들어오지 않는 것이 나았다. 그러기 전에 예술의 영역에서 해소되었어야 할 문제다. 다수의 법률가가 사법 자제에 대해 공감대를 형성하는 것, 소수의 미술계 전문가가 사기죄가 거론되는 데에 신경질적 반응을 보인 것은 이러한 문제의식 때문이었을 것이다.

그러나 결국 이 문제는 사법의 영역에 들어오고 말았고, 그런 이상에는 사실 판단의 문제인지 법적 판단의 문제인지를 잘 가렸어야 한다. 이와 더불어 법적 판단의 문제에 대해서는 세밀한 분석이 이루어졌어야 한다. 하지만 법원의 판단은 그러하지 못했고, 특히 대법원판결은 구체적인 사안의 판단은 회피한 채 원칙 선언에만 그친 듯하여 아쉬움이 크다.

'올바른 답은 올바른 질문에서 나온다.' 이 사건에서 올바른 질문은 무엇이었는가? 그림을 누가 그린 것이냐, 다시 말해서 '친작(親作)이냐 대작(代作)이냐'가 아니다. 이 사건에서 던져야 할 물음은 '누구의 작품이냐, 즉 작품의 저작자가 누구인가'였다고 본다. 그런 의미에서 이 글의 제목도 오해의 소지가 있음을 밝힌다.

이 사건 피고인이었던 연예인이 작가로서 작품활동을 재개한다는 소식이 들린다. 사법 자제를 외쳤지만, 결과적으로 '대작 미술작품 판매'는 사기죄가 아니라는 면죄부가 예술계에 주어졌다. 적어도 그에게는 주어진 것 같다. 수많은 무명의 대작 화가들은 여전히 베일에 가려진 채 이전과 같은 대접을 받으며 누군가의 그림을 그릴 것이다.

이제 공은 다시 예술계에 던져졌다.

■ 참고자료 ■

1. 한국어 문헌

<단행본>

김성돈, 형법각론, 제7판, 성균관대학교 출판부, 2021.

______, 형법총론, 제8판, 성균관대학교 출판부, 2022.

박성호, 저작권법, 박영사, 2014.

오승종, 저작권법 강의, 제3판, 박영사, 2020.

이상돈, 치료중단과 형사책임, 제2판, 법문사, 2003.

이재상/장영민/강동범, 형법각론, 제11판, 박영사, 2019.

__________________, 형법총론, 제11판, 박영사, 2022.

이해완, 저작권법, 제4판, 박영사, 2019.

임 웅, 형법각론, 제11정판, 법문사, 2020.

______, 형법총론, 제13정판, 법문사, 2022.

<논문>

강미영, “부작위에 의한 사기죄에서의 기망행위와 신의성실의 원칙”, 아주법학 제9권 제3호, 아주대학교 법학연구소, 2015, 233쪽 이하.

계승균, “저작권법 연구자가 본 대작 사기 사건 -대법원 2020. 6. 25. 선고 2018도13696 판결을 소재로-”, 일감법학 제48호, 건국대학교 법학연구소, 2021, 197쪽 이하.

______, “대작과 저작권”, 사법 59호, 사법발전재단, 2022, 3쪽 이하.

김준혁, “부작위에 의한 사기죄의 성립가능성에 대한 새로운 접근”, 법학연구 제18권 제2호, 연세대학교 법학연구소, 2008, 237쪽 이하.

남형두, “법과 예술 -조영남 사건으로 본 주리스토크라시(Juristocracy)-”, 정보법학 제20권 제2호, 한국정보법학회, 2016, 31쪽 이하.

류화진, "부작위에 의한 사기죄 인정에 관한 비판적 고찰", 법학연구 제44권 제1호, 부산대학교 법학연구소, 2003, 305쪽 이하.

박경규, "미술품거래에서 사기죄의 성립범위 -대법원 2020. 6. 25. 선고 2018도13696 판결의 평석 및 형법과 법원의 역할에 관한 고찰", 사법 54호, 사법발전재단, 2020, 75쪽 이하.

안원하, "부진정부작위범과 보증인 지위 -판례가 다룬 사례를 중심으로-", 형사법논집 제2권 제1호, 문창형사법학회, 1999, 85쪽 이하.

장진환, "대작(代作)미술품 거래와 사기죄: 대법원 2020. 6. 25.선고 2018도13696 판결을 소재로", 법과사회 65호, 법과사회이론학회, 2020, 211쪽 이하.

최우령, "회화의 아이디어와 저작권", 법학연구 제30권 제4호, 충남대학교 법학연구소, 2019, 353쪽.

최현숙, "개념미술과 저작권 귀속에 관한 법적 고찰 -조영남 미술 대작 사건(2020. 6. 25. 선고 2018도13696 판결)을 중심으로-", 가천법학 제13권 제4호, 가천대학교 법학연구소, 2020, 73쪽 이하.

<기타자료>

리얼미터, "조영남 대작(代作) 논란에 대한 국민여론 조사(2016. 5. 18.)" http://www.realmeter.net/조영남-대작代作-논란-사기-73-8-vs-관행-13-7/, 2022. 11. 15. 검색.

반이정, "조영남 대작 사건 읽는 법 '관행'을 해명한다", 미술세계 제44권, 2016, 45쪽 이하.

______, "조영남을 변호하는 두 번째 글: 질 수 없는 싸움", 미술세계 제63권, 2017, 95쪽 이하.

임근준, " '조영남 대작 사건'의 주요 논점을 정리한다", 미술세계 제63권, 2017, 97쪽 이하.

2. 외국어 문헌

Engisch, Karl, Tun und Unterlassen, in: Festschrift für Wilhelm Gallas zum 70. Geburtstag, Berlin u. a. : Walter de Gruyter, 1973, 163쪽 이하.

Kindhäuser, Urs/Hilgendorf, Eric, Strafgesetzbuch. Lehr– und Praxiskommentar, 8. Aufl., Baden–Baden : Nomos, 2020.

Klawitter, Tim, Die Grenzen des Betruges durch Unterlassen, Frankfurt a. M. u. a. : Peter Lang, 1993.

Wessels, Johannes/Beulke, Werner/Satzger, Helmut, Strafrecht Allgemeiner Teil, 45. Aufl., Heidelberg : C. F. Müller, 2015.

■ 국문초록 ■

이른바 '대작(代作) 미술작품 판매 사건' 판결은 여러 개의 사기죄가 실체적 경합을 이루는 사건을 포괄하여 하나의 사기죄로 검토하였다는 점에서 문제가 있다. 그림 판매행위별로 사기죄 성립 여부를 검토해야 했고, 이에 더해 불고불리 원칙과는 무관하게 사기죄와 관련하여 각 그림의 작가, 즉 저작자가 누구인지를 판단해야 했던 사안이다.

친작 여부는 누구의 작품인지가 확정된 다음에야 비로소 문제 삼을 수 있는 논점이다. 따라서 이 사건의 핵심은 작품의 저작자 판단에 있다. 다만, 저작권법상 저작자 판단의 일반적 견해를 엄격하게 적용하는 것은 오늘날의 다양한 창작 현실과 충돌하며, 특히 형법 적용 여부와 관련해서는 재고가 필요한 부분이 있다. 이에 독자적 판단 방식을 모색하였다.

사고의 효율성을 높이기 위하여 판매방식, 피해자의 입장, 소위 대작 화가에게 내린 지시의 구체성이라는 세 가지 기준으로 사안을 분류한 후, 저작자 판단에 관한 일반적 견해와 독자적 견해에 따라 사기죄 성립 여부를 검토한 결과 사기죄를 인정할 수 있는 경우가 다수 있음을 확인하였다.

'근본적으로는 예술의 영역에서 해소되었어야 할 문제'가 법의 영역에 들어왔다는 점에서 사법 판단의 자제도 필요하지만, 법의 영역에서 들어온 이상 세밀한 분석을 통한 합리적 판단을 내리는 것이 더 중요한 일이었다. 그런 점에서 법원의 판결은 아쉬움을 남긴다. '올바른 답은 올바른 질문에서 나온다.' 이 사건에서 올바른 질문은 '친작(親作)이냐 대작(代作)이냐'가 아니라, '누구의 작품이냐, 즉 작품의 저작자가 누구냐'였다.

주제어 : 저작자, 저작물, 대작(代作) 화가, 묵시적 기망, 부작위에 의한 사기죄

■ ABSTRACT ■

Review of the so-called 'Case of selling Artworks drawn by Ghost Painters' under the Korean Criminal Law

– In relation to the Korean Supreme Court Decision 2018Do13696 Decided June 25, 2020 –

Jeong, Jaehwan *

The so-called 'Case of selling Artworks drawn by Ghost Painters' is problematic because it considers multiple fraud cases as one fraud. It was necessary to review whether fraud was established for each painting sales act, and to determine who the author of each painting was.

Whether the paintings were painted by himself or by someone else is an issue that can be raised only after the author of the works is confirmed. Therefore, the core of this case is the judgment on the author of works. However, the strict application of the general view of author's judgment under the Korean Copyright Act partially conflicts with today's diverse creative realities. Accordingly, an independent interpretation of the Korean Copyright Act was sought in relation to the author's decision. As a result of

* Lecturer at the School of Law, Pusan National University. Ph.D. in Law.

classifying and reviewing the case on three criteria, it was confirmed that there are many cases where fraud can be admitted.

The right answers come from the right questions. In this case, the correct question is not 'Whether he drew the pictures himself?' but 'Whose works are they, that is, who is the author of the works?'

Key Words : Author, Works, Ghost Painter, implied Deception(konkludente Täuschung), Fraud by Omission(Betrug durch Unterlassen)

추상적 위험범에 대한 소고

최성진 *

[헌정의 글]

안원하 교수님께서는 추상적 위험범 분야에 대해 특별한 관심과 탁월한 연구 성과를 보여주셨습니다. 교수님의 박사학위 논문[1]을 비롯하여, 이후 발표하신 4편의 논문[2]은 모두 기존 학계에서 충분히 조명되지 않았던 문제의식을 새롭게 제기하고, 새로운 시각을 열어가는 데 선구적 역할을 하였습니다. 교수님께서는 "현대사회는 위험사회이다"라는 통념적 전제에서 출발하는 일반적 논의와 달리, "인류는 역사 이래로 가장 안전한 시대에 살고 있다"는 역설적 관점을 토대로 논의를 전개하

* 동의대학교 인문사회과학대학 법학과 교수.

1) Won-Ha Ahn, „Zur Dogmatik abstrakter Gefährdungsdelikte", Diss. München 1995.

2) 안원하, "형법상의 위험개념", 법학연구 제48권 제1호, 2007, 709면 이하; "추상적 위험범과 불능미수", 법학연구 제36권 제1호, 1995, 195면 이하; "추상적 위험범의 제한적 해석=대법원 1997. 7. 25. 선고 95도2471 판결", 법학연구 제46권, 2015, 223면 이하; "환경형법과 환경보호의 효율성", 환경법연구 제22권, 2000, 275면 이하.

셨습니다. 이러한 비판적 시각은 때로는 불편함으로 다가오지만, 기존 논의에 대한 자극이 될 뿐 아니라 학문적 대화를 풍부하게 만드는 마중물이 된다는 점에서 의미가 깊다고 생각합니다. 아래의 글은 이러한 교수님의 문제의식에 공감하며, 추상적 위험범에 대한 일반적 논의를 비판적으로 성찰하려는 의도를 담고 있습니다. 미약하나마 제 글이 교수님의 오랜 연구에 대한 존경과 감사의 마음을 전하는 작은 헌정이 되기를 바랍니다.

Ⅰ. 들어가는 글

법학에서 흔히 사용되는 유형화(typology)는 단순한 분류(classification)와는 달리 법학이 현실을 반영하고 규율하는 틀을 마련하는 핵심 기법이다. 분류가 주로 객관적·외형적 속성에 초점을 맞춰 이루어지는 작업이라면, 유형화는 대상을 기능적·내재적 속성을 기준으로 삼아 관찰된 사례들의 평균적·전형적 속성을 파악하는 작업이라 할 수 있다. 그리고 이러한 유형화는 공통적인 속성을 지닌 것을 동일 범주로 묶어 개념의 명료화를 꾀함과 동시에 적용에 있어 일관성과 형평성을 확보하여 이론의 정교화를 가져올 수 있다는 데 그 목적을 두고 있다. 이러한 유형화 기법은 법학 전반에서 광범위하게 사용되고 있는데 형법상 범죄의 종류를 다양한 기준에 따라 분류하는 것도 유형화의 하나로 볼 수 있다. 이중 보호법익에 대한 침해의 정도에 따라 범죄를 분류하는 것과 관련하여 추상적 위험범의 범주가 문제가 되고 있는데, 위험사회(Risikogesellschaft)와 위험형법(Risikostrafrecht)이라는 개념의 등장과 함께 추상적 위험범도 과거와는 다른 방향에서 새롭게 이루어지고 있다. 울리히 벡이 발하는 위험사회란 과학기술 발전의 배후에 있는 부정적인 면들이 점차 사회적 논의를 차지하는 사회, 즉 원자력, 화학, 환경, 정보화 그리고 생명공학 등 자기 파멸의 가능성이 존재하는 사회를 말한다.[3] 현대 위험사회에서는 그 특성상 시민들의 안전에 대한 수요가 증가하므로 다방면에서 사전예방적인 조치들을 필요로 하게 되고 입법, 특히 형법에 있어서도 그러한 조치가 마련되어야 한다는 주장으로 이어지는 것이 일반적인 논의의 과정이다. 그리고 그러한 경향이 형법의 상징화, 기능화, 전치화라는 부작용을 낳을 수 있으므로 위험범의 입법화에 있어서는 신중을 기해야 하고, 입법 이후에도 범죄구성요건에 대한 해석을 엄격하게 하여 일정한 통제하에 두어야 한다는 결론으로 끝맺는, 이른바 순환론적 구조를 띠고 있다.[4] 이러한 추상적 위험범에 대한 논의의 흐름을 살펴보면 현대 사회의 특징에 따른 추상적 위험범이라는 '입법'형식의 필요성, 입법의 확장, 부작용에 대한 우려, 그에 대한 대책을

3) Ulrich Beck, Politik in der Risikogesellschaft, Frankfurt a. M. 1991, 10면.

4) 추상적 위험범을 둘러싼 국내의 논의는 추상적 위험범의 등장 배경, 유용성, 그리고 정당성의 문제를 순차적으로 다루고 있다. 자세한 내용은 허일태, "위험사회의 출현과 법의 기능변화", 비교형사법연구 제3권 제2호, 20면 이하; 추상적 위험범의 적용범위를 제한해야 한다는 견해로는 김혜경, "개인적 법익의 추상적 위험범적 해석의 타당성", 형사정책 제22권 제2호, 2010, 233면 이하; 이훈동, "추상적 위험범의 확대경향과 문제점 - 독일에서의 논의를 중심으로 -, 외법논집 제10권, 2001, 131면 이하; 김재윤, "위험사회라는 사회 변화에 대한 형사법의 대응", 비교형사법연구 제12권 제2호, 2010, 251면 이하.

다루고 있으므로 추상적 위험범은 우선 입법자에 의해 생성되는 것으로 볼 수 있다. 입법자에게 침해범과 위험범을 유형화하는 권한이 주어져 있다면 법규정에 법익 침해의 발생을 요구하는 경우에는 침해범이며, 법익 침해라는 결과가 발생하지 않아도 처벌되는 경우를 위험범으로 보아야 한다. 나아가 위험범을 다시 구성요건의 문언에 '위험'이라는 개념이 사용되었는지를 기준으로 구체적 위험범과 추상적 위험범으로 구분하는 통설적 견해 역시 이러한 유형화가 입법자에 의해 이루어진다는 것을 전제로 하고 있음을 알 수 있다.

그러나 대법원 판례와 국내 대부분의 문헌에 따르면 위계에 의한 공무집행방해죄(제137조), 일반교통방해죄(제185조), 명예훼손죄(제307조 내지 제309조), 신용훼손죄(제313조), 업무방해죄(제314조), 권리행사방해죄(제323조), 배임죄(제355조 제2항) 등과 같이 문언상으로는 법익 침해의 결과를 구성요건의 하나로 규정하고 있는 – 혹은 있다고 볼 수 있는 – 입법형식을 취하고 있음에도 별다른 검토 없이 추상적 위험범으로 단정하고 그에 따른 논의를 전개해 나가고 있는 현상을 목격할 수 있다.[5] 그렇다면 추상적 위험범은 입법자에 의해 확정되는 것이 아니라 해석에 의해서도 구성될 수 있는 것인가? 나아가 추상적 위험범 형태에 대한 경계의 의미로 구성요건에 대한 제한적 해석이 필요하다는 견해가 일반적인데 현실적으로는 그

5) 김태명, "위험범의 문제점과 제한적 해석·적용", 동아법학 제51호, 2011, 103면 이하.

반대의 현상도 목격된다. 즉 대법원은 명예훼손죄를 일단 추상적 위험범으로 전제하고, 추상적 위험범이므로 그 성격에 맞게 공연성에 대한 판단도 '전파성 이론'에 의해야 한다는, 소위 추상적 위험범이라는 형식을 구성요건의 확대에 대한 형식적 근거로 원용하고 있다.[6] 이쯤 되면 추상적 위험범의 범주를 어디까지로 볼 것인지에 대해서는 혼란스럽기 그지없다. 이러한 현상의 기저에는 독일에서 추상적 위험범에 대한 비판과 함께 그 범주를 확정하는 작업이 함께 이루어지고 있음에 반해, 우리의 경우에는 범주에 대한 논의 없이 미시적으로 개별 범죄별로 파악하는 방법론상의 차이점을 들 수 있다. 따라서 아래에서는 이 모든 논의의 출발점인, 추상적 위험범의 범주에 어떤 유형이 포함될 수 있는지를 중점적으로 살펴보고자 한다. 방법론적으로는 위험사회에 있어서 침해가 정당화되어 가고 있는 경향을 간략히 살펴보고, 대법원과 학설이 별다른 이유 없이 추상적 위험범으로 분류하고 있는 대표적인 몇 가지 사례를 통해 추상적 위험범의 개념적 특징을 제시하는 것으로 논지를 전개하고자 한다.

6) 대법원 2020. 11. 19. 선고 2020도5813 전원합의체 판결: "추상적 위험범으로서 명예훼손죄는 개인의 명예에 대한 사회적 평가를 진위에 관계없이 보호함을 목적으로 하고, 적시된 사실이 특정인의 사회적 평가를 침해할 가능성이 있을 정도로 구체성을 띠어야 하나, 위와 같이 침해할 위험이 발생한 것으로 족하고 침해의 결과를 요구하지 않으므로, 다수의 사람에게 사실을 적시한 경우뿐만 아니라 소수의 사람에게 발언하였다고 하더라도 그로 인해 불특정 또는 다수인이 인식할 수 있는 상태를 초래한 경우에도 공연히 발언한 것으로 해석할 수 있다."

Ⅱ. 위험사회에서의 법의 기능에 대한 새로운 이해

1. Gefährdung, Risiko, Gefahr, Gefährlichkeit?

Gefährdung, Risiko, Gefahr, Gefährlichkeit는 일반적으로 위험으로 번역되고 있으나 엄밀하게 말하면 구분되는 개념이다. 우선 Gefahr[7]는 이미 객관적으로 존재하는 위험 상태를, Gefährlichkeit[8]는 행위자나 사물의 위험한 성질, 잠재성을 의미한다. Risiko[9]는 미래 지향적 개념으로 아직 발생하지는 않았으나 발생할 수 있는 손해의 가능성을 의미하며, 이는 인간이 만든 산업, 기술, 과학 발전의 산물에 의해 발생하는 것으로 통제 가능성, 계산 가능성이 강조된다. 따라서 Risiko는 사회학적 개념으로써 현대 사회 전체가 직면한 체계적, 구조적 불확실성을 의미한다. 반면 Gefährdung[10]은 정확하게는 위험 자체가 아니라 '위험을 구체적으로 야기하는 행위로서 위험을 만드는 행위과정'을 의미한다. 따라서 Gefährdung, Gefahr, Gefährlichkeit는 법학적 개념으로 개별 사건과 행위의 법적 평가와 관련이 있는 데 반해, 사회학적 개념인 Risiko는 현대사

7) 독일 형법 제34조(정당화 긴급피난): "…생명, 신체, 자유, 명예, 재산 기타의 법익에 대한 달리 피할 수 없는 현재의 위험(Gefahr) 속에서 자기 또는 타인에 대한 위험을 피하기 위하여 범행을 실행한 자는…".

8) 독일 형법 제66조b 제1항(보안감호수용의 사후적 명령): "…형의 선고를 받은 자에게 일반시민에 대한 현저한 위험성이(Gefährlichkeit) 존재한다고 인식될 수 있는 경우에…".

9) Risiko는 과실범의 주의의무위반관련성 판단기준에 관한 학설 중 하나인 위험증대이론(Risikoerhöhungslehre)에서 사용되고 있다.

10) 독일 형법각칙 제2장 (93조부터 101a조) 'Gefährdung der äusseren Sicherheits'로 규정하면서 우리나라의 외환죄에 해당하는 간첩죄 등을 담고 있다.

회의 체계적·구조적 불확실성을 의미한다.[11] 즉 Gefahr는 비록 계측할 수는 없지만 비교적 구체적으로 확인할 수 있는 위험 또는 손해발생 직전의 상태를 의미함에 반해, Risiko는 사전에 통계적으로 계측할 수는 있지만, 그것이 실제로 손해 발생으로 실현될 것인지는 확실하지 않고 불분명한 위협을 의미한다. 따라서 Risiko는 객관적 표지나 주관적 생각이 아니라, 구체적 요소들을 현실에 귀속시키는 특정한 방식일 뿐이고, 이를 통해 현실을 파악하고 계산하며 이에 대해 영향을 미칠 수 있도록 하려는 것이다. 결국 Risiko라는 개념의 배경에는 통제 필요성이 있다고 분류되는 사실들이 증가함과 동시에 과학기술의 진보에 따른 새로운 종류의 거대위험에만 국한되지 않고 이와는 관계가 없는 영역까지도 위험으로 포착하려는 논의가 깔려있다. 즉 Risiko에 대한 논의 자체가 끝없이 새로운 Risiko를 생산한다. 왜냐하면 이러한 접근방식은 근본적으로 최대한의 정확한 예측을 요구하는데, 그로 인해 끝없이 새로운 위험 요인을 발견하고, 이런 논의 과정을 통해 발견된 새로운 위험을 강조하기 때문이다. 더불어 과거에 비해 거대화·복잡화 되어가고 있는 사회에서는 삶을 예측하기 어렵고 위험하게 만든다. 이런 배경에서 위험에 대한 개념 정의와 위험의 분배, 위험의 퇴치와 차단이 비교할 수 없을 정도로 중요한 의

11) 이러한 차이점에 착안하여 Risiko를 현대적 위험개념으로 부르기도 한다. 박강우, "危險社會와 刑法의 變化", 형사정책연구 제8권 제3호, 1997, 282면.

미를 가지게 된다. 이러한 전개 과정은 국가의 사회통제 대상이 확대되는 경향을 통해 더욱 촉진된다.[12] 따라서 안전을 둘러싼 논의는 존재하는 것에 대한 서술이 아니라, 오히려 선험적으로 존재하지 않았던 실재를 창조한다고 보아야 한다. 즉 인류 역사에 비추어 볼 때 더없이 안전한 사회에 살고 있으면서도 발생이 불확실한 위험가능성에 논의하고, 논의 과정에서 '생성된' 안전에 대한 욕구가 형법에 대한 역할의 변화를 요구하고 있는 것이다.[13] 따라서 추상적 위험범 형태가 증대하고 있는 것은 현대 사회가 과거보다 더 '위험'하기 때문인 것이 아니라 현실에 대한 주관적 불안이 증가하고 있으며 이러한 주관적 불안에 대한 반동의 결과일 뿐이다. 즉 안전에 대한 욕구가 형법의 기능 변화를 가져왔다고 보아야 할 것이다. 이런 관점에서 근대형법의 기본권 제한의 한계로서의 Gefahr는 위해(危害)로서의 '위험'을, 현대 사회에서의 Risiko는 위해의 통계적 개연성에 불관한 '위험', 즉 위험가능성(危險可能性)으로 이해해야 하고, Gefährlichkeit는 위 둘과는 의미의 평면을 달리하는 주체가 가지고 있는 속성으로서의 위험성(危險性)으로 이해해야 할 것이다.

12) 토비아스 징엘슈타인(윤재왕 역), 안전사회 – 21세기의 사회통제 –, 형사정책연구원, 2012, 27면 이하.

13) 이러한 현상에 대한 원인으로는 기존 체계에 대한 승인의 감소, 신자유주의 이데올로기, 도덕적–종교적 보수주의, 미디어의 대중화 등이 언급되고 있다. 자세한 내용은, 토비아스 징엘슈타인(윤재왕 역), 안전사회 – 21세기의 사회통제 –, 형사정책연구원, 2012, 38면 이하 참조.

대부분의 문헌에서 위험사회의 출현과 추상적 위험범을 직접적인 인과의 관계로 표현하고 있다는 것은, 추상적 위험의 내용을 통계적 위험 내지는 일반적 위험으로 이해한다는 것이며 실제 행위의 법익침해가능성 내시 적격성을 심사하지 않고 구성요건적 행위의 수행만으로 추상적 위험범의 성립을 인정하겠다는 의미이다.[14] 따라서 이런 다수설적 견해에 의한다면 위험사회의 출현과 추상적 위험범 형태의 증가는 직접적인 인과의 관계에 놓여 있다고 볼 수 있다. 여하튼 국가의 사회통제가 전통적인 위해로서의 위험(Gefahr)으로부터 그 이전 단계에 해당하는, 발생 자체는 불명확하지만 계측가능한 위험가능성(Risiko)쪽으로 옮겨 가고 있다는 점만은 용어의 적절성과 관계없이 분명하다.

2. 침해의 정당화 경향

이처럼 안전에 대한 사회적 의미가 높아지면서 법의 기능과 역할에 대한 이해도 전환기를 맞고 있다. 18세기 계몽주의 하에서 공법 영역에서의 법의 기능은 국민의 권리를 보장하는 장치로 이해되었다. 그러나 권리를 보장한다는 것은, 권리를 제한하는 주체가 존재한다는 점을 전제로 한다. 따라서 이 시기의 국가는 기본권을 제한하는 존재이며, 법의 기능은 국가권

14) 이러한 통설에 대해 구성요건행위의 수행만으로 법익침해의 위험을 긍정하는 것은 위험의 추정이라는 비판적 입장을 취하는 견해로는 박강우, "추상적 위험의 개념과 위험의 추정", 형사법연구 제10, 1997, 194면 이하

력에 대한 제한적 기능으로 작동하게 된다. 그러나 이러한 법의 권력 제한적 기능은 안전이 요구되는 현대에 들어와서는 갈수록 그 지위를 잃어가고 있다. 즉 헌법상의 표현을 빌자면 기본권은 국가권력에 대항하는 방어권으로서가 아니라 국가의 권력 행사를 정당화하기 위해 원용된다. 즉 국가에게 기본권 제한으로서의 주체가 아니라 기본권 보호 주체로서의 역할을 강조하게 되었다.[15] 이런 국가의 성격 변화는 법규범 기능에도 영향을 줄 수밖에 없는바, 오늘날 법규범은 국가권력을 제한하기보다는 국가권력에 의한 기본권 침해를 정당화하는 기능, 즉 침해의 제한에서 침해의 정당화로 변모되어 가고 있다. 이러한 근대형법의 변화는 형사법에 있어서 단순한 대상 목록의 추가나 확대에만 국한되는 것은 아니며 형법이론 전반에 걸쳐 있다. 야콥스에 의해 주장된 '적대형법' 이론도 그 중의 하나이다. 그는 '시민/적(敵)의 구별'을 통해 전통적인 형법은 법질서를 지킬 준비가 되어있는 '시민'에게만 적용되고, 테러와 같은 범죄를 저지를 우려가 있는 자를 사회의 '적'으로 간주하여 그러한 자에 대해서는 전통적인 형법이 아니라 위험을 효과적으로 제거할 수 있는 특수한 형법이 필요하다고 보았다. 이러한 적대형법 개념을 통해 이원화된 형법은 전 세계적으로 뿐만 아니라 우리나라에서도 형벌의 전치화 내지는 강화라는 모습으로 나

15) 국가의 기본권보호의무에 대해서는 이부하, "국가의 기본권보호의무와 과소보호금지원칙", 법학연구 제17권 제2호, 2014, 39면 이하 참조.

타나고 있다.[16] 또한 법익 개념을 둘러싼 논의도 형법기능 변화의 한 모습이라고 할 수 있다.[17] 이처럼 전통적인 책임형법(Schuldstrafrecht)에서 예방형법(Präventionsstrafrecht)으로, 다시 산업사회의 예방형법은 새로운 법익의 보호와 보호의 사전요구를 통해 위험사회의 "거대조종형법"(Großsteuerungsstrafrecht)으로 변화하고 있다. 이러한 변화는 형법이 어떤 고정불변한 것이 아니라 질서유지를 위한 사회적 요구(일반인 보호목적)와 사생활과 자유에 대한 개인들의 바람(범죄인 및 그 관계인을 위한 정형화 목적)이 완전한 반비례 관계임에도 불구하고 그 사이에서 실효성과 자기 정당성을 획득하기 위한 끊임없는 적응의 결과라 할 수 있다. 이런 형법의 기능 변화와 관련한 논의 중 하나는 추상적 위험범을 둘러싼 논의이다. 대부분의 문헌에 따르면 일반적으로 예방형법 내지 거대조종형법은 추상적 위험범의 증가로 특징 지워진다고 설명하고 있다. 아울러 그러한 입법 경향에 대해 우려를 표하면서 추상적 위험범에 대한 통제가 필요하다고 설명하는 것이 일반적이다. 그런데 보호법익에

16) Jakobs의 적대형법을 위험형법의 일종으로 파악하는 견해도 있으나 ① 위험형법에서 문제되는 위험은 과학기술 발달에 기반한 산업화의 반면으로서의 위험을 의미하며 ② 위험사회의 위험은 사회발전의 반면을 나타내는 구조적인 것이며 개인적인 위험과도 구별되므로 위험사회의 위험에 대한 일련의 특성에 근거한 위험형법의 범위는 환경, 원자력, 생명공학, 생태, 정보 등의 분야에 한정된다는 점에서 구별된다고 할 수 있다. 자세한 내용은 최성진, "현대사회에 있어서 형법의 이원화 경향 – Jakobs의 적대형법 구상을 예로 하여 –, 형사정책연구 제21권 제3호, 2010, 41면 이하 참조.

17) 법익개념의 변화에 대해서는 김동률, "법익개념의 변화와 새로운 범죄유형의 필요성 – 보편적 법익과 관련한 독일에서의 논의를 중심으로 –", 형사정책 제26권 제1호, 2014, 191면 이하 참조.

침해가 있어야만 성립할 수 있는 식으로 규정되었다고 볼 수 있는 범죄에 대해서도 별다른 설명 없이 추상적 위험범으로 의율하고 있는 경우가 허다하다. 따라서 과연 추상적 위험범에 대한 평가 이전에 과연 그 개념이 무엇이며 그 개념에 따른 유형화가 어떻게 이루어지는지를 보는 작업이 선행될 필요가 있다.

Ⅲ. 추상적 위험범의 개념과 유형화

1. 추상적 위험범의 개념

일반적으로 형법상의 범죄는 법익보호의 정도에 따라 침해범과 위험범으로 나누고 있다. 침해범은 보호법익에 대한 현실적인 침해를 요하는 범죄인 반면 위험범은 보호법익에 대한 현실적인 침해가 없어도 법익침해에 대한 위험성만으로 해당 구성요건이 충족되는 범죄라고 설명된다. 위험범은 구성요건의 형식을 기준으로 다시 구체적이고 현실적인 위험이 발생할 것을 요하는가 또는 일반적이고 추상적인 위험으로 충분한가에 따라 구체적 위험범과 추상적 위험범으로 나누고 있다. 이러한 일반적인 견해에 의하면 추상적 위험범은 '입법자'에 의해 형성되는 것이다. 예를 들어 음주운전의 경우 '교통의 안전' 내지는 '불특정 다수의 생명·신체의 안전'을 목적으로 형사처벌하는 것이므로 입법자는 사고발생 여부와 관계없이 음주운전 행위 자체를 처벌 대상으로 규정한다. 추상적 위험범에서의 위험은 개인에게 귀속가능한 실제적 위험이 아니라 입법자의 동기일 뿐이므로 이는 불법의 요소가 아니며, 그에 대한 인식도 고의의 내용이 아니다. 따라서 무엇을 추상적 위험범으로 보는지가 중요한데 독일에서는 추상적 위험범을 크게 ① 독일 형법 제316조의 음주운전[18]과 같은 순수한 추상적 위험범, ② 제130조의 국민선동죄[19], 제325조 제1항의 대기오염죄[20]에서와 같이 표현행위가 '공공의 평온을 방해할 적합성'이 있어야 하는 이른바 적합성범, ③ 제231조의 싸움에 대한 관여죄[21]와 같이 기본 구조는 추상적 위험범이지만 객관적 처벌조건이 결합된 형태로 설계되는 예도 추상적 위험범으로 보고 있다. 반면 우리의 경우 무엇을 추상적 위험범으로 보아야 하는지에 대해서 별다른 기준 제시 없이 '○○죄는 추상적 위험범에 해당한다'는 단언으로 논의를 시작하는 경우가 대부분이

18) 제316조【음주운전】 ① 알코올 음료나 기타 각성제의 복용으로 인하여 차량을 안전하게 운행할 상태에 있지 아니함에도 불구하고 차량을 운행(제315조 내지 제315조d)한 자는 제315조a 또는 제315조c에서 그 형을 규정하고 있지 아니한 경우에 1년 이하의 자유형 또는 벌금형에 처한다

19) 제130조【국민선동】 ① 공공의 평온을 교란하기에 적합한 방법으로 다음 각호의 1에 해당하는 행위를 한 자는 3월 이상 5년 이하의 자유형에 처한다.

20) 제325조【대기오염】 ① 시설, 특히 사업장 또는 기계의 가동과정에서 행정법상의 의무에 위반하여 그 시설이 있는 지역 이외에서 타인의 건강, 동물, 식물, 기타 상당한 가치 있는 타인의 물건을 해하기에 적합한 대기의 변화를 야기한 자는 5년 이하의 자유형 또는 벌금형에 처한다. 미수범은 처벌한다.

21) 제231조【싸움에 대한 관여, 쌍방간의 상해】 ① 스스로 싸움에 관여했거나 또는 수인이 한사람에 대한 침해에 관여한 자는 싸움이나 침해를 통해 사람의 사망 또는 중상해(제226조)를 야기한 경우에는 관여한 것만으로도 3년 이하의 자유형 또는 벌금형에 처한다. 이 유형은 우리 형법 제263조의 동시범의 특례에서와 같이 입증책임의 완화를 위해 추상적 위험범 형태의 입법이 이루어지고 있음을 의미한다.

다.[22] 현행 형법상 추상적 위험범이 차지하는 비중에 대해 아래와 같은 지적이 있다.

> "형법전의 각칙 조문 305개 중 '예비 · 음모, 미수범, 정의 규정, 동력 규정, 몰수 추징, 동시범, 상습범, 친족간 특례, 자백 자수, 형의 감경, 병과형, 친고죄, 반의사불벌, 세계주의, 위헌결정 등으로 삭제된 규정' 등 합계 88개 조문을 제외한 217개 조문에서 추상적 위험범의 성격을 가지는 범죄 종류는 무려 –추상적 위험범인지 여부에 대하여 견해 대립이 있는 18여 개의 범죄를 포함하면– 177여 개나 된다."[23]

이 지적이 타당하다면 추상적 위험범은 더 이상 예외적인 입법형식이라고 부를 수 없다. 오히려 형법전의 범죄의 기본형은 침해범이 아니라 추상적 위험범이라 말할 수 있다. 나아가 추상적 위험범에 대한 비판은 위험에 대한 고의 없는 범죄성립을 인정하기 때문에 책임원칙과의 충돌을 피할 수 없다는 점에 집중되어 있는데, 80% 이상이 추상적 위험범에 해당한다면, 이러한 현상은 책임형법의 위기라는 표현으로는 부족하다. 오히려 방법론적으로 추상적 위험범을 예외적인 형태라고 말할 수 있을 만큼 그 범위를 최소한도로 줄일 수 있는 해석방법을 찾거나, 혹은 그러한 경향을 인정하면서 지금까지의 전통적인 책임원칙과는 다른, 그런 현상과 부합하는 새로운 책임원칙을 정립해야 하는 작업이 필요하다고 할 수 있다. 그러

22) 추상적 위험범을 5가지 유형으로 나누어 상세히 설명하고 있는 문헌으로는 김성돈, 형법각론(제9판), 박영사, 2024, 13면 이하 참조.

23) 김성돈, 위의 책, 31면.

나 동시에 다음과 같은 의문도 든다. ① 위험범, 침해범의 구별은 일차적으로 입법자에게 맡겨져 있는 것은 분명하나, 해석에 의해서도 유형화가 가능한지? ② 해석에 의한 유형화가 가능하다고 할지라도 과연 형법전의 80% 이상의 범죄가 추상적 위험범에 해당하는지, ③ 만약 그렇다면 어떤 기준에 의해 추상적 위험범에 속한다고 판단하였는지가 그것이다. 다만, 위험범의 개념이 침해범과의 비교에서 잘 드러나는 것처럼 추상적 위험범의 개념 역시 구체적 위험범과의 상호 비교하에 드러날 수 있으므로 아래에서는 구체적 위험범과의 구별에 대해 살펴보기로 한다.

2. 구체적 위험범과의 구별

다수의 견해에 의하면 추상적 위험범과 구체적 위험범은 법문언에 "위험의 발생"이라는 문구의 유무에 따라 구분된다고 한다. 즉 추상적 위험범을 구체적인 위험의 발생을 요하지 않고, 특정 행위 자체만으로 법익에 대한 위험을 내포한다고 평가되어 처벌되는 범죄 유형이라고 정의하고 구체적 위험범을 위험 발생이라는 것을 요구하는 것으로 이해한다면 이러한 유형화는 입법자에게만 맡겨져 있는 것으로 해석해야 한다. 즉 위험의 현실적 발생을 입법자가 명문으로 규정한 경우라면 구체적 위험범으로, 반면 도로교통법상 음주운전처럼 행위의 일반적 특성상 법익 침해의 위험성이 있다고 입법자가 추상적으로 판단하여 행위만으로 처벌한다는 형태로 한 경우를 추상적 위험범으로 본다면 이러한 유형화는 입법자에 의해 이루어지는 유형화라 할 수 있다.

그러나 구체적 위험과 추상적 위험 모두 보호법익의 침해와 관련해서만 의미를 갖는다는 것에 주목한다면 법문언만으로 구체적 위험범과 추상적 위험범을 구별하는 것에 대해서는 회의적이다. 왜냐하면 위험범은 형법에 의한 법익의 보호를 보다 앞선 단계에서 수행하려는 시도이며 양자의 차이점은, 추상적 위험은 말하자면 강도가 약한 구체적 위험이라는 데 있기 때문이다.[24] 다른 말로 하면 양자는 동일한 규제의 영역, 즉 법익침해의 개연성을 갖게 된 시점부터 법익침해가 이루어질 때까지를 규율하는 것이고, 그 차이는 개연성의 강약에 있다. 따라서 구체적 위험범에서의 (구체적) 위험은 어떤 특정 객체에 대한 손상 가능성이 멀지 않은 상태를 의미하며, 행위가 그 내재적 잠재적 위험성을 넘어 법익에 대해 위기적 상황을 초래하는 경우를 말한다. 그러므로 구체적 위험이 존재한다고 판단하기 위해서는 일반적인 생활 경험에 비추어 볼 때 특정인의 안전 등이 심각하게 침해되어, 법익이 실제로 침해될지 여부가 오직 우연에 달려있는 상태에 이르러야 한다. 이때 단순히 "일정한 행위는 일반적으로 위험을 초래한다"는 식의 일반적 경험칙에 근거해서는 안 된다. '일반적' 경험칙에 근거한

24) 안원하, "추상적 위험범과 불능미수", 법학연구 제36권 제1호, 1995, 207-208면.

다는 것은 추상적 위험범에 해당하는 설명이다. 구체적 위험의 성립은 매 사안별 특수성을 고려하여 개별적으로 판단해야 하며, 실제로 구체적 위험이 발생했음을 인정할 수 있어야 한다. 따라서 일반적으로 상정된 위험이 개개의 사안에서 확인됨으로써 비로소 가벌성이 긍정되는 구체적 위험범은 형식적인 문언의 유무만으로는 파악될 수 없고, 그 해석에 의해 확정된다고 보아야 한다.[25] 따라서 위험범과 침해범의 구별, 그리고 위험범을 다시 추상적 위험범과 구체적 위험범으로 유형화하는 것은 입법자뿐만 아니라 해석에 의해서도 가능하다고 보아한다. 이러한 입장은 구체적 위험과 추상적 위험 모두, 계속 전개되는 사건의 전개 과정 중에서 법익침해의 - 일정한 정도를 넘어선 - 개연성을 갖고 있는 부분이기 때문이다. 따라서 구체적 위험범은 가벌성을 좌우하는 실행행위성을 판단하는 데에 있어서 행위 당시의 구체적인 사정이 고려되어야 하는 경우라고 할 수 있으며, 그 취지는 당해 형벌법규가 상정하고 있는 법익의 보호에 직접적으로 필요한 금지의 대상이 되는 행위에 대해서만 실행행위성을 인정함으로써 행위반가치의 관점에서 가벌성의 범위를 목적합리적으로 제한하고자 하는 데에 있다.[26] 양자의 관계를 이렇게 정의한다면 "위험의 발생"이라는 문구에 얽매일 필요가 없이 보호법익과 관련하여

25) 김성규, "추상적 위험범의 가벌성에 관한 해석론", 법학논총 제32권 제2호, 2014, 15면 이하.
26) 김성규, 위의 글, 15면.

개연성의 강약을 고려해 판단해야 한다. 이렇게 본다면 해석에 의한 유형화도 가능하다고 보아야 하며 유기죄, 공무집행방해죄처럼 추상적 위험범으로 분류되는 범죄들도 근거 있는 논거 제시를 통해 구체적 위험범으로 해석하는 것도 가능하다고 보아야 한다.

3. 대법원의 추상적 위험범에 대한 시각

대법원은 추상적 위험범의 범주를 넓게 설정하고 있다. 우선 범익침해의 결과가 없더라도 구성요건적 행위만으로 성립하는 범죄가 추상적 위험범에 해당함은 별 이견이 없다. 여기에는 폭행죄, 낙태죄[27], 유기죄, 학대죄, 아동혹사죄, 모욕죄, 범죄단체조직죄, 소요죄, 다중불해산죄, 특별법으로는 도로교통법 제148조의2 음주운전, 의료법 제27조 무면허 의료행위, 총포·도검·화약류 단속법 제10조 초기 등 불법 소지, 청소년 보호법 제59조 청소년 유해물품 판매 등이 있다. 그러나 대법원은 이러한 유형 이외에도 침해범 내지 구체적 위험범으로 볼 여지가 있는 범죄들도 추상적 위험범으로 단언하고 있다. 아래에서는 대법원이 추상적 위험범으로 보고 있는 몇 가지 사례들을 살펴보고 간단히 그 적부에 대해 언급하고자 한다.

27) 모체내에서 사산시키는 것은 결과범이지만 모체밖으로 끄집어 내는 것은 추상적 위험범으로 보아야 할 것이다.

(1) 배임죄

배임죄의 구성요건으로 '손해의 발생'을 분명하게 명시하고 있음에도 불구하고 대법원은 "배임죄는 현실적인 재산상 손해액이 확정될 필요까지는 없고 단지 재산상 권리의 실행을 불가능하게 할 염려 있는 상태 또는 손해 발생의 위험이 있는 경우에 바로 성립되는 위태범이다"라는 입장을 취하고 있다.[28] 사안에 따라 배임행위 시점에는 손해가 발생하지 않았으나 손해 발생이 장래에 일어나는 경우를 대비하여 손해의 개념을 확장하는 것으로 해석할 여지도 있다. 그러나 대법원이 그러한 구체적인 설명 없이 '위태범'이라는 표현을 사용한 것은 배임죄 규정에 비추어 보아 적절한 해석이라고 보기에 힘들다. 손해의 개념을 확장하는 가능성과는 별개로 문언에 따라 침해범으로 보아야 할 것이다.

(2) 명예훼손죄

독일 형법 제186조는 타인을 경멸하거나 세평을 저하시키기에 적합한 사실을 주장하거나 또는 유포한 자를 처벌하고 있으므로 추상적 위험범에 해당한다고 볼 여지가 있다. 반면 우리 형법상 제307조의 명예훼손죄는 "공연히 사실을 적시하여 명예를 훼손한 자"고 규정되어 있으므로 독일 형법과 비교

28) 대법원 2000. 4. 11. 선고 99도334 판결; 대법원 2005. 9. 29. 선고 2003도4890 판결.

해 볼 때 침해범으로 볼 수 있다. 그럼에도 불구하고 대법원은 명예훼손죄를 추상적 위험범이라고 보고 있다.

> 추상적 위험범으로서 명예훼손죄는 개인의 명예에 대한 사회적 평가를 진위에 관계없이 보호함을 목적으로 하고, 적시된 사실이 특정인의 사회적 평가를 침해할 가능성이 있을 정도로 구체성을 띠어야 하나, 위와 같이 침해할 위험이 발생한 것으로 족하고 침해의 결과를 요구하지 않으므로, 다수의 사람에게 사실을 적시한 경우뿐만 아니라 소수의 사람에게 발언하였다고 하더라도 그로 인해 불특정 또는 다수인이 인식할 수 있는 상태를 초래한 경우에도 공연히 발언한 것으로 해석할 수 있다.[29)]

그러나 추상적 위험범이라는 표현과 "...침해할 위험이 발생한 것으로 족하고 침해의 결과를 요구하지 않으므로..."라는 부분이 서로 상응할 수 있는지에 대해서는 의문이다.[30)] 다수설이 '위험의 발생' 여부를 기준으로 구체적 위험범과 추상적 위험범을 구분하고 있음에 비추어 본다면 위 문구는 서로 모순관계에 있다고 본다. 나아가 대법원은 추상적 위험범이라는 근거를 명예훼손이 갖는 행위반가치와 결과반가치의 특수성을 들고 있다.

---

29) 대법원 2020. 11. 19. 선고 2020도5813 전원합의체 판결.

30) 다수의견에 대한 보충의견으로 ".... 다수의견은 상대방이 불특정 또는 다수인에게 실제 전파했는지 여부를 가려 공연성을 판단하는 견해가 아니다. 불특정 또는 다수인에게 전파할 가능성이 있는 상대방에게 다른 사람의 명예를 훼손할 수 있는 사실을 적시함으로써 다른 사람의 명예가 훼손될 위험에 처하게 한 행위를 객관적·규범적으로 판단하여 그로 인해 일반적 위험성이 발생하였다면 그 행위 자체에 불법성을 인정하는 것이고, 이는 결과책임과 전혀 다르다."라는 부분도 마찬가지이다.

> 명예훼손죄 규정이 '명예를 훼손한'이라고 규정되어 있음에도 이를 침해범이 아니라 추상적 위험범으로 보는 것은 명예훼손이 갖는 행위반가치와 결과반가치의 특수성에 있다. 즉, 명예훼손죄의 보호법익인 명예에 대한 침해가 객관적으로 확인될 수 없고 이를 증명할 수도 없기 때문이다. 따라서 불특정 또는 다수인이 적시된 사실을 실제 인식하지 못하였다고 하더라도 그러한 상태에 놓인 것만으로도 명예가 훼손된 것으로 보아야 하고 이를 불능범이나 미수로 평가할 수 없다. 공연성에 관한 위와 같은 해석은 불특정 또는 다수인이 인식할 수 있는 가능성의 측면을 말하는 것이고, 죄형법정주의에서 허용되는 해석이며, 그와 같은 행위에 대한 형사처벌의 필요성이 있다.31)

'입증의 곤란성'이 추상적 위험범 형태를 정당화하는 근거 중의 하나임은 일반적으로 받아들여지고 있다. 그러나 입증의 곤란성이라는 논거는 침해결과에 다수의 사람들이 순차적으로나 병렬적으로 기여하는 경우에는 각 개인의 행위와 결과 사이의 인관관계를 증명하는 것이 거의 불가능하다는 고려하에 제시된 것이다. 이것은 환경형법의 경우를 생각해 보면 더욱 분명해진다. 따라서 구조적으로 다수의 관여자들이 존재하는 환경형법과 개인과 개인의 관계로 환원되는 명예훼손죄의 경우는 그 구조를 달리하므로 애초에 입증의 곤란함을 근거로 명예훼손죄를 추상적 위험범으로 의율하는 것은 적절치 않다고 본다. 나아가 대법원도 공연성의 존부를 판단함에 있어 객관적·구체적 상황까지도 고려해야 한다고 보고 있다.32) 그러

31) 대법원 2020. 11. 19. 선고 2020도5813 전원합의체 판결.
32) 대법원 2020. 11. 19. 선고 2020도5813 전원합의체 판결: "공연성의 존부는 발언자와 상

나 추상적 위험범의 특징 중의 하나는 개별구체적인 상황을 고려할 필요 없이, 추상적·일반적 행위를 하게 되면 범죄가 성립된다고 본다는 점에 있다. 따라서 위 모든 사항을 고려할 때 명예훼손죄는 추상적 위험범이 아니라 구체적 위험범으로 보아야 할 것이다.

(3) 단순 방해죄 관련

형법 규정에 "...를 방해한 자"라고 규정되어 있는 형태이다. 제103조 제2항(전시군수계약방해죄), 제117조 제2항(전시공수계약불이행죄), 제123조(직권남용죄), 제138조(법정 또는 국회회의장모욕죄), 제139조(인권옹호직무방해죄), 제 158조(장례식등의 방해죄)가 여기에 해당한다. 대부분의 문헌과 대법원은 이를 추상적 위험범으로 보고 있다.

> "장례식방해죄는 장례식의 평온과 공중의 추모감정을 보호법익으로 하는 이른바 ① 추상적 위험범으로서 범인의 행위로 인하여 장례식이 현실적으로 저지 내지 방해되었다고 하는 결과의 발생까지 요하지 않고 방해행위의 수단과 방법에도 아무런 제한이 없으며 일시적인 행위라 하더라도 무방하나, ② 적어도 객관적으로 보아 장례식의 평온한 수행에 지장을 줄 만한 행위를 함으로써 ③ 장례식의 절차와 평온을 저해할 위

대방 또는 피해자 사이의 관계나 지위, 대화를 하게 된 경위와 상황, 사실적시의 내용, 적시의 방법과 장소 등 행위 당시의 객관적 제반 사정에 관하여 심리한 다음, 그로부터 상대방이 불특정 또는 다수인에게 전파할 가능성이 있는지 여부를 검토하여 종합적으로 판단하여야 한다. 발언 이후 실제 전파되었는지 여부는 전파가능성 유무를 판단하는 고려요소가 될 수 있으나, 발언 후 실제 전파 여부라는 우연한 사정은 공연성 인정 여부를 판단함에 있어 소극적 사정으로만 고려되어야 한다."

험이 초래될 수 있는 정도는 되어야 비로소 방해행위가 있다고 보아 장례식방해죄가 성립한다고 할 것이다.[33]

위 판시사항에 비추어 보면 일견 추상적 위험범으로 볼 여지가 있다. 그러나 아래의 판시이유를 살펴보면 과연 이것을 추상적 위험범으로 볼 수 있는가에 대해서는 의문이 있다.

위 인정 사실에 의하면, ... 헌화 등 장례 절차의 진행에 지장이 초래될 만한 상황은 일어나지 않은 점 등을 알 수 있다. 이러한 사실관계 등을 앞서 본 법리에 비추어 살펴보면, 피고인이 이 사건 영결식장에서 한 행위, 즉 이명박 대통령의 헌화 순서에 맞추어 헌화대 쪽을 향하여 몇 걸음을 옮기면서 크게 소리를 지른 행위가 비록 피고인이 대통령의 헌화를 방해하려는 의도를 가지고 한 행동이라 하더라도, 그 행위의 내용, 경호원들의 제압에 대한 피고인의 반응, 소란이 있었던 시간 등 여러 객관적 사정으로 보아 피고인의 위와 같은 행위가 이 사건 영결식의 평온한 수행에 지장을 줄 만한 행위로서 이로 말미암아 이 사건 영결식의 절차와 평온을 저해할 위험이 초래될 정도라고 단정하기는 어렵다고 할 것이다.[34]"

즉 대법원은 그러한 방해행위를 판단하는 데 있어서 '일반적·추상적·획일적인' 기준이 아닌 구체적 상황을 고려하고 있다. 위 명예훼손죄 부분에서 살펴본 것처럼 추상적 위험범의 전형인 음주운전의 경우, 그 성립에 있어서 도로 위에 다른 차량이 있었는지 여부, 제한속도 준수 여부, 몇 차선 도로였는

33) 대법원 2013. 2. 14. 선고 2010도13450 판결.
34) 대법원 2013. 2. 14. 선고 2010도13450 판결.

지 여부 등을 고려함이 없이, 일정한 기준을 넘은 '음주상태'에서의 운전행위 자체를 처벌하는 것, 즉 '일반적·추상적·획일적인' 행위만으로 범죄가 성립된다고 보는 것이다. 개별·구체적 상황을 고려해서 범죄의 성립 여부를 판단한다는 것은 위험범 중에서 구체적 위험범에 해당한다. 아울러 "위험이 초래될 정도라고 단정하기는 어렵다"라는 문구는 반대 해석상 '위험이 초래되었다면 범죄가 성립하였을 것이다'라는 의미로 해석된다. 따라서 대법원이 판결의 서두에 추상적 위험범이라는 단언적인 표현을 사용하였다고 하더라도 판결이유 부분에 설시된 부분을 함께 고려한다면 용례가 적절하다고 볼 수 없다.

(4) 일정한 행위와 '방해'가 결합된 유형

위 유형과는 달리 일정한 행위와 '방해'가 모두 구성요건으로 규정된 경우가 있다. 형법 제136조의 일반공무집행방해죄의 경우 구성요건상 폭행·협박만이 기술되어 있음에 반해 위계에 의한 공무집행방해죄는 행위태양으로서의 '위계'와 '방해'가 모두 구성요건으로 규정되어 있다. 이러한 입법방식의 차이에도 불구하고 대법원과 다수설은 둘 모두를 추상적 위험범으로 보고 있다.[35] 그러나 입법자가 방해의 결과를 요구하

35) 대법원 2018. 3. 29. 선고 2017도21537 판결: "형법 제136조에서 정한 공무집행방해죄는 직무를 집행하는 공무원에 대하여 폭행 또는 협박한 경우에 성립하는 범죄로서 여기서의 폭행은 사람에 대한 유형력의 행사로 족하고 반드시 그 신체에 대한 것임을 요하지 아니하며, 또한 추상적 위험범으로서 구체적으로 직무집행의 방해라는 결과발생을 요하지도 아니한다."; 위계에 의한 공무집행방해죄를 추상적 위험범으로 보는 견해로는 김성돈, 위

고 있으므로 그러한 결과를 요구하고 있음에도 왜 추상적 위험범으로 보아야 하는지에 대한 설명이 필요하다. 김성돈 교수는 구성요건에 행위수단과 별개로 요구되어 있는 이 '일정한 결과'는 방해, 훼손 등이라는 용어로 표현되어 있어 해당 구성요건이 보호하는 법익과도 일정한 관련성을 가지고 있음은 인정하면서도 이러한 '결과'는 미수·기수의 형식적 구별기준으로 기능하는 '법익침해적 결과' 그 자체는 아니므로 법익침해 자체가 구성요건적 결과로 규정되어 있는 진정한 의미의 결과범에서 말하는 '결과'와는 다르다고 한다. 이를 부진정 결과범으로 부를 수 있다라고 하면서 이를 제2유형의 추상적 위험범으로 보고 있으면서 위계에 의한 공무집행방해죄, 직권남용권리행사방해죄, 교통방해죄, 업무방해죄 등을 그 예로 들고 있다. 그러나 위계공무집행방해죄는 일반공무집행방해죄와는 달리 '위계' 행위 이외에도 '직무집행을 방해한 자'라는 구성요건을 따로 두고 있다는 사실을 고려해 본다면 이는 구체적 위험의 발생이 행위와 구별되는 결과로 나타나고, 이러한 결과요소는 특정의 법익을 향한 것이고 진지하게 받아들여야 할 상황의 요소라는 고려하에서 입법화된 것으로 볼 수 있으므로 일반공무집행방해죄와 같이 추상적 위험범으로 규율할 수는 없다고 본다. 입법자가 이 유형을 입법할 때는 행위만으로 성

의 책, 835면; 최복규, "법령에서 명한 금지행위의 위반과 위계에 의한 공무집행방해죄의 성립 여부", 대법원판례해설 제48호, 2003 하반기, 548면; 박길성, "지방공기업법에 의해 설립된 공사의 신규직원채용 업무의 주체", 대법원판례해설 제74호, 2008, 452면.

립한다고 본다면 가벌성이 너무 넓어지고 또 보호법익에 대한 침해를 요구하는 것은 너무 좁아져서 보호기능을 충분히 달성할 수 없으므로 그 중간 형태로 보호법익에 대한 침해는 아니지만 보호법익과 관련이 있는 '결과'를 입법화한 것이라 볼 수 있다. 아울러 구체적 위험범과 추상적 위험범을 명문의 규정에 '위험의 발생'이라는 문구의 유무에 따라 구분하는 것이 아니라 통시적으로 보호법익 침해의 유무 내지 정도에 따라 '추상적 위험범' – '구체적 위험범' – 침해범으로 본다면 미수가 처벌되지 않는다는 이유로 추상적 위험범의 독자적인 유형으로 이해할 필요가 없다. 미수를 처벌하지 않는다는 것은 추상적 위험범이기 때문이 아니라 그러한 보호법익의 침해가 아닌 '결과'가 발생하지 않은 경우에는 애초에 처벌하지 않겠다는 입법자의 의사라고 해석할 수도 있다. 반면 위계에 의한 공무집행방해의 결과는 일반 침해범에 비해 유형화가 어렵다는 점과 경미한 위험에서부터 중대한 위험에 이르기까지 그 적용폭이 넓다는 특징이 있어, 경우에 따라 어떠한 결과가 발생하였는지를 입증하기가 쉽지 않다는 점 때문에 위계'행위'로부터 결과발생을 이끌어 내지 않을 수 없음을 이유로 실행행위 속에서 위험적격성이 인정된다고 해석할 수도 있다. 그러나 이러한 사실만으로 위계에 의한 공무집행방해죄의 성질을 추상적 위험범으로 판단하는 것은 '위계'라는 구성요건이 단순한 거짓말뿐만 아니라 묵비도 포함시킬 수 있을 만큼 상당히 넓은 의미폭을 가지는 불명확한 개념임을 비추어 본다면 처벌범위를 부당하게 확대할 위험이 있다. 따라서 구체적 위험범으로 보는 것이 타당하다고 본다.[36]

대법원은 일반교통방해죄의 경우에도 명시적으로 추상적 위험범에 해당한다고 적시하고 있으나 위계에 의한 공무집행방해죄에 대한 설명은 일반교통방해죄에도 그대로 적용될 수 있다고 본다.[37]

> 일반교통방해죄는 일반 공중의 교통의 안전을 그 보호법익으로 하는 범죄로서 육로 등을 손괴 또는 불통케 하거나 기타의 방법으로 교통을 방해하여 통행을 불가능하게 하거나 현저히 곤란하게 하는 일체의 행위를 처벌하는 것을 그 목적으로 하고 있으며, 여기서 '육로'라 함은 사실상 일반공중의 왕래에 공용되는 육상의 통로를 널리 일컫는 것으로서 그 부지의 소유관계나 통행권리관계 또는 통행인의 많고 적음 등을 가리지 않는다. 또한, 일반교통방해죄는 이른바 추상적 위험범으로서 교통이 불가능하거나 또는 현저히 곤란한 상태가 발생하면 바로 기수가 되고 교통방해의 결과가 현실적으로 발생하여야 하는 것은 아니다.[38]

(4) 일부 결과적 가중범

일부 견해는 형법 제164조 제2항의 현주건조물방화치사상

36) 자세한 내용은 최성진, "위계에 의한 공무집행방해죄의 적용범위에 대한 비판적 고찰", 형사법연구 제23권 제2호, 2011, 237면 이하 참조.

37) 형법 제128조(선거방해죄), 제163조(변사체 검시 방해죄), 제169조(진화방해죄), 제173조 제2항(공공용가스등공급방해죄), 제180조(방수방해죄), 제184조(수리방해죄), 제186조(기차, 선박 등의 교통방해죄) 등도 여기에 해당한다.

38) 대법원 2005. 10. 28. 선고 2004도7545 판결.

죄, 형법 제177조 제2항의 일수건조물치사상죄 등 결과적 가중범의 일부도 추상적 위험범의 한 유형으로 보고 있다.[39] 즉 현주건조물방화치사상죄의 주된 보호법익은 기본범죄인 현주건조물방화죄의 보호법익인 공공의 안전이지만 '중한 결과'는 이와 무관하게 사망 또는 상해로서, 사람의 생명 또는 신체의 완전성 침해에 해당한다. 따라서 기본범죄의 보호법익에 대한 보호정도를 기준으로 삼을 경우, 이러한 구성요건은 침해범 내지 결과범으로 분류되는 통상적인 결과적 가중범과는 달리 추상적 위험으로 보아야 한다고 한다. 이러한 해석은 기본 범죄와 중한 결과를 구분하고 기본 범죄의 보호법익에 중한 결과가 발생한 객체에 대한 보호가 포함되지 않는다는 입장, 즉 현주건조물방화죄를 추상적 위험범이라고 보는 전제하에서 본다면 가능한 해석이라 볼 수도 있다. 그러나 현주건조물은 ① 주거로 사용하지 않지만, 사람이 안에 있는 경우와, ② 사람이 현재 안에 머무르고 있지는 않지만, 주거로 사용하는 경우를 모두 포함한다고 볼 때, 기본 범죄와 중한 결과 사이의 객체가 완전히 구분된다고 보기에는 힘들다. 따라서 중한 결과도 기본 범죄의 보호법익과 일정한 관련을 맺고 있다고 볼 여지가 있으므로 이러한 유형을 추상적 위험범으로 분류하는 것에 대해서는 동의할 수 없다. 아울러 기본 범죄인 현주건조물방화죄 역시 "불을 놓아...불태운 자"라고 규정되어 있으므로

39) 김성돈, 위의 책, 15면.

전부가 아니더라도 독립연소에 이를만큼 일부가 불에 타, 전체로 옮겨붙을 위험이 있을 정도라는 것으로 해석이 가능하므로 단정적으로 추상적 위험범에 해당한다고 볼 수도 없다.[40]

동일한 구조를 띠고 있는 특정범죄가중처벌에 관한 특례법상의 운전자폭행치사상죄(제5조의10 제2항)에 대해 대법원의 판시도 같은 구조를 띠고 있다. 즉 대법원은 제1항은 구성요건 자체에 교통질서의 교란과 시민의 안전의 위협이라는 법익침해의 일반적 위험을 요하는 추상적 위험범이라고 보고 있으며, 이에 따라 제2항도 추상적 위험범이라고 보고 있다.[41] 구체적 위험범으로 보지 않는 근거는 판시내용에 드러나 있지 않아 알 수 없으나 일부 견해는 구체적 위험범에는 구성요건 자체에 위험을 명시하고 있는데 개정 과정에서 '교통사고 등 공공의 위험을 발생하게 한 자'라는 구성요건이 삭제되었음을 이유로[42], 혹은 제1항이 추상적 위험범인 이상 위험에 대한 인식을 요하지 않음에도 그 결과 상해를 가하게 되는 경우에는 위험에 대한 인식을 요하게 되는 문제가 있다는 것을 이유로 하고 있다.[43] 그러나 폭행죄가 사람의 신체를 보호법익으

40) 송진경, "추상적 위험범에 대한 비판적 검토", 동아법학 제47호, 2010, 227면 이하.
41) 대법원 2015. 3. 26. 선고 2014도13345 판결.
42) 최호진, "특정범죄가중법의 운전자폭행죄의 보호법익과 적용범위: 대법원 2015. 3. 26. 선고 2014도13345 판결, 법조 통권 721호, 2017, 742면 이하. 그러면서 추상적 위험범으로 이해할 경우 적용범위가 너무 넓어지므로 이에 대한 목적론적 제한적 해석이 필요하다고 주장하고 있다.
43) 김영훈, "특정범죄 가중처벌 등에 관한 법률 제5조의10 제2항의 적용범위", 대법원판례해설 제104호, 2015, 523면 이하.

로 하는 것과는 달리 특가법상의 운전자폭행죄(제1항)은 대법원도 인정하듯이 '교통질서와 시민의 안전 등 공공의 안전'이다. 추상적 위험범이든 구체적 위험범이든 보호법익과 관련하여 판단하여야 하고 그 차이는 일반적, 획일적 기준인지 아니면 구체적인 사정을 고려하여 판단하여야 하는지에 차이가 있다. 따라서 보호법익 위와 같다면 공중의 교통안전과 질서를 저해할 우려가 없는 장소에서의 폭행은 애초부터 제1항이 성립할 여지가 없고 그렇다면 제2항도 성립할 여지가 없다고 보아야 한다. 따라서 제1항도 구체적 위험범으로 보아야 한다. 제1항이 구체적 위험범이라면 제2항도 구체적 위험범으로 보아야 할 것이다.

Ⅳ. 나오는 글

지금까지 추상적 위험범에 대한 논의는 법문상 침해범 내지 구체적 위험범으로 볼 수 있는 범죄들까지도 별다른 검토 없이 추상적 위험범이라는 전제하여 전개되었다. 아울러 위험사회의 출현과 추상적 위험범을 연결시킴으로써 현대 형법상 원칙적인 범죄 유형이 침해범이 아니라 추상적 위험범이라는 지적까지 나오게 되었다. 그리고 대부분의 문헌에서는 추상적 위험범의 구성요건에 대한 제한적 해석을 하는 방향으로 그러한 현상에 대해 답하거나 배임죄나 명예훼손죄처럼 개별 범죄별로 과연 추상적 위험범으로 분류하는 것이 옳은지에 대해 검토하는 식으로 논의가 이루어져 왔다. 그러나 그러한 미시적인 접근방식은 과연 추상적 위험범의 개념이 무엇인가라는 물음을 소홀히 한 결과라고 보여진다. 추상적 위험범의 개념에 대한 확정없이 추상적 위험범임을 전제로 이루어지는 논의는 그 출발부터가 모순이라고 하지 않을 수 없다. 이러한 모순을 극복하는 것은 다시금 그 개념을 면밀히 살펴보아 추상적 위험범의 범주를 새롭게 살펴보는 것이다. 그 작업은 개념상의 문제로 구체적 위험범과의 관계에서 살펴볼 수밖에 없으며 법문언의 '위험의 발생'이라는 문언과는 별개로 일반적·추상적·획일적으로 판단해야 하는 것인지, 아니면 보호법익과 관련하여 개별구체적 상황 등을 고려해야 하는 것인지에 따라 범주화할 수 있다고 본다. 즉 음주운전죄와 같이 구체적 상황에 대한 고려 없이 일정한 행위만 있으면 성립하는 경우만을 추상적 위험범으로 보아야 할 것이고 이는 법문상의 '위험의 발생'이라는 문구와 관계없이 개별 구체적 상황에 따라 행위에 대한 판단이 달라지는 경우라면 적어도 추상적 위험범으로 의율해서는 안될 것이다.

■ 참고자료 ■

김동률, “법익개념의 변화와 새로운 범죄유형의 필요성 - 보편적 법익과 관련한 독일에서의 논의를 중심으로 –”, 형사정책 제26권 제1호, 2014

김성규, “추상적 위험범의 가벌성에 관한 해석론”, 법학논총 제32권 제2호, 2014

김영훈, “특정범죄 가중처벌 등에 관한 법률 제5조의10 제2항의 적용범위”, 대법원판례해설 제104호, 2015

김재윤, “위험사회라는 사회 변화에 대한 형사법의 대응”, 비교형사법연구 제12권 제2호, 2010

김태명, “위험범의 문제점과 제한적 해석·적용”, 동아법학 제51호, 2011

김혜경, “개인적 법익의 추상적 위험범적 해석의 타당성”, 형사정책 제22권 제2호, 2010

박강우, “危險社會와 刑法의 變化”, 형사정책연구 제8권 제3호, 1997

______, “추상적 위험의 개념과 위험의 추정”, 형사법연구 제10호, 1997

박길성, “지방공기업법에 의해 설립된 공사의 신규직원채용 업무의 주체”, 대법원판례해설 제74호, 2008

송진경, “추상적 위험범에 대한 비판적 검토”, 동아법학 제47호, 2010

안원하, “위험사회의 함정”, 문창법학회 형사법논집 3권 1호, 2003

______, “추상적 위험범과 불능미수”, 법학연구 제36권 제1호, 1995

이부하, “국가의 기본권보호의무와 과소보호금지원칙”, 법학연구 제17권 제2호, 2014

이훈동, ”추상적 위험범의 확대경향과 문제점 - 독일에서의 논의를 중심으로 –, 외법논집 제10권, 2001

토비아스 징엘슈타인(윤재왕 역), 안전사회 - 21세기의 사회통제 –, 형사정책연구원, 2012

허일태, "위험사회의 출현과 법의 기능변화", 비교형사법연구 제3권 제2호, 2001

최복규, "법령에서 명한 금지행위의 위반과 위계에 의한 공무집행방해죄의 성립 여부", 대법원판례해설 제48호, 2003 하반기

최호진, "특정범죄가중법의 운전자폭행죄의 보호법익과 적용범위: 대법원 2015. 3. 26. 선고 2014도13345 판결, 법조 통권721호, 2017

■ 국문초록 ■

위험사회와 위험형법 담론의 영향으로 추상적 위험범의 범주가 광범위하게 확장되었고, 배임죄, 명예훼손죄, 위계에 의한 공무집행방해죄 등 다수의 범죄는 명문의 규정에 의하면 침해범 내지는 구체적 위험범으로 포섭될 수 있음에도 불구하고 별다른 이유 없이 추상적 위험범으로 취급되는 경향이 있다. 추상적 위험범을 둘러싼 논의는 이러한 광범위한 확장 현상을 경계하면서 그 범주를 최대한 줄이기 위해 제한적 해석론을 펼치는 데 집중되어 있는 반면, 추상적 위험범의 개념 자체에 대한 연구는 그동안 거의 이루어지지 않았다. 본 논문은 추상적 위험범의 개념을 재정립하고 해석 기준을 '문구 중심'에서 '판단 방식 중심'으로 전환하여, 추상적 위험범의 범위를 최소화하고 구체적 위험범과 침해범과의 정합적 경계를 회복하는 데 중점을 두고 있다.

■ ABSTRACT ■

Under the influence of the discourse on the risk society and risk−oriented criminal law, the category of abstract endangerment offenses has been extensively expanded. Crimes such as breach of trust, defamation, and obstruction of official duties by deceit—although, under the express provisions of the law, they could be classified as infringement offenses or concrete endangerment offenses—tend nonetheless to be treated as abstract endangerment offenses without sufficient justification. Scholarly debate on abstract endangerment offenses has therefore concentrated on guarding against this expansive trend by advocating restrictive interpretation to narrow their scope. In contrast, little research has been devoted to the very concept of abstract endangerment offenses itself. This paper seeks to redefine that concept and to shift the interpretive criterion from a "text−centered" to a "mode−of−assessment−centered" approach, thereby minimizing the scope of abstract endangerment offenses and restoring a coherent boundary between them, concrete endangerment offenses, and infringement offenses.

〈연구실 활동 사진〉

2024. 12. 27. 연구실 송년회

2012. 10. 12. 형사정책 수강생들과 부산소년원 견학

2004. 6. 28. 남해 형사법 MT

2005 여름, 교수님과 즐거운 시간

2006 여름, 교수님과 즐거운 시간

2017. 6. 8. 교수님과 즐거운 시간

[안원하 교수 정년기념 논문집 편집위원회]

편집위원장 류화진

편집위원 강미영, 강지현, 김미라, 배미란, 이상렬, 이재호, 정재환, 최성진 (가나다 순)

안원하 교수 정년기념 논문집

현대 형법학의 이론과 실제

초판인쇄 2025년 11월 20일
초판발행 2025년 11월 30일

지은이 안원하 교수 정년기념 논문집 편집위원회
펴낸이 박노일

총괄기획 최준규
편 집 이상민

펴낸곳 pnc publishing and culture 피앤씨미디어
경기도 고양시 일산동구 강송로 153, 310-1501
등록 제396-2012-000203호
전 화 070)7550-3758 팩 스 02)6280-3758
홈페이지 www.pncmedia.co.kr 이메일 pnc@pncmedia.co.kr
ISBN 979-11-7401-052-0 93360

정 가 40,000원